中证中小投资者服务中心

CHINA SECURITIES
INVESTOR SERVICES CENTER

投资者

第 22 辑
（2023 年 8 月）

夏建亭　主编

上海交通大学出版社
SHANGHAI JIAO TONG UNIVERSITY PRESS

图书在版编目(CIP)数据

投资者. 第 22 辑 / 夏建亭主编. —上海：上海交
通大学出版社，2023.8
ISBN 978－7－313－29091－5

Ⅰ. ①投… Ⅱ. ①夏… Ⅲ. ①投资—研究—中国②投
资—金融法—研究—中国 Ⅳ. ①F832.48②D922.280.4

中国国家版本馆 CIP 数据核字（2023）第 130086 号

投资者（第 22 辑）
TOUZIZHE（DI-22JI）

主　　编：夏建亭

出版发行：上海交通大学出版社　　　　　　　地　　址：上海市番禺路 951 号
邮政编码：200030　　　　　　　　　　　　　电　　话：021－64071208
印　　制：常熟市文化印刷有限公司　　　　　经　　销：全国新华书店
开　　本：787 mm×1092 mm　1/16　　　　　印　　张：12.5
字　　数：214 千字
版　　次：2023 年 8 月第 1 版　　　　　　　印　　次：2023 年 8 月第 1 次印刷
书　　号：ISBN 978－7－313－29091－5
定　　价：78.00 元

卷首语

为了进一步加深对资本市场投资者保护热点、难点问题的研究与探讨,提升研究的广度与深度,投服中心面向社会各界长期征稿,共同探讨。本辑共设 6 个栏目,收录专家学者、市场实务人士等的 11 篇文章,与读者共享。

【政策解读】收录 2 篇文章

洪喜琪的《证券虚假陈述民事责任划分的机理与梯级构造》一文认为,现行《证券法》及相关司法解释虽然对虚假陈述中各违法主体的功能定位已予基本预设,但灵活的商事实践背景下,虚假陈述民事赔偿诉讼中仍存在结果导向式追责、责任主体单一、责任量化不精细等裁判难点。解决问题的前提要点在于明晰各违法主体的问责机理、廓清各违法主体的责任认定规则,以供给司法实践以相对清晰的裁判进路。相比于法定保证义务与信义义务理论,过失侵权下的注意义务理论更能妥适解释证券虚假陈述中各违法主体承担民事责任的因由。在此理论基础上,法院宜确立双阶梯级的裁判构造,首先采取"合理人"标准并结合各违法主体的实际能力客观化其勤勉尽责表现,完成"是否有责"的一阶判断;其次,根据过错大小、原因力比较等因素认定各违法主体的责任形态及范围,完成"责任大小"的二阶判断。

张艺、唐璐、冯辉的《证券投资纠纷强制调解制度的构建与完善》一文认为,新《证券法》设专章规定了对投资者的保护,并首次在法律层面明确规定了证券纠纷的强制调解制度。该制度在实现对普通投资者倾斜性保护的同时,也因其在制度设计上的缺漏而给实践中的纠纷解决带来了现实问题和挑战。现阶段证券投资纠纷强制调解制度缺乏整体立法的系统性支持,存在调解机构组织设置过于繁杂、制度的构成要件缺乏细化规定、诉调对接机制不尽完善等弊端。应当以协商民主为核心强化证券纠纷强制调解立法的系统性与针对性,由证监会通过部门规章的形式制定《证券纠纷强制调解管理办法》,并在时机成熟时整合相关规范形成证券纠纷强制调解制度的统一立法。应当以协同治理为理念完善中证资本市场法律服务中心和地方调解组织的职能分配,加强投资者保护基金制度在证券纠纷强制调解制度中的适用,并进一步推动强制调解费用的改革。应当细化证券纠纷强制调解制度的构成要件及程序标准,通过仲裁、调解的双轨制运行充分发挥强制调解制度的替代性纠纷解决功能。应当完善强制调解中的诉调对接机制及配套制度,建立健全小额纠纷的调解协议与公证程序对接机制以及调解协议与督促程序的对接机制,保障调解协议的有效执行。

【理论探究】收录 3 篇文章

王子康、吴国是的《公司法修订背景下我国独立董事的体系架构与完善路径》一文认为,独立董事制度的构建是现代公司治理的重要议题。我国引入独立董事至今已有二十余年,其在发挥了作用效果的同时也存在诸多问题有待解决。关于独立董事义务履行和责任承担的法律规则虽在不断完善,但独立董事信义义务特别是勤勉义务仍缺乏合理标准,行政处罚和民事诉讼中对独立董事赔偿责任的认定也备受争议。同时,独立董事也面临目标定位不合理、实际履职过程中的独立性不足、知情权难以保障和能力局限等现实困境。在《公司法》修订背景下,应使独立董事回归监督管理层的职能,合理安排其选任方式、标准和报酬,同时参考商业判断规则,结合独立董事了解公司相关事宜的实际情况、自身专业能力和主观认识等方面,合理划定其责任边界。

王真真、汤悦平的《公司治理中的公共秩序和私人秩序及其动态互动》一文认为,公司法代表着以公共性和强制性为核心的公共秩序,既包括任意性规则,也包括强制性规则,二者都体现了立法者的价值判断。任意性规则给予当事人选择的自由,而强制性规则是对自由选择的限制或者排除,这种强制性通常是为了达到提升效率的目的,或者是为了维护公共利益之必要,有时候则有可能是一种法律父爱主义思想的延伸。以决议、章程和股东治理协议为代表的私人秩序体现着私法自治的理念,是公司治理中的私人秩序。在公司治理中,私人秩序和公共秩序相互之间应当是能够进行互动的,包括允许私人秩序对公共秩序的修改,以符合高效和公平的制度利益目标,从而牵引公司法制度的进化。而公共秩序中的公共利益也制约着私人秩序,使其在法律范围内进行自治。公共秩序治理还应强调法院的事后审查机制。在处理私人秩序的纠纷时,法院可以将比例原则作为审查方法,通过厘清公司内部和外部的利益关系,从而进行妥当的利益衡量,并最终以是否符合公共利益进行价值判断。在公司治理规范的进化趋势上,将表现为公共秩序治理走向私人秩序治理。

陈学辉、徐佳怡的《论上市公司重大违法强制退市中投资者利益保护》一文认为,在全面注册制改革落地的背景下,高效健全的退市制度是支撑注册制运行的关键。上市公司退市尤其是重大违法强制退市对投资者利益有重大影响,保护上市公司退市中投资者合法权益意义重大。然而我国重大违法强制退市投资者利益保护制度仍存在标准不明晰、程序不规范、配套救济机制不完善等不足。在比较域外与我国既有立法的基础上,笔者提出上市公司重大违法强制退市中投资者的知情权与获得公权力救济权是投资者权益的核心体现,进而建议围绕保障投资者权益细化退市标准、优化退市程序以及建立从先行赔付衔接至投资者保护基金制度。

【市场实务】收录 2 篇文章

袁康、陈凯琳的《独立董事勤勉尽责的认定标准》一文认为,康美案是特别代表人诉讼的第一案,同时也预示着独立董事不单独对外承担民事责任的时代已经过去,其承担的巨额连带赔偿责任引起了社会广泛关注,然而该案缺乏一个明确的勤勉归责标准,仅以违法决议中的签字便认定独立董事未勤勉尽责,判处其承担一定比例连带责任,这种结果导向的签字即罚模式缺乏法理基础,同时也过于机械和严苛。目前我国并未对独立董事勤勉尽责的具体内涵以及认定标准作出明确立法规定,这一立法空白导致现实中缺乏统一的、具有可操作性的法律规范,进而导致独立董事缺乏明确的勤勉履职指引及尽责要求。因此,我国应紧贴独董的特质确立特殊的专家标准,在归责时聚焦审查独立董事履职过程是否勤勉尽责,实现责任认定从结果主义向过程主义的转向,如此才能有效解决目前实践中的司法困境。

潘克三的《董事对发行人虚假陈述连带责任的法理探析》一文从法人本质理论入手,探讨分析了董事对发行人虚假陈述连带责任的法理根据、责任形态等问题。其认为董事是公司"意志中枢",有过错的董事是该当的责任主体,而发行人则为严格责任人,所以形成两者间的连带责任。该连带责任属于不真正连带责任,如果董事是虚假陈述的始作俑者,则为终局责任人,应对给投资者造成的损失承担最终全部的赔偿责任;如果董事并非始作俑者仅是存在履职尽责的重大过失,则仅应承担过罚相当的比例连带责任。

【投教园地】收录 2 篇文章

兴业证券股份有限公司投教运营团队的《兴业证券投资者教育与保护工作实践与思考——论注册制背景下投资者教育与保护工作模式的转型升级》一文认为,投资者是资本市场的立市之本,维护好投资者合法权益是服务高质量发展的必然要求。当前,在稳步推进注册制改革的大背景下,市场要求投资者具备自主决策、自担风险的能力,更加需要投资者进行价值判断,因而对投教工作提出了更高的要求。在这一背景下,兴业证券以投资者和投教基地调研情况为依据,探索建立以投资者需求为中心的"一核、两翼、三维度"投资者教育与保护工作新布局,以精准化、多元化、沉浸式教育体验,帮助投资者树立理性投资、长期投资、价值投资、可持续投资理念,为资本市场平稳、健康发展贡献兴证投教力量。

马乾的《券商分支机构转型路径探索及投资者教育工作深化多方合作之展望》一文,认为近年来,市场各类券商均积极探索开展证券分支机构转型,这背后深层次之原因是互联网发展带来的券商业务办理模式转型及券商分支机构经营模式转型。东方财富证券作为行业中主打金融科技优势及以"链接人与财富"为使命的互联网券商,立足于市场需求,积极拥抱广大投资者服务需求,积极探索分支机构经营模式转型,为公司品牌推广与服务质量提示注入动能。

【案例探析】收录 1 篇文章

牛强、傅福兴的《信用债违约风险处置中产品管理人的责任认定逻辑——基于法院对管理人尽职调查义务裁判的实证研究》一文认为,近年来我国信用债违约事件频发,由此引发的债券产品兑付风险导致投资者经济损失,主因之一是产品管理人未能充分履行尽职调查义务,监管机构常以"未能遵守审慎经营规则"责令整改,但尚未形成清晰的产品管理人追责路径。文章将以尽职调查规则及法理为起点,分析尽职调查义务在法院审判中的认定标准,探究产品管理人此项义务的合理要求程度,为监管认定产品管理人责任提供规制建议。

【境外视野】收录 1 篇文章

陆梦、马文韬、王清阳、余潞晴、赵温翻译的《比利时新公司法要论》一文认为,2019 年比利时对公司法进行了重大改革,新公司法减少了公司的类型并引入了限制董事责任的规则。比利时有关公司的国际私法制度也由实际本座主义转变为法定本座主义。立法者将新型私人有限责任公司(BV)作为最重要的公司形式。公司法不再要求 BV 设定"资本"而只需要具有资产,设立人可以根据其意愿灵活调整 BV 的结构。此外,公司可以选择单层治理结构或双层治理结构,还可以调整股东的表决权。但是,上市公司仅能对长期持股的忠实股东设置双倍表决权。比利时新公司法的现代化值得欢迎,但法律的仓促出台仍然需要大量的法律技术修正,这也是当下比利时议会正在准备的工作。

目　　录

CONTENTS

政策解读

证券虚假陈述民事责任划分的机理与梯级构造*

洪喜琪**

摘要：现行《证券法》及相关司法解释虽然对虚假陈述中各违法主体的功能定位已予基本预设，但灵活的商事实践背景下，虚假陈述民事赔偿诉讼中仍存在结果导向式追责、责任主体单一、责任量化不精细等裁判难点。解决问题的前提要点在于明晰各违法主体的问责机理、廓清各违法主体的责任认定规则，以供给司法实践以相对清晰的裁判进路。相比于法定保证义务与信义义务理论，过失侵权下的注意义务理论更能妥适解释证券虚假陈述中各违法主体承担民事责任的因由。在此理论基础上，法院宜确立双阶梯级的裁判构造，首先采取"合理人"标准并结合各违法主体的实际能力客观化其勤勉尽责表现，完成"是否有责"的一阶判断；其次，根据过错大小、原因力比较等因素认定各违法主体的责任形态及范围，完成"责任大小"的二阶判断。

关键词：虚假陈述民事赔偿　过失侵权下的注意义务　责任认定　责任形态　责任范围

  证券虚假陈述行为是资本市场违法行为的典型形式之一，亦是严重损害证券投资者合法权益的易发多发行为。依法追究证券虚假陈述中相关违法主体的民事责任，是投资者权利救济的主要途径之一。自 2019 年新《证券法》颁布以来，理论界关于证券市场虚假陈述侵权行为的研究愈发精细化。例如，"五洋债案"中凸显的中介机构责任问题、"康美药业案"中凸显的独立董事责任问题等。均引发了诸多讨论。这使得虚假陈述民事赔偿诉讼中各违法主体的责任划分问题成为当前证券市场虚假

---

  * 本文系中证中小投资者服务中心研究课题"虚假陈述民事赔偿诉讼中各违法主体的责任划分研究"的研究成果。

  ** 西南政法大学公司治理法律研究中心研究员，民商法学院博士研究生。

陈述行为的研究重点。2022 年初，最高人民法院发布了《最高人民法院关于审理证券市场虚假陈述侵权民事赔偿案件的若干规定》（以下简称“《虚假陈述司法解释》”），其第五章对“责任主体”进行了专门规定。诚然，该司法解释在一定程度上强调了虚假陈述民事赔偿诉讼中各违法主体的责任划分，也细化了各市场参与方的过错认定规则，但这些规则的出台仍颇具“犹抱琵琶半遮面”之感，在实践中仍存在诸多适用难点，需要进一步予以深入的分析，以正确厘定虚假陈述民事赔偿诉讼中各违法主体的责任边界。

一、证券虚假陈述民事责任的划分难点

（一）立法中各责任主体的功能预设

虚假陈述民事赔偿诉讼中，各责任主体的责任划分同其在发行人信息披露中的功能地位与职责分工等息息相关，应依照信息披露中的作用地位划分主次责任。对此，现行《证券法》及《虚假陈述司法解释》虽然未直接规定各责任主体的功能定位或主次关系，但从职责分工、责任认定等具体规定中可窥见立法对各责任主体的基本定位。

以功能为分界要素，可以将违法主体分为：发行人、发行人内部人、中介机构以及发行人交易方等其他第三人。其中，第一类是发行人，作为信息披露义务主体，其是造成证券虚假陈述的直接违法主体，处于信息披露中的首要地位，且在虚假陈述纠纷发生时，发行人承担无过错责任；第二类是发行人内部人，包括发行人控股股东、实际控制人、董事、监事、高级管理人员等人员，这些内部人在发行人进行信息披露的整个过程中负责制作、审核信息披露文件，保证证券发行文件和定期报告内容的真实性、准确性、完整性，对发行人的虚假陈述行为负有主要责任，现行法规定应承担过错推定责任；第三类是保荐机构、承销商、会计师事务所、律师事务所等中介机构及其直接责任人员，作为证券市场的“看门人”，其负责对发行人信息进行核实、验证与加工，缓解证券市场中的信息不对称问题，为发行人提供证券质量担保，置于信息披露中的辅助地位，对发行人虚假陈述负有次要责任，现行法规定应承担过错推定责任；第四类是发行人的交易对方，包括公司重大资产重组的交易对方、发行人的供应商、客户，以及为发行人提供服务的金融机构等，此些主体与发行人信息披露行为并非直接相关，并未直接参与信息披露文件的制作或审查，但他们所提供的合同、发票、存款证明等成为信息披露文件的佐证，处于信息披露的辅助地位，根据《虚假陈述司法解释》的

规定承担过错原则。当然,后三类责任主体的主、次地位在具体场景中根据各自的过错程度、因果关联程度等因素还将产生主次位序的变化。

(二) 司法中责任划分的实践难点

在"北大法宝"以"证券虚假陈述责任纠纷"为案由进行检索,可得到53 505条检索结果,其中包括公报案例、典型案例等46条检索结果,有效案件数为15件,统计如下:

表1　北大法宝"虚假陈述"典型案例统计表
(统计数据截至2022年7月)

序号	案 件 名 称	审结日期	责任主体及判赔比例
1	G公司、H证券公司证券虚假陈述责任纠纷案	2022.3.21	上市公司、承销商承担连带赔偿责任,未明确赔偿比例
2	487名自然人投资者诉五洋建设集团股份有限公司等被告证券虚假陈述责任纠纷案	2022.1.29	上市公司、上市公司的控股股东、承销商、会计师事务所承担连带赔偿责任;律师事务所、资信评估公司分别在5%和10%的范围内承担连带责任
3	肖某与某控股股份有限公司证券虚假陈述责任纠纷案	2022.1.27	上市公司承担赔偿责任
4	刘某等41名投资者诉东海洋公司证券虚假陈述责任纠纷案	2021.12.16	上市公司承担赔偿责任
5	顾华骏、刘淑君等11名投资者诉康美药业股份有限公司证券虚假陈述责任纠纷案	2021.11.12	上市公司、证券服务机构承担连带责任;上市公司的部分董监高分别在投资者损失的20%、10%以及5%内承担连带赔偿责任
6	丁某等315名投资者诉上海飞乐音响股份有限公司证券虚假陈述责任纠纷案	2021.9.29	上市公司承担赔偿责任
7	李某、周某诉中安科股份有限公司等证券虚假陈述民事责任纠纷案	2021.5.18	上市公司承担责任;证券公司在25%的范围内承担连带责任;会计师事务所在15%的范围内承担连带责任
8	中车金证投资有限公司与江苏保千里视像科技集团股份有限公司、陈海昌、庄敏等证券虚假陈述责任纠纷案	2021.2.10	上市公司、上市公司的控股股东、董事承担连带赔偿责任,未明确赔偿比例

续　表

序号	案 件 名 称	审结日期	责任主体及判赔比例
9	许霞、叶小乔等与上海中毅达股份有限公司证券虚假陈述责任纠纷案	2020.4.17	上市公司承担赔偿责任
10	方正科技证券虚假陈述责任纠纷案	2020.1.13	上市公司承担赔偿责任
11	刘某等诉甲公司及鲜某、恽某证券虚假陈述责任纠纷案	2017.5.18	上市公司及其董事承担连带赔偿责任，未明确赔偿比例
12	顾某诉甲公司证券虚假陈述责任纠纷案	2016.8.26	上市公司承担赔偿责任
13	谭鸿杰等与佛山电气照明股份有限公司虚假陈述纠纷案	2015.5.14	上市公司承担赔偿责任
14	周福彩诉云南云投生态环境科技股份有限公司等证券虚假陈述责任纠纷案	2014.11.6	上市公司与其董、高承担连带赔偿责任，未明确赔偿比例
15	陈丽华等23名投资人诉大庆联谊公司、申银证券公司虚假陈述侵权赔偿纠纷案	2004.12.21	上市公司、上市推荐人和主承销商承担连带责任，未明确赔偿比例

在检索所得的案例中，有关虚假陈述民事赔偿的司法实践呈现以下特征：第一，各级法院无一例外均将上市公司发行人作为第一责任人，且近半数为唯一赔偿责任主体。第二，早期案例中，除发行人外的其他违法主体承担责任的情形下，法院仅判定承担连带责任，未划分赔偿责任比例。第三，三个案件中法院对违法主体的赔偿责任进行了比例划分，但责任划分比例莫衷一是，责任划分考量因素存在差异化。由此可见，尽管《证券法》及《虚假陈述司法解释》对各责任主体的职责分工及责任认定进行了一般规定，但由于实践中各责任主体的职责履行存在交叉重叠部分，引致司法裁判中各违法主体的责任划分难题。包括但不限于：第一，发行人内部人的作用地位相对模糊。一般而言，执行董事负责制作信息披露相关文件，应当负有第一顺位的直接责任暂无疑义。但是，独立董事与监事同属监督职能，应当如何划分其责任次序与责任份额等则争议较多。此外，控股股东、实际控制人的"首恶"认定情形亦不明晰。第二，在我国证券发行中，保荐人、承销商、各中介机构均对证券质量提供担保，则有必要对前述主体的担保有何不同予以解析，如是否是全局担保与局部担保的区别，即保荐机构在证券发行中具有统揽全局、组织协调的

关键作用，①承销商负责对披露材料进行全面核查，会计师负责核实财务数据等。其中，中介机构职责还存在高度交叉重叠，存在发行文件大量相互引用、相互担保，引致问责不当、偏失等问题，应当对各自职责定位予以进一步细分。第三，保荐人、承销商、各中介机构的内部人是否应当对外直接承担责任，责任顺位与责任份额等应当如何厘定有待论证。第四，对发行人的交易对方的定位通常是"帮凶"，而在故意串通的情形下，保荐人、承销商、各中介机构等主体也属于"帮凶"，各主体之间是否还需要界分责任顺位有待厘清。

综上，现行法虽然对各责任主体的功能定位、职责分工进行了基本界定，但由于商事活动之灵活性，实践适用中出现责任认定与责任落实难点②。对此，解决问题的关键点在于明晰各违法主体的问责机理、廓清各违法主体的责任认定规则，进而结合实践具象予以个案分析与裁判。这是因为，第一，明晰各违法主体的问责机理是确立各违法主体承担责任的正当性、厘定各违法主体责任认定规则的逻辑基点。基于"义务是责任的前提"这一基本法理，义务属性及义务内容决定责任认定规则、责任形态以及责任范围。因此，需要对各违法主体承担虚假陈述民事赔偿责任的问责机理进行研究，并结合已有的法定保证义务、信义义务等观点予以考辩。第二，法院裁判中存在勤勉尽责裁判标准不同、结果导向式裁判、各主体责任量化不够精细、考量因素单一等问题，主要归因于各违法主体的责任划分规则不统一，包括各违法主体的责任认定规则、责任形态以及责任范围判定规则的不一致。故而，有必要廓清虚假陈述民事赔偿诉讼中各违法主体的责任认定逻辑，以避免同案不同判情形的出现。

二、证券虚假陈述中各违法主体的问责机理

（一）虚假陈述民事责任的问责机理争辩

1. 法定保证义务理论

《证券法》第82条要求："发行人的董事、监事和高级管理人员应当保证发行人及时、公平地披露信息，所披露的信息真实、准确、完整。"对此，有学者提出，该条款中的"保证"属于法定保证义务，与《民法典》中的约定保证义务不同，法定保证义务直接

---

① 参见湘财证券课题组：《IPO注册制下发行人与中介机构虚假陈述民事责任研究》，载《证券市场导报》2021年第4期。
② 参见张子学：《优化我国证券执法的三重进路》，载《人民论坛》2019年第8期。

来源于法律规定,无保证范围的选择权,直接在信息披露担保人与因虚假披露而遭受损害的投资者之间产生法律约束力。[①] 要求董事、监事和高级管理人员(发行人内部人)承担法定保证义务具有正当性基础:一方面,根据"谁控制风险、谁承担责任"的风险控制理论,[②]发行人内部人需审核发行人信息披露文件全部或者部分内容,对披露信息的真实性、准确性以及完整性具有一定控制力,对其科以法定保证义务有助于督促其履行相应职责,同时,亦符合风险控制理论与行为自负原则。另一方面,发行人内部人在信息披露过程中存在以自己的声誉资本担保发行人证券质量的行径,其在信息披露文件上的签字实际上是向投资者表明该信息披露文件的真实性、准确性以及完整性已经过其依法监督,提高了投资者对发行人信息披露文件的信赖程度,故承担法定保证义务是对投资者权益的合理保障。依照该问责逻辑,保荐机构、承销机构,以及证券服务机构同样负有审核及监督发行人信息披露文件真实性、准确性以及完整性的职权,同时以声誉资本吸引投资者信赖,故亦负有法定保证义务。

2. 信义义务理论

许多学者认为信义义务是虚假陈述中发行人董事、监事以及高级管理人员承担民事责任的理论基础。[③] 展言之,首先,信息披露义务是其信义义务的具体内容之一。《公司法》第 147 条规定:"董事、监事、高级管理人员应当遵守法律、行政法规和公司章程,对公司负有忠实义务和勤勉义务。"由此可见,我国《公司法》采取"违反法律、行政法规或公司章程"的客观标准来认定董监高的忠实、勤勉义务,凡法有明文规定者系信义义务的内容之一。由于《证券法》第 82 条明确规定董监高对披露信息负有审核及签署的义务,产生异议时应当发表意见、陈述理由以及申请披露,故董监高信息披露职权的法律规定表明信息披露义务是其信义义务的具体内容之一。

其次,虽然《公司法》明确规定董监高对公司负有信义义务,并未规定董监高对股东个人承担责任,但董监高在信息披露中对股东承担信义义务是有理可循的。董监高对公司承担信义义务的因由来自董监高与公司之间的信托或代理关系,即基于公司对董监高的信赖而衍生的以保护公司利益最大化为目的的义务。然而,某些特定

---

① 李国安:《虚假陈述的监管与信息披露担保——基于虚假陈述民事赔偿责任的若干思考》,载《河北法学》2005 年第 3 期。

② 刘万啸:《电子通信错误对合同效力的影响》,载《政法论丛》2011 年第 2 期。

③ 李明辉:《财务报告虚假陈述民事责任问题研究》,载《财会月刊》2005 年第 1 期;李明辉:《论虚假财务报告民事责任的主体——基于诚信义务的分析》,载《财经问题研究》2004 年第 7 期;甘培忠、周淳:《上市公司定期报告信息披露违法董事责任认定研究》,载《北方法学》2012 年第 3 期。

情形下股东与董监高之间存在直接信赖的关系,限制董监高对股东承担信义义务不利于防止董事滥权行为的发生及中小股东权益的保护。因此,美国公司法在坚持传统理论的同时,作为例外规定要求董事在事实上存在信赖关系的特定场合直接对股东负有一定的信义义务。[①] 在信息披露场景中,公众投资者多为中小股东,在获取公司信息、市场信息方面存有壁垒,应当予以倾斜和保护。此外,投资者对公司信息披露文件的信赖大多来源于对签字董监高的信赖。因此,信息披露中董监高应当对股东承担信义义务,虚假陈述情形下未能证明已尽勤勉义务的,应当对投资者损失予以赔偿。

3. 过失侵权下的注意义务理论

有学者提出证券虚假陈述中违法主体因过失行为承担民事责任的理论基础是过失侵权下的注意义务理论。[②] 按照行为人主观过错类型进行分类,可将侵权行为分为故意侵权行为、过失侵权行为以及适用严格责任的侵权行为。其中,过失侵权行为以行为人违反注意义务为构成要件。《牛津法律大辞典》对"注意义务"的解释为:一个人对他人造成损害后,只有当法院判定被告在当时情况下,对原告负有不为加害行为或不让加害行为发生的法律义务,而被告却未加注意,或未达到法律所要求的注意标准,或未采取法律所要求的预防措施而违反此种义务时,他才在法律上对受害人承担过失责任。[③] 因此,所谓过失侵权下的注意义务实际上是法律强制规定的一种侵权法上的注意义务。

我国《证券法》中有关证券虚假陈述责任的规定中均有"勤勉尽责"等表述,该"勤勉尽责"义务并非信义义务,而是过失侵权下的注意义务。所谓信义关系存在下述特征:第一,托付人对受信人存有较高程度的信赖;第二,当事人对于信赖的存在存有合理的预期;第三,为有效处理事务,受信人获得托付人宽泛的授权。同时,受信人还就其所处理的事务享有决定权或事实上的控制力和影响力;第四,托付人在授权后即陷入受信人可能滥用其优势地位的风险中。[④] 可见,委托或授权,以及享有财产或事务控制权力是信义义务关系成立的关键因素。就公司内部人与投资人之间而言,在信息披露场景中,投资者作为公司的中小股东与发行人内部人之间存在直接的

① 刘桂清:《股东对董事之直接诉讼——对新公司法第153条法理基础的反思与重构》,载《法学评论》2006年第3期。

② 邢会强:《证券市场虚假陈述中的勤勉尽责标准与抗辩》,载《清华法学》2021年第5期。

③ 戴维·M·沃克:《牛津法律大辞典》,光明日报出版社1998年版,第137页。

④ D. Gordon Smith, *The critical resource theory of fiduciary duty*, 55 Vanderbilt Law Review 1412, 1412 – 1415, 1438 – 1440, 1402 – 1404 (2003).

信赖关系,且后者享有控制或影响公司事务的权力,同时存在滥用优势的风险,符合前述信义关系的界定。但是,对于证券服务机构、承销机构等,他们管理控制的不是公司财产,而是信息,故难以成立信义关系。相反地,根据过失侵权注意义务理论中的可预见性标准,无论是发行人董监高,还是证券服务机构、承销机构、保荐机构等,均对投资者负有注意义务,即注意采取措施避免信息披露不真实、不准确、不完整等损害投资者利益。所谓的"可预见性"就是指被告只对他所能合理地预见到的、由于他的行为处于危险之下的原告负有注意义务,而且受害人所受的损害必须是任何一个正常人都可以预见到。[①] 证券虚假陈述中,各违法主体应当能预见其低于一般注意程度审查信息披露文件的行为将可能诱生发行人虚假陈述行为,进而损害投资者利益。故而,在此类范围内各违法主体应承担违反注意义务的过失侵权责任。

(二) 虚假陈述民事责任的问责机理澄清

目前学界中较为普遍的三种问责机理均有各自的正当因由,然而,若问责机理未能达致体系性、贯通性,将导致各违法主体行为标准不同、问责不一的局面。由此而言,法定保证义务理论与信义义务理论均存在解释漏洞,而过失侵权下的注意义务理论则能较好地阐释各违法主体虚假陈述民事责任展开的制度逻辑。

首先,并非所有违法主体均对投资者负有法定保证义务。对于公司重大资产重组的交易对方、发行人的供应商、客户,以及为发行人提供服务的金融机构等违法主体,其并非信息披露文件的制定者或监督者,亦非具有审核职能的看门人,要求其承担法定保证责任过于严苛。故法定保证义务说并非所有证券虚假陈述违法主体的问责机理。

其次,信义义务说未能契合所有证券虚假陈述法律关系。第一,大部分违法主体与发行人之间仅具有合同关系,而不具有信义关系。如证券承销法律关系中,当承销商不作为专家顾问时,其与发行人之间不构成信义关系。[②] 除此之外,证券服务机构等违法主体与投资者之间并无直接关联,不符合信义关系中的信赖、委托或授权要素,也不存在财产控制或事务控制权限。譬如,中介机构对投资者之间的信赖同投资者与其顾问之间的信赖亦大为不同。第二,信义义务包含忠实义务与勤勉(注意)义务,而显然虚假陈述中的"诚实守信""恪尽职守"未能解释为忠实义务内容,故虚假陈述民事责任难以一概以信义义务作为责任来源。是故,信义义务未能作为所有违法主体的问责机理。

---

① 张昕:《浅析英美法过失侵权之一般注意义务概念、分类及标准》,载《网络财富》2009 年第 9 期。

② See EBCI, Inc., v. Goldman Sachs Co., 5 N.Y.3d 11 (N.Y.Ct.of App.2005).

　　最后,相比于法定保证义务与信义义务理论,以过失侵权下的注意义务理论来解释证券虚假陈述诉讼中各责任主体对于广大投资者负有的"勤勉尽责"义务显然在逻辑上更为自洽。该过失侵权下的注意义务具有一定的解释合理性:其一,其不以信赖或者保证为前提或要件,故不存在法定保证说与信义义务说存在的偏狭性问题。其二,证券虚假陈述的规定参考了普通法系中的相应规定,后者的制度机理即为过失侵权理论,该理论提出注意义务已经成为个体应尽的法律义务,即个体必须承担的在行使任何可能伤害别人的行为之前必须考虑伤害发生可能性的义务,以防对他人造成损害。[①] 故而,该理论可适用于各种证券虚假陈述法律责任之中,只要各违法主体行为可能造成风险损害并引致损害,即可能负有相应的注意义务。当然,由于不同责任主体的专门知识、技能、职能等不一而同,故负有的注意义务程度、已尽勤勉的客观化表现等亦有所差异。在过失侵权下的注意义务机理的解析下,有助于进一步研究证券虚假陈述中各违法主体的责任认定规则及责任划分规则。

三、证券虚假陈述中民事责任划分的梯级构造

　　(一) 责任认定规则阶梯

　　1. 勤勉尽责的认定标准

　　由于各违法主体承担虚假陈述责任的法理基础是过失侵权理论下注意义务,则是否勤勉尽责成为责任认定的实质因由,各违法主体的勤勉尽责标准成为各自是否已履行职责义务的重要判定依据。

　　在过失侵权下的注意义务理论中,勤勉尽责标准应采取"合理人"标准或称"理性审慎人"标准(reasonable men or person)。具言之,即为一个合理人在相同或相似条件下应采取的行为标准。对此,部分学者提出存在特别注意义务与一般注意义务,实践中证监会、最高人民法院和证券交易场的相关规范也强调证券服务机构及其从业人员应当对本专业相关的业务事项履行特别注意义务,对其他业务事项履行一般注意义务,但未对两者的内涵、外延与联系予以明确释义。[②] 实际上,此种分类是大陆法系学者在继受过失侵权责任是对专业人士注意义务的误译,所谓特别注意义务是

---

　　① 邢会强:《证券市场虚假陈述中的勤勉尽责标准与抗辩》,载《清华法学》2021 年第 5 期。
　　② 详见《关于在上海证券交易所设立科创板并试点注册制的实施意见》(证监会公告〔2019〕2 号);《全国中小企业股份转让系统股票向不特定合格投资者公开发行并在精选层挂牌规则(试行)》(股转系统公告〔2020〕65 号)第6 条。

指应当符合特殊职业团体中一个合理人在相同或相似条件下所应采取的行为标准。[1] "特别"仅指特别场域而已,本质仍是一般注意义务,只是参照系不同。因此,特别注意义务与一般注意义务均是过失侵权下的一般注意义务,两者属性相同。然,由于专家负有高于一般人的知识与技能,故其注意标准应当高于一般人的注意标准,但也仅指涉本职业团体的一般标准[2]。同理,虽然各责任主体均具有注意义务,但各责任主体的"合理人"客观标准因本团体或共同体的知识、技能水平等各不相同而具有相对高低。如英国在 Dorchester Finance Co Ltd v Stebbing 案中提出执行董事不同于非执行董事的勤勉标准。[3] 从职权、角色、信息渠道、作用、专业能力、薪酬等因素来看,发行人内部人存在界分勤勉标准程度的必要性。一般而言,监事勤勉标准应当低于董事、高管,股东监事应当负有高于职工监事的勤勉标准,而独立董事与监事的勤勉标准高低仍存有争议。除此之外,不同中介机构之间的勤勉标准高低亦有差异化,一般而言,保荐机构或保荐人作为全局保证人,应当负有高于其他中介机构的勤勉标准。法院在进行责任划定时,结合各责任主体的实际能力进行精准问责。

除了将"合理人"标准作为勤勉尽责认定的客观标准之外,还有必要同时结合信息披露义务人个人实际具有的知识和经验,循就高不就低的标尺考量责任主体的义务履行情况。即借鉴英国《公司法》规定的主客观相结合标准认定各义务主体是否已尽勤勉。一方面,以客观标准为基础,有助于解决单一主观标准下同一职位不同人员之间可能产生的不公平要求;另一方面,通过结合主观标准,可对能力水平更高的责任主体科以更高的勤勉要求,符合权责相当的理念。[4]

在过错程度方面,目前各国立法例规定不一,日本等国家所采的善良管理人标准要求故意以及一般过失均为未尽注意义务的主观体现,而英美法系国家则一般仅要求故意和重大过失才构成未尽勤勉。《虚假陈述司法解释》第 13 条对过错的界定是故意与过失,其中,过失是指一般过失还是重大过失仍有待进一步明确。对此,我国大部分学者赞同后者观点,一方面,第 13 条对于过失的表述是"行为人严重违反注意义务,对信息披露文件中虚假陈述的形成或者发布存在过失",其中"严重违反"应当视为是重大过失的具体表现;另一方面,基于合理平衡自由决策与风险规制的目的,

---

① 刘燕:《"专家责任"若干基本概念质疑》,载《法学研究》2005 年第 5 期。
② 本文仍以特别注意义务与一般注意义务进行表述,但不代表两者属性不同,仅代表不同的注意程度或标准
③ Dorchester Finance Co Ltd v. Stebbing (1989) BCLC 498.
④ 曹兴权、洪喜琪:《证券虚假陈述中监事民事责任研究——兼论〈证券法〉第 85 条的适用,载《北方法学》2021 年第 5 期。

同时避免因对信息披露义务主体施加过于严苛的要求而导致其怠于履责,典型如通过不发表意见、不参会等避免承担相应的责任。

2. 可供司法认定的客观化表现

在主客观相结合的勤勉尽责认定标准基础上,有必要对各违法主体的勤勉尽责标准予以客观化,以提高司法裁判的可操作性及一致性。换言之,要将各违法主体的勤勉尽责内容转化为立法或司法中具体化的职责义务,进行精细化设计,回应精准问责的规制需求。对此,《虚假陈述司法解释》在第四章过错部分对各违法主体的勤勉尽责体现进行了较翔实的规定,但仍待进一步解释、廓清下述几个问题:其一,第14、15条仅对发行人董监高的勤勉尽责体现进行概括性表述,有待结合实践中各自职权、地位等予以细化。其二,中介机构在专家部分、非专家部分的审核方面是否须尽相同的注意程度,"合理审查"与"合理信赖"的内容与程度仍然是立法与实践中模糊不清的内容,亟待疏通问题堵点及难点。其三,对于公司重大资产重组的交易对方等违法主体,如何避免结果导向型追责而合理量定其注意内容尚待论证。此些问题的回答皆与各违法主体的角色功能定位息息相关,需要结合相关规范要求与实践常情常理予以考辩。

值得注意的是,《虚假陈述司法解释》第二条明确取消行政前置程序,同时第四章规定,在过错认定的过程中,人民法院应当按照法律、行政法规、监管部门制定的规章和规范性文件,参考行业执业规范规定的工作范围和程序要求等内容。对此,有必要澄清监管规范、行业规范在虚假陈述民事赔偿诉讼中的作用,或阐析行政责任与民事责任之间的关系。诸多学者认为民法与行政法属于不同部门部门法,其法律责任的预设立场不同,是故具体构成要件不同,规则之间不能混淆适用。具言之,在责任规则上,行政责任是为了监管以维护市场秩序,责任范围、责任形态主要考虑行为对社会的危害性,遵循比例原则。而民事责任是一种损害赔偿、救济填补措施,依照损失填补原则。在责任构成要件上,民法与行政法均涉及主客观条件的判定,但是基于立法目的的不同,行政责任旨在惩罚违法行为,而民事责任旨在实现损害救济,是故两者在主观要件上要求不同。行政责任的主观构成除了违法性要求外,还要求有责性,即主观恶意影响责任认定及范围。行为人应当具有认识到自己行为违法性和有责性的可能。[1] 而民事责任一般不对主观恶意进行规定。例如,(2018)粤 03 民初 570、

---

① 王强军:《行政监管实质刑法化及其限制研究》,载《政治与法律》2019 年第 5 期。

571 号案中,法院认为:"上市公司及其董事、监事、高级管理人员和其他直接责任人员受到相关行政机关的行政处罚,并不必然导致或者推定其在民事纠纷中存在过错并承担相应的民事赔偿责任。理由是:证券违法案件的行政处罚和证券虚假陈述民事赔偿责任所保护的法律利益性质有所不同,构成要件及认定依据的实体法律规定也不同。在认定行政责任及作出处罚时必须考量行为人的具体职责和过错程度等因素,但民事侵权责任构成要件中损害他人利益的过错与行政处罚责任构成要件中违反管理秩序的过错,虽有关联却并不完全相同。行政处罚判定'过错'的标准(如果有的话)显然与侵权法意义上认定'过错'的标准不同。"①

笔者认为,上述观点及案例只考虑到部门法之间的利益保护不同,但是没有对具体保护利益进行进一步解构。实际上,行政监管规范可以借由"公序良俗"与习惯的通道供给证券虚假陈述民事责任的认定。一方面,行政监管规范中的公共利益价值追求与私法中的公序良俗价值追求具有交叉性,证券虚假陈述主体违反相关行政监管规则的行为可通过违反"公序良俗"的解释进入私法裁判中。另一方面,监管机关与证监会作为证券交易的监督者,因具有专业性、市场敏察度而更具有可靠性,其制定颁布的行为规范往往更贴切市场需求,因被市场普遍遵循而日渐成为市场习惯或行业惯例,故有违相关监管规则的行为可通过违反"习惯"的解释进行私法裁判。例如《证券法》第 85 条并未详细规定董监高虚假陈述的构成要件,但证监会颁布的《信息披露违法行为行政责任认定规则》有具体的规定,包括勤勉的认定标准、违法行为的表现等。司法机关在进行民事裁判时,可以在是否已尽勤勉的认定上对监管规则予以参考,而责任范围或责任形态的认定则当然依据相应的民事规则。对此,行业规范的参照适用亦同理。职是之故,在梳理各责任主体勤勉尽责的客观化表现时,应当尽可能归纳相关法律、行政法规、监管部门制定的规章和规范性文件,以及行业执业规范规定的工作范围和程序要求等内容,在私法规范中的勤勉尽责标准范畴内予以量夺。

(二)责任形态与责任比例的考量阶梯

1. 责任形态类型

在厘清虚假陈述民事赔偿中各违法主体的责任认定规则后,欲落实各违法主体的责任划分,还应进一步梳理有关责任形态及责任份额的规则。目前司法实践中,法院对于《证券法》第 85 条以及第 163 条各违法主体责任形态的立场主要有三种:连

---

① 王发平与江苏保千里视像科技集团股份有限公司、童爱平证券虚假陈述责任纠纷案,广东省深圳市中级人民法院(2018)粤 03 民初 570、571 号民事判决书。

带赔偿责任、补充赔偿责任以及按份责任。早期司法实践基本采取连带赔偿责任方式，或将发行人列为唯一赔偿主体，或判定若干违法主体负有赔偿责任但未明晰赔偿比例，引致执行难点。在中安科、五洋债、康美药业等案件中，法院在司法裁判中应用比例连带赔偿的责任划分规则（即按份责任），但其中的责任份额划分依据合理性问题引致学理及实践热议。笔者认为，在权责一致与罚过相当理念下，《证券法》第85条以及第163条对各违法主体的连带责任赔偿要求无疑需要根据实践情形予以限缩，即参考民事侵权连带责任的行为类型，从主观过错和行为原因力两个层次区分不同情境下各违法主体的责任形态及责任份额。虽然商事侵权与民事侵权肇始逻辑不同，但商事侵权之所以广泛应用连带责任是为达"化解信息不对称""替代管制""分散风险"等商事制度目的，[1]以达到多方利益平衡的目的。现今，广泛的连带责任已引致了董监高等发行人内部人、中介机构与投资者之间的利益不平衡，则有必要对这一商事侵权中的连带责任予以限制解释。

根据《民法典》侵权责任编的规定，我国民事侵权连带责任的行为类型主要有共同侵权行为、教唆帮助侵权、共同危险行为、数人分别侵权行为中的连带行为。在证券虚假陈述民事赔偿涉及多元违法主体的场景下，对各违法主体的责任形态研究核心在于探究各违法主体之间是否存在以及何时存在前述四种连带行为。对此，需要在违法主体分类中展开具体研究。笔者认为，在证券虚假陈述中，除发行人外各违法主体承担过错推定或过错责任，故不可能存在侵权对象不明确的共同危险行为之可能。同时，各违法主体在虚假陈述中通常各有分工，作用大小不一，从原因力角度看难以构成数人侵权中的连带责任类型。因此，承担连带责任的情形主要是存在共同过错的情形。其中，共同过失通常存在数人之间约定一人为代表，而代表人行为过失的情形。[2]在信息披露中，各违法主体之间存在明显的职责分工，难以形成有主观联系的共同过失。因此，连带责任情形主要产生在存在共同故意的情形，包括双向的共同故意以及单向的共同故意。前者如串通、协作、积极参与等，后者如知情不报、知情不作为等。[3]在缺少共同故意情形下，各违法主体的主观责任标准应采取重大过失标准。对此，《虚假陈述司法解释》第13条第2款规定，"行为人严重违反注意义务，对

① 张平华：《商事侵权与民事侵权的"形似神异"：以连带责任为中心》，载《法学》2016年第11期。

② 《股票发行与交易管理暂行条例》第17条规定："全体发起人或者董事以及主承销商应当在招股说明书上签字，保证招股说明书没有虚假、严重误导性陈述或者重大遗漏，并保证对其承担连带责任。"

③ 曹兴权、洪喜琪：《证券虚假陈述中监事民事责任研究——兼论〈证券法〉第85条的适用》，载《北方法学》2021年第5期。

信息披露文件中虚假陈述的形成或者发布存在过失"属于过错的情形之一。虽然该表述采取"过失标准",引发一般过失还是重大过失的疑问,但由于同时存在"行为人严重违反注意义务"的限定表述,故认为《虚假陈述司法解释》实际也采取了重大过失标准。此时,各违法主体之间应当承担按份责任,只对自己重大过失行为导致的损害进行赔偿,无需承担全部外部风险。这既符合权责一致的理念,于各违法主体承受能力而言也更为合理公平。在这一基础上,司法实践对各责任主体进行责任划分时,应当重点注意结合各违法主体的职权功能,廓清共同故意、重大过失的具体表现,并分析其他存在争议的连带情形,如有学者提出有过失时,保荐人就其专家过失承担部分连带责任,对其非专家过失部分承担按份责任;其他中介机构就其专家过失,承担比保荐人更小的部分连带责任,同样适用过错推定;对其非专家过失,则承担按份责任。[①] 此些争议部分需要在各个责任主体的勤勉尽责认定中进行具体分析。

2. 责任比例考量因素

在责任份额方面,应根据过错大小、原因力比较等因素认定各连带责任人的责任比例,无法确认时,由各连带责任人平均分摊。当前司法实践中普遍采用"加害人过错程度与加害人行为原因力相加除以二"的计算公式进行责任分配。故关键难题在于如何判定证券虚假陈述中各违法主体的过错大小及原因力大小。

在分配责任范围时,应确定各违法主体主观过错在整体过错中的百分比。过错包括故意与过失,符合逻辑的严重程度是"故意>重大过失>一般过失>轻微过失"。根据前文分析,各违法主体的主观责任标准应采取重大过失标准。故而,除了共同故意情形外,若判定违法主体均存在重大过失的情形下,应进入原因力大小的比较上。仅存在一般过失或轻微过失的信息披露义务人不承担民事责任。其中,关于重大过失的判定应结合信息披露义务人的客观表现加以判定。

在原因力大小的比较上,原因力理论是区分侵权各方责任的重要理论,指依据各方的各自行为对损害后果的发生所起作用之大小确定其责任。有学者提出,虚假陈述侵权责任的因果关系分为交易因果关系和损失因果关系,前者指受害人因信赖侵权人的虚假陈述而为投资决策,后者指受害人的损害是因为侵权人的欺诈行为而致,原因力大小的考察应从行为人对两大因果关系发生的作用切入。[②] 在交易因果关系

① 丁宇翔:《证券发行中介机构虚假陈述的责任分析——以因果关系和过错为视角》,载《环球法律评论》2021年第 6 期。
② 李有星、潘政《瑞幸咖啡虚假陈述案法律适用探讨——以中美证券法比较为视角》,载《法律适用》2020 年第 9 期。

层次中,投资者基于对信息披露义务人的信赖而进行投资交易,故各违法主体在交易因果关系中的原因力问题实际上归结为投资者对违法主体的信赖程度问题。对此,有学者认为,实践中投资者对各行为人的信赖程度有所不同:保荐人>专业服务机构>董事及高管>监事。[①] 笔者认为,这一判定具有一定合理性,执行董事与高管一般存在故意,相比于兼职的独立董事与监事而言,保荐人与专业服务机构专业性更高,往往能够获得投资者更多的信赖。故可参考前述交易因果关系的作用次序划分责任。在损失因果关系层次中,应该通过结合各方在虚假陈述中的角色、地位及作用等判断原因力大小。如仅就发行人内部人而言,一般情形下执行董事与高级管理人员作为信息披露文件的制作者,一般对损失的产生负有主要责任,而独立董事与监事除共同故意情形之外,一般因监督不利而负有重大过失责任,应承担次要或再次要的责任。具体的责任比例则主要依据法官自由裁量,如王惠英与云南云投生态环境科技股份有限公司、何学葵等证券虚假陈述责任纠纷案中,法官判定负主要责任的人员赔偿份额应占70%,次要责任占20%,再次要责任仅占10%。[②]

---

① 曹兴权、洪喜琪:《证券虚假陈述中监事民事责任研究》,载《北方法学》2021年第5期。
② 王惠英与云南云投生态环境科技股份有限公司、何学葵、蒋凯西证券虚假陈述责任纠纷案,云南省昆明市中级人民法院(2014)昆民五初字第89号民事判决书。

证券投资纠纷强制调解制度的构建与完善

张 艺* 唐 璐** 冯 辉***

摘要：新《证券法》设专章规定了对投资者的保护,并首次在法律层面明确规定了证券纠纷的强制调解制度。该制度在实现对普通投资者倾斜性保护的同时,也因其在制度设计上的缺漏而给实践中的纠纷解决带来了现实问题和挑战。现阶段证券投资纠纷强制调解制度缺乏整体立法的系统性支持,存在调解机构组织设置过于繁杂、制度的构成要件缺乏细化规定、诉调对接机制不尽完善等弊端。应当以协商民主为核心强化证券纠纷强制调解立法的系统性与针对性,由证监会通过部门规章的形式制定《证券纠纷强制调解管理办法》,并在时机成熟时整合相关规范形成证券纠纷强制调解制度的统一立法。应当以协同治理为理念完善中证资本市场法律服务中心和地方调解组织的职能分配,加强投资者保护基金制度在证券纠纷强制调解制度中的适用,并进一步推动强制调解费用的改革。应当细化证券纠纷强制调解制度的构成要件及程序标准,通过仲裁、调解的双轨制运行充分发挥强制调解制度的替代性纠纷解决功能。应当完善强制调解中的诉调对接机制及配套制度,建立健全小额纠纷的调解协议与公证程序对接机制以及调解协议与督促程序的对接机制,保障调解协议的有效执行。

关键词：证券纠纷　强制调解　协同治理　双轨制　诉调对接

一、问题的提出

2021年12月的中央经济工作会议明确指出："要抓好要素市场化配置综合改革

---

* 对外经济贸易大学法学院博士研究生。
** 对外经济贸易大学法学院互联网金融法律研究中心研究助理。
*** 对外经济贸易大学法学院教授。

试点,全面实行股票发行注册制。"加强投资者保护,是注册制改革的基础,也是资本市场法治建设的出发点和落脚点。党的十九届六中全会通过的《中共中央关于党的百年奋斗重大成就和历史经验的决议》提出:"健全社会矛盾纠纷多元预防调处化解综合机制"。调解机制作为替代性纠纷解决机制的重要一环,在国内外日渐成熟的资本市场纠纷解决过程中发挥着重要的作用。自 2013 年《国务院办公厅关于进一步加强资本市场中小投资者合法权益保护工作的意见》颁布以来,针对投资者保护的制度供给日渐充实。在此基础上,《中华人民共和国证券法》(以下简称《证券法》)从顶层设计的角度纳入"投资者保护"相关内容,设专章以法律形式对投资者保护相关安排予以明确,进一步夯实了证券投资者保护的基础法律制度。

然而,证券纠纷广泛存在于发行、交易等各个环节,涉及多个行业的交叉专业知识。大部分纠纷当事人作为非专业人员,诉讼、仲裁等维权方式对他们而言存在一定的障碍。此时借助调解机制以解决证券纠纷,确实是一个值得考虑的替代性选择。在此背景下,迫切需要完善以强制调解为核心的证券纠纷解决机制,推动证券市场的健康发展。本文拟从《证券法》规定的强制调解制度出发,对其法律规制现状及存在的问题进行分析和梳理,并就完善我国证券投资纠纷强制调解制度的具体路径提出对策建议。

二、证券投资纠纷强制调解制度的理论基础

(一) 证券投资纠纷强制调解制度的界定及特征

随着市场经济的高速发展,越来越多的社会公众通过购买股票、债券、基金等方式进行证券投资,实践中的投资纠纷在所难免。诉讼、仲裁等作为传统的纠纷解决机制,无法充分满足人数众多的中小投资者的纠纷解决需求,多元化的证券纠纷解决机制亟待构建。此时的强制调解制度作为一种替代性纠纷解决机制,可以有效弥补传统途径在证券纠纷中可能存在的不足和缺漏。[①] 证券纠纷强制调解制度借鉴了国际上广泛开展的金融申诉专员制度,是一种普通投资者有权单方面启动的纠纷解决机制。我国《证券法》第 94 条第 1 款明确指出:"投资者与发行人、证券公司等发生纠纷的,双方可以向投资者保护机构申请调解。普通投资者与证券公司发生证券业务纠

---

① 参见赵敏:《浅析普通证券期货投资者保护调解机制》,载《法制与经济》2020 年第 7 期。

纷,普通投资者提出调解请求的,证券公司不得拒绝。"相较于传统的纠纷解决方式而言,强制调解制度具有单方性、非前置性和相对性等特征,能够更好地满足在市场中处于劣势地位的中小投资者的维权诉求。

首先,强制调解制度具有单方面性。即普通投资者提出的调解申请,无需经过相对方证券公司的同意,并且该证券公司也没有拒绝的权利,这是对证券公司的单方面限制。在 2019 年《证券法》修订前,陷入纠纷中的证券公司基于自身利益考虑往往会拒绝普通投资者的调解申请,鉴于调解的启动需要双方当事人达成合意,此时普通投资者不得不放弃通过调解方式解决纠纷,转而通过诉讼、仲裁等耗时久、成本高的方式维护自身权益。而新《证券法》通过对强制调解制度的立法确认,使调解程序的启动排除了证券公司一方同意的限制,体现了立法者对普通投资者的倾斜保护。

其次,强制调解制度具有非前置性。调解前置,通常指的是在纠纷进入诉讼程序之前,双方当事人必须基于法律规定或约定先进行调解,只有在调解无法解决纠纷时才可以进入诉讼程序。如果将强制调解作为诉讼的前置程序,无异于增设了诉讼的程序性要求,不仅无法满足普通投资者对于高效解决纠纷的诉求,反而提高了通过诉讼解决纠纷的门槛。而证券投资纠纷中的强制调解并非诉讼的必要前置程序,[1]在出现证券纠纷时,普通投资者既可以提出强制调解,亦可以直接起诉证券公司。证券强制调解制度的非前置性充分尊重了普通投资者在纠纷解决方式上的选择权,有效实现了对弱势群体的及时救济。

最后,强制调解制度具有相对性。强制调解仅适用于普通投资者和证券公司之间的证券纠纷。《证券法》第 89 条规定:"根据财产状况、金融资产状况、投资知识和经验、专业能力等因素,投资者可以分为普通投资者和专业投资者。专业投资者的标准由国务院证券监督管理机构规定。"即一方主体是国务院证券监督管理机构规定的专业投资者以外的普通投资者,而另一方主体仅限于依法设立的经营证券业务、与投资者发生交易关系的证券公司,不包括证券发行、交易等流程中所涉及的中介机构、自律性组织等。

(二)证券投资纠纷强制调解制度法律适用的特殊性

基于证券纠纷相比于传统民商事纠纷所具有的复杂程度高、涉众性强、专业度突出等特点,传统的调解方式仅为投资者提供了形式上的纠纷解决途径,却无法为普通

---

① 参见吴登勇:《新〈证券法〉下投服中心探索保护投资者合法权益的新途径》,载《投资者》2020 年第 2 期。

投资者提供实现其自身合法权益救济的制度供给。而强制调解制度在传统调解方式的基础上赋予普通投资者在程序启动方面的单方强制权,体现出我国金融立法从维护整体金融大环境公平稳定的形式法治向保护中小投资者合法权益的实质法治的转变。相较而言,证券投资纠纷领域的强制调解制度因其强制性、单方性和相对性,在具体的纠纷解决及法律适用过程中也呈现出与传统调解制度的明显不同。

就其适用主体而言,强制调解制度仅限于普通投资者。我国《证券法》第89条将投资者区分为普通投资者和专业投资者,对于普通投资者的界定,《证券法》并没有提供明确具体的划分标准,即未能通过具体的量化标准来确定,该条规定较为抽象。但同时《证券法》指出,国务院证券监督管理机构对专业投资者的标准进行规定,因此可以通过对专业投资者范围的界定来划定普通投资者的主体范围。中国证券监督管理委员会(以下简称"证监会")于2020年修正的《证券期货投资者适当性管理办法》(以下简称《办法》)第8条对专业投资者详细列出了5种情形,其中前4种情形为非自然人中符合规定的专业投资者;第5种情形为同时达到以下要求的自然人:一是金融资产合计大于500万元(包括本数),或者近3年其年均收入大于50万元(包括本数);二是具有2年以上证券、基金等证券投资经验,或者具有2年以上金融产品设计、投资、风险管理及相关工作经历,或者属于《办法》第8条情形1规定的金融机构的高级管理人员,或者为具有执业资格的从事金融相关业务的律师和注册会计师。依据《办法》要求,自然人只有同时达到上述条件才可能被认定为专业投资者,举例来说,即使自然人名下的金融资产或近3年来年均收入符合专业投资者的要求,但如果其证券投资经验不满2年,并且亦无2年以上的相关工作经验,那么该自然人将无法被认定为专业投资者。由此可见,《办法》对自然人中专业投资者的认定条件较为严格谨慎,因此更多的自然人投资者可能被认定为普通投资者,同时结合《证券法》对强制调解制度的规定,可见相关规范性文件的制定主体对普通投资者投入了较高的关注和倾斜性保护措施。

除了适用主体,就其适用标准而言,《证券法》仅对强制调解制度作了原则性规定。该制度如何适用、具体适用标准并没有在《证券法》中被明确规定,其亦未指出是否沿用目前的小额速调机制标准进行调解,存在一定的操作空间。如适用标准过于宽松,可能导致强制调解制度流于形式;如标准过于严格,则可能限制证券公司的权利。此外,关于强制调解制度适用的启动程序,在一般调解实践中,调解程序的开始取决于各方当事人均同意调解,而《证券法》赋予普通投资者单方启动调解程序的权限。但强制调解制度并不强制证券公司接受调解结果。最终能否达成调解协议依旧取决于争议各方是否达成了一致的合意。实质上《证券法》并未突破调解的自愿原则,而是改变了调解程序的启动流程,在程序规则而非实体规则上实现对普通投资者一定程度上的倾斜保护。[①]

从我国资本市场发展情况来看,普通投资者具有相当大的基数,体量巨大的证券投资纠纷对通过诉讼、仲裁方式化解社会矛盾带来了严峻挑战。[②] 司法资源的供给量远远匹配不上市场的需求量。而强制调解则在当事人双方和平解决纠纷的同时,充分实现了稳定证券市场秩序的效果。

三、我国证券投资纠纷强制调解制度的现状与问题

(一)证券投资纠纷强制调解制度的立法与实施现状

随着一系列法律法规与政策文件的出台,在国务院、证监会、最高人民法院(以下简称"最高法")等多部门的大力支持下证券纠纷调解制度得到了不断的发展和完善,证券期货市场行政监管、自律监管、专业机构共同参与、多位一体的纠纷化解机制正逐步形成。2016 年,最高法和证监会联合发布《关于在全国部分地区开展证券期货纠纷多元化解机制试点工作的通知》(以下简称《试点通知》),决定在全国部分地区联合开展建立健全证券期货纠纷多元化解机制的试点工作,进一步推进资本市场法治化建设。《试点通知》的附件 2《证券期货纠纷多元化解机制试点调解组织名单》中明确将中国证券业协会(以下简称"中证协")、中国证券投资者保护基金有限责任公司(以下简称"投保基金公司")、中证中小投资者服务中心有限责任公司(以下简称"投服中心")等 8 家调解组织列入在内。自 2016 年 1 月起,投服中心在借鉴英国及我国台湾地区等域外申诉专员制度的基础上,创新实践了小额速调机制,[③]该机制是强制调解制度的雏形。2018 年,在试点工作取得积极成效的基础上,最高法与证监会共同决定将证券期货纠纷多元化解机制建设工作从部分地区推广至全国,并联合

[①] 参见赵敏:《浅析普通证券期货投资者保护调解机制》,载《法制与经济》2020 年第 7 期。

[②] 参见郑国生、段涛:《构建证券纠纷调解机制 助推资本市场创新发展》,载《创新与发展:中国证券业 2012 年论文集》,中国财政经济出版社 2013 年版,第 1073 页。

[③] 针对诉求金额较少(实践中主要为 5 000 元以下,个别地方 5 万元以下)的证券期货纠纷,市场机构通过自律承诺、自愿加入、签署合作协议等方式作出配合调解工作的承诺:一是只要投资者提出申请,机构积极配合调解工作;二是调解协议只需投资者同意,机构无条件接受并自觉履行;三是如投资者不同意调解结果,则调解协议对争议双方均无约束力,投资者可寻求其他救济途径。

发布了《关于全面推进证券期货纠纷多元化解机制建设的意见》(以下简称《意见》),首次将小额速调机制写入司法文件,同时对强制调解义务进行了确认。2019年《证券法》修订开创了我国金融法律领域通过专章规定保护投资者权益的先例,首次从立法层面规定了证券纠纷强制调解制度。同年,投服中心制定了《中证中小投资者服务中心调解规则》(以下简称《调解规则》),将普通投资者与证券公司之间的纠纷纳入了投服中心的纠纷受理范围。① 2021年,最高法与证监会联合印发《关于建立"总对总"证券期货纠纷在线诉调对接机制的通知》(以下简称《通知》),将法院与中国投资者网两大调解平台进行对接。

虽然我国已经初步建立起关于证券纠纷强制调解的基本制度框架,但相关的法律条文不成体系,依然存在规范碎片化、衔接机制匮乏、调解机构混乱等弊端。此外,实践中普通投资者还常常面临调解协议虽具法律效力但刚性不足等现实问题,这些缺漏严重阻碍了证券纠纷调解的制度设计和实际运行,②亟待立法予以回应。

(二) 证券投资纠纷强制调解制度存在的主要问题

1. 证券投资纠纷强制调解制度缺乏整体立法的系统性支持

我国目前并没有一部针对行业性调解组织和行业调解行为进行统一规范的法律,关于调解的相关规范众多且散见于不同的规制领域。总体而言,现有的规制大体可以分为法律规范和行业规范这两大层次。

一方面,目前我国证券纠纷调解制度主要由证监会联合最高法、中证协以规范性文件的形式作出原则性、概括性、宏观性的规定,但各规范性文件之间缺乏衔接性。全国人大常委会于2010年颁布了《中华人民共和国人民调解法》(以下简称《调解法》),然而证券领域产生的纠纷往往具有高度专业性和复杂性,该法并非针对证券领域纠纷调解的专门法律规范,难以适应证券市场的矛盾化解需求。2016年,最高法和证监会联合发布的《试点通知》确立了"建立健全多元化解机制"等更为具体的目标,但《试点通知》属于司法解释性质文件,立法层级较低,缺乏权威性顶层设计。即便是2019年新修订的《证券法》也仅仅以个别条文规定了证券业协会的调解职能,缺乏对强制调解制度的针对性规定。2020年证监会在新《证券法》第94条的基础上制定了

---

① 参见《调解规则》第8条:资本市场主体间因证券、期货、基金等相关业务产生的下列纠纷,属于投服中心纠纷受理范围:(一) 投资者与上市公司之间的纠纷;(二) 投资者与证券期货经营机构之间的纠纷;(三) 投资者与资本市场其他主体之间的纠纷;(四) 投资者之间的纠纷;(五) 投服中心认为可以受理的纠纷。

② 参见沈伟、沈平生:《我国证券纠纷调解机制的完善和金融申诉专员制度合理要素的借鉴》,载《西南金融》第2020年第5期。

《证券期货纠纷调解工作指引》(以下简称《指引》),该《指引》属于部门性规范性文件,效力等级较低,且仅第 23 条一个条款针对强制调解制度做出了将"未配合普通投资者调解的证券公司"列入诚信档案的具体规定。立法层面相关制度规则的缺漏和顶层设计的缺失给实践中证券纠纷的调解带来了极大不便,无法为证券市场主体提供明确的行为预期。

另一方面,关于强制调解的不同规则之间也存在较大差异。投服中心于 2019 年制定的《调解规则》将普通投资者与上市公司之间的纠纷纳入了其纠纷受理范围,并对调解受理、调解员选定和指定、调解程序的终结、效力保障等方面做出了自成一体的规定。但是除投服中心外,还存在中证协、投保基金公司等多家调解组织,为方便证券纠纷调解工作的开展,各个不同的调解组织均制定了适用于其机构内部纠纷调解的相关规则。比如中证协制定的《中国证券业协会证券纠纷调解规则》、投保基金公司制定的《中国证券投资者保护基金有限责任公司证券纠纷调解规则(试行)》(以下简称《试行规则》)等。不同调解组织对同一调解程序可能存在不同的规制,给实践中证券纠纷的解决、相关程序规则的适用带来了冲突和挑战。

2. 证券投资纠纷强制调解机构的组织设置过于繁杂

调解机构和主体的多元化虽然能够给投资者提供更多救济权利的渠道,但由于缺乏顶层设计和统筹协调,实践中不同的调解机构往往难以形成合力而在纠纷解决中"自成一系""各自为政"。而缺乏足够证券知识的普通投资者往往难以分辨不同调解机构之间的差异,导致其无法正确行使相关的申诉权利。同时各机构之间管辖范围的分配与协调也并不明晰,实践中常常出现管辖重叠和"一案多诉"的情况,造成人力、物力等调解资源的极大浪费。[1]

全国人大常委会在 1998 年颁布《证券法》之初,便授权中证协负责证券行业纠纷调解工作,首次以法律形式确立了证券纠纷的调解机构。2011 年 9 月,中证协成立证券纠纷调解专业委员会,负责研究证券纠纷调解的专业和重大问题。2012 年 2 月,证券纠纷调解中心成立,负责中证协纠纷调解日常组织工作。随后,中证协又与地方证券行业协会建立了证券纠纷调解协作机制。2016 年中证协发布《中国证券业协会证券纠纷调解工作管理办法》(以下简称《中证协调解办法》)及《中国证券业协会证券纠纷调解规则》(以下简称《中证协调解规则》),增加了第 13 条至第 18 条,较为详细

---

① 参见沈伟、沈平生:《我国证券纠纷调解机制的完善和金融申诉专员制度合理要素的借鉴》,载《西南金融》2020 年第 5 期。

地规定了证券纠纷调解员的选任条件、职责要求、解聘情形等,并且在第19条明确证券纠纷调解工作的经费来源于证券纠纷调解专项基金。《中证协调解办法》及《中证协调解规则》的颁布确立了行业协会主导下,中证协督促证券公司主动化解纠纷,指导地方协会就地调解纠纷和中证协自主调解纠纷的"三位一体"证券纠纷化解工作机制。然而对于中证协的调解范围,不同规范之间却存在差异。《证券法》第166条规定其调解范围为"会员之间、会员与客户之间发生的证券业务纠纷",而《中证协调解办法》却增加了兜底条款"会员与其他利益相关者之间发生的证券业务纠纷",扩大了纠纷调解的接受范围。

除了行业协会主导的调解机制外,在证监会主导下设立的投保基金公司、投服中心以及地方证监局与地方证券行业协会联合创设的调解机构也具有纠纷调解的功能。投保基金公司、深圳证券期货纠纷调解中心(以下简称"深圳调解中心")等机构部门陆续开展试点工作,提供调解服务。2020年1月,经证监会批准,中证资本市场法律服务中心(以下简称"服务中心")建立,投服中心纠纷调解工作全部由新成立的服务中心承担。具体调解案件工作的开展还是由各行业性组织所设立的线上线下平台、工作站来承担。此外,多家调解组织都搭建了线上平台,纠纷当事人和调解员可以通过网络视频等方式参与调解,如中国投资者网站平台、深圳证券调解中心网站等。

调解机构作为独立于消费者、金融机构的第三方调停机制,公平公正是其长期发展的生命线。目前对调解机构的监督主要以行业协会自律监管和行政机关监督为主,虽然投服中心、深圳调解中心等我国代表性调解机构在信息披露上已作出实质性努力,但依然缺少公开渠道来查询其年度工作报告等关键信息。与此同时,消费者无法对投服中心提供的服务提出质疑和给予评价,缺乏有效的外部制约机制。①

3. 证券投资纠纷强制调解制度的构成要件缺乏细化规定

我国《证券法》第94条赋予了普通投资者以强制调解权。然而,该条文对调解过程中涉及的诸如对调解的申请和受理、调解程序、调解的达成和终止等具体操作事项缺乏针对性规定。

从适用主体范围来看,《证券法》第94条明确规定强制调解程序的启动仅限于普通投资者,但却忽略了对普通投资者与专业投资者的划分。《证券法》规定的强制调解制度通过对处于相对强势地位的证券公司附加一定的强制义务,拓宽了普通投资

---

① 参见沈伟、沈平生:《我国证券纠纷调解机制的完善和金融申诉专员制度合理要素的借鉴》,载《西南金融》2020年第5期。

者在小额纠纷中的维权路径,大大减少了推诿、延迟等消极调解情形的发生。关于普通投资者与专业投资者的区分认定,证监会于 2020 年修正的《办法》第 8 条进行了详细规定,但是《办法》在效力位阶上属于部门规章。而《证券法》作为效力层级更高的法律虽然在一定程度上体现了立法对普通投资者的倾斜保护,却对保护主体缺乏顶层设计。从适用程序来看,《证券法》并未提及强制调解适用的程序规则。中证协于 2016 年发布的《中证协调解办法》并未触及关键的程序性事项。投保基金公司在同年发布的《试行规则》中设专章规定了调解程序,包括调解员的选任与回避、聘请鉴定人等。投服中心于 2019 年制定的《调解规则》将调解程序类型化为普通调解程序和其他调解程序。然而无论是《试行规则》还是《调解规则》,都不具有法律权威性,亟须在《证券法》中将强制调解的程序性规则予以标准化。此外,现行法规均未规定证券公司拒绝调解的后果,缺乏行政处罚、诚信监管等机制相衔接。[1]

4. 证券投资纠纷强制调解制度的诉调对接机制不尽完善

证券投资纠纷强制调解制度的有效实施离不开诉调对接机制的完善。最高法于 2011 年发布了《关于人民调解协议司法确认程序的若干规定》,但对于经行业协会建立的商事、行业调解机构调解而达成的调解协议的确认,缺乏相关规定。为了进一步推动诉讼与非讼相衔接,最高法于 2016 年发布了《关于人民法院进一步深化多元化纠纷解决机制改革的意见》(以下简称《改革意见》),提出要"完善调解规则和对接程序,发挥商事调解组织、行业调解组织专业化、职业化优势"。然而该《改革意见》对于对接程序的设计较为笼统,且缺乏适用于证券纠纷的针对性。

具体而言,在实践中衔接机制出现的问题主要集中于以下几个方面:首先是调解机制与日常监管未能有效衔接,在证券纠纷解决领域,调解工作的推进离不开行政许可、行政处罚等措施的保障。然而现阶段的证券纠纷调解往往独立存在,未能与其他机制相衔接,导致调解工作一旦遇到阻碍,便难以借力其他执法机构予以保障。其次,证券强制调解的实施和执行缺乏自律管理。强制调解的一方往往是具有证券业协会会员身份的上市公司,受协会章程的约束和管理。但是在协会内部的各类规范中,极少存在条款来为双方当事人提供纠纷解决指引。且大多数协会会员在拒绝调解后,也并未受到相应的惩罚。相反,积极配合调解、主动履行调解协议的会员也并未得到相应的激励。惩戒机制与激励机制的缺位导致协会内部成员履行调解协议的

---

[1] 参见董新义、王馨梓:《新〈证券法〉证券纠纷调解的保障机制建设——以域外经验为借鉴》,载《银行家》2020 年第 2 期。

积极性大打折扣。最后,证监会的强制调解机制缺乏与国务院其他部门政策的协调。一般而言,证券公司需要支付高额赔偿金及相关调解费用,而此类费用是否可以在纳税前予以扣除尚未有具体规定。证监会应当积极与国家税务局建立合作协调机制,将赔偿金和调解费用纳入纳税扣除项目,以此来激励证券公司主动接受调解。①

此外,投资者需要通过申请法院制作调解书或办理公证,才能够使调解协议获得强制执行力,这无疑增加了额外的执行成本。② 目前,对证券纠纷调解协议的承认一般采取各机构、地方法院逐案互认、联合协助等方式。为促进证券调解服务行业专业化、市场化的发展,经认可的投资者服务中心在调解规则中应逐步纳入国内外经过验证的、合乎逻辑的、自洽的经验和做法,为未来证券调解制度的顶层设计提供更系统、更广泛的实践材料。

四、完善我国证券投资纠纷强制调解制度的具体路径

(一)以协商民主为核心强化证券纠纷强制调解立法的系统性与针对性

证券纠纷强制调解制度是建立在我国证券投资急速发展对投资者权益保护的实际需要之上的一种替代性纠纷解决机制。③ 当既有法律规则和制度难以妥善化解社会矛盾纠纷时,协商民主理念旨在通过当事人之间的协商寻求更为合理的处理结果。④ 对于在资金实力、投资能力、专业知识、理性程度等方面均处于相对弱势地位的普通投资者而言,强制调解机制的顶层设计应当着眼于合理的权责分配以及标准化实体和程序规则的设立。自2016年《试点通知》确定证券期货纠纷多元化解机制的36个试点地区和8个试点机构开始,到2018年全面推进证券期货纠纷多元化解决机制,我国进行了大量的试点探索并取得了一定的成就,但也存在许多不足,比如:各地的试点经验未进行体系化的归纳总结;相关试点文件碎片化现象明显,甚至相互冲突等。在未来推行强制调解机制的过程中,应加强证券纠纷调解机制的顶层设计,通过专门立法满足证券投资纠纷特殊性和专业性的现实需求。

---

① 参见董新义、王馨梓:《新〈证券法〉证券纠纷调解的保障机制建设——以域外经验为借鉴》,载《银行家》2020年第2期。
② 参见沈伟、黄桥立:《论证券纠纷调解机制的优化路径——以日本证券金融商品斡旋咨询中心为镜》,载《山东科技大学学报(社会科学版)》2020年第3期。
③ 参见范愉:《非诉讼纠纷解决机制(ADR)与法治的可持续发展——纠纷解决与ADR研究的方法与理念》,载《法制现代化研究》2004年第9期。
④ 参见范愉:《当代世界多元化纠纷解决机制的发展与启示》,载《中国应用法学》2017第4期。

就具体的立法模式而言,首先,应由证监会体系化整合各地区、各机构的实践成果并进行更大范围的推广适用,通过制定《证券纠纷强制调解管理办法》(以下简称《管理办法》)的方式来明确证券调解机构的运行机制和监管机制等内容。此类部门规章的制定有利于统合凌乱繁多的证券纠纷调解机构,同时减轻了调解机构对普通投资者提交的调解申请是否具有管辖权进行判断的压力。《管理办法》应当明确规定调解的受理范围、调解员的选任、当事人双方的权责分配、调解程序、调解协议的效力保障等内容。其次,在时机成熟时应当加快形成并完善统一适用于全国、更加系统化的法律规范,在上述《管理办法》的基础上整合实践经验和规则,形成证券纠纷强制调解制度的统一立法。最后,调解机构可以在总结实践经验的基础上发布更为细化的调解业务细则和调解员守则,在遵守统一标准的前提下,根据实际情况具体制定操作流程,强化对普通投资者的倾斜保护。具言之,可以适当要求证券公司承担较多的义务,如关键证据提交、解释说明等义务。而投资者则享有对调解结果的单方否决权。[1]由此形成"法律—部门规章—业务细则"一整套的规范体系,从简约式立法转为精细化立法,夯实证券投资纠纷强制调解制度的法律根基。[2]

(二)以协同治理为基本理念调整证券调解组织的职能设置

在金融创新与混业经营趋势下,我国以"一行两会"为核心的传统"机构监管"模式难以满足现实需要。为实现调解主体的多元化,我国大力发展证券纠纷非诉调解专门机构的建设,先后成立了中国证券业协会纠纷调解中心、投服中心、深圳调解中心、地方调解协会等,基本覆盖全国各省及直辖市。然而,实践中不同的调解机构往往难以形成合力而在纠纷解决中"各自为政",常常出现管辖重叠和"一案多诉"的情况,造成人力、物力等调解资源的极大浪费。

首先,应当以协同治理为理念完善服务中心和地方调解组织的职能分配。设立全国性的调解组织,由专业组织牵头调解工作,能够大大降低跨区域调解工作的难度,提高调解效率和专业性。[3]服务中心作为证监会批准设立的中国唯一跨区域、跨市场的全国性证券期货纠纷专业调解组织,在提高调解工作整体规范化水平、更好地保护投资者合法权益等方面发挥了重要作用。与此同时,服务中心与全国各地证监局、协会共建了 35 个调解工作站,虽然能够实现跨区域调解,但是服务中心

---

① 参见沈伟、黄桥立:《论证券纠纷调解机制的优化路径——以日本证券金融商品斡旋咨询中心为镜》,载《山东科技大学学报(社会科学版)》2020 年第 3 期。
② 参见胡晓霞:《我国在线纠纷解决机制发展的现实困境与未来出路》,载《法学论坛》2017 年第 32 期。
③ 参考钟芸:《我国证券期货纠纷多元化解机制探讨》,载《中国证券期货》2019 年第 1 期。

与工作站之间属于合作关系,相关案件管辖分配尚且不清晰。应当以协同治理为理念完善服务中心和地方调解组织的职能分配,逐步将地方性的调解工作站转化为服务中心的地方调解分支机构,承担本辖区范围内的证券纠纷调解工作。[①] 一方面,服务中心在收到相关区域性纠纷时,有权根据实际情况向各地的调解组织分配案件。另一方面,各地工作站在面对疑难案件时,可以向服务中心移交,此时服务中心应充分发挥其统筹协调的作用,负责证券纠纷调解中专业和疑难问题的汇总解答以及日常组织工作。

其次,应当加强投资者保护基金制度在证券纠纷强制调解制度中的适用,并进一步推动强制调解费用的改革。投资者保护基金本质上是一种存款保险,该风险应对措施大大提升了投资者获得赔偿的效率,实现了对受损投资者的及时救济。然而,根据《证券投资者保护基金管理办法》对基金用途的有关规定,只有在"证券公司被撤销、被关闭、破产或被证监会实施行政接管、托管经营等强制性监管措施时"才能对债权人予以偿付。而对于证券投资纠纷强制调解制度而言,该制度仅仅在程序启动上赋予了普通投资者单方强制权,但在后续调解协议的执行(特别是赔偿资金的给付)上却缺乏制度保障。建议适当扩大投资者保护基金的偿付范围,如果证券公司在强制调解达成协议后的约定期限内未能按时给付,则可以由基金公司先行垫付,基金公司在事后有权向其追偿。此外,目前服务中心属于全国性证券期货纠纷公益调解机构,在未来强制调解制度被广泛适用的背景下,证券纠纷的调解程序将因普通投资者一方的申请而启动,这将大大增加服务中心调解案件的受理数量。此时,服务中心的公益属性将无法支撑案件数量增加而带来的资金负担,应当适当扩大经费来源并完善其用途,根据案件标的额大小或复杂程度实施差异化的收费标准。

最后,应当强化证券纠纷强制调解的内外部监督,保障制度的公正有效实施。证券投资纠纷调解程序的启动无需证券公司同意,仅由普通投资者单方面申请即可实现。但是在调解过程中真正起主导作用的是调解机构及其内部工作人员,也就是说,经普通投资者单方申请的调解程序能否按照《证券法》的规定正常有效启动,在很大程度上有赖于调解机构履职的主动性和公正性。在实践中,多数调解机构的调解员由专职和兼职两部分组成,其中的兼职调解员不乏包括具有上市公司工作经历的高管。一旦作为纠纷一方当事人的证券公司通过不正当手段拒绝调解或诱导调解员做

---

① 参考沈伟、沈平生:《我国证券纠纷调解机制的完善和金融申诉专员制度合理要素的借鉴》,载《金融监管》2020年第5期。

出不公正调解结果,那么处于弱势地位的普通投资者很难通过强制调解制度获得应有的保护,从而背离了制度设计的初衷。调解机构应当定期公布强制调解案件数量、来源、地区分布以及解决比例等信息,接受社会公众的监督。同时在机构内部设置专门的监督部门和申诉渠道,提升强制调解的公信力。

（三）细化证券纠纷强制调解制度的构成要件及程序标准

《证券法》第 94 条虽然赋予了普通投资者以强制调解权,然而,该条文对调解过程中涉及的诸如对调解的申请和受理、调解程序、调解的达成和终止等具体操作事项缺乏针对性规定。应当从适用主体、适用标准、调解程序等方面进一步细化强制调解制度的构成要件及程序规范。

从适用主体范围来看,《证券法》中并没有对普通投资者的标准予以界定,而是参照作为部门规章的《办法》中对专业投资者的列举。应当以《办法》中对专业投资者的规定为基础,从金融资产、风险管理经验、投资经历等方面综合考量申请强制调解的主体身份,进一步明确证券纠纷强制调解制度中普通投资者的身份界定标准。从适用标准来看,应当对强制调解制度的适用进行类型化规定。如对于普通投资者提出的纠纷申请,应当在登记后根据案件复杂程度和金额大小将其分为快速通道纠纷和一般纠纷。将争议事实明确、标的数额较小或不涉及资金、股权等给付的纠纷纳入快速通道进行处理,由专家在流程早期介入参与,[1]并且可以通过电话、网络、书面等方式在较短期限内快速解决。

从适用程序来看,应当从法律层面对强制调解的"简易程序""普通程序""单方承诺调解程序"等程序规则进行清晰规定。同时借鉴国际上的通用做法,选择双线并行的制度结构。即投资者享有较大的自主选择权,可以在调解和仲裁这两种纠纷解决机制中进行选择适用。如果纠纷尚未形成终局性结果,则当事人有权随时启动调解程序。此时,经双方当事人同意,可以中止仲裁程序,或选择调解和仲裁同步进行。如果双方当事人仅就部分争议事项达成调解协议,针对未决争议焦点,当事人仍可另行通过仲裁方式实现纠纷解决的目的。通过仲裁、调解的双轨制运行充分发挥强制调解的替代性纠纷解决功能,提高纠纷解决的时效性和便捷性。从举证责任分配上来看,应当明确举证责任倒置的风险分担机制。根据《中华人民共和国民事诉讼法》（以下简称《民事诉讼法》）的规定,举证责任的设置遵循"谁主张,谁举证"的基本原

---

① 参见柳鸿生:《澳大利亚金融消费纠纷非诉调解机制借鉴》,载《中国经济周刊》2015 年第 15 期。

则,仅在特定情况下才适用举证责任倒置。具体到证券投资关系中,自然人投资者在面对卖方机构时,在投资选择、专业知识、风险承担、维权能力等方面均处于弱势地位,要求普通投资者举证证明证券机构违反投资者适当性义务难免有失公正。因此,应当由证券公司承担较重的举证责任,证明其是否履行了告知说明、风险披露、文件交付等适当性义务,从而实现纠纷解决中的实质公平。

（四）完善强制调解中的诉调对接机制及配套制度

目前,我国尚未形成程式化的诉调对接机制,但是近年来,证监会及其派出机构与人民法院、仲裁机构、调解组织等机构通过积极签订合作协议或备忘录建立了不同纠纷解决方式的对接机制。2020年,投服中心与5家(累计共43家)人民法院建立了诉调对接合作机制,中国投资者网"证券期货纠纷在线解决平台"与最高法"人民法院调解平台"实现了互联互通和平台对接。应当在此基础上进一步完善强制调解制度的对接机制,强化调解协议的效力和执行力。

就强制调解对接机制的完善路径而言,应当探寻更具有可行性的对接机制:一方面,应当建立健全小额纠纷的调解协议与公证程序对接机制。对于赔偿金额较小的调解协议而言,当事人可以依据现有的法律规定,向公证机关提出申请,从而使含有给付内容的调解协议具备强制执行效力。这种经公证程序获得强制力的方式,实质上是将调解协议转化为公证债权文书,从而赋予债权人向法院申请强制执行的权利。但是,公证费用一般为债务总额的0.3%,需由申请人自行承担。因此,对于赔偿金额较大的调解协议而言,此种获取强制执行力的路径或许并非最佳选择。另一方面,应当建立调解协议与督促程序的对接机制。调解协议得到有效执行的核心是相关赔偿金的及时给付。而根据我国《民事诉讼法》的相关规定,在同时满足"无其他债务纠纷"和"支付令可送达"这两个必要条件的前提下,债权人有权向人民法院申请支付令来保障债务人对其进行的金钱给付。此时,如果调解协议中涉及的双方当事人不存在其他债务纠纷,且债务人主体身份明确,则投资者也可以通过与督促程序的对接来实现其合法债权。[1]

就调解协议的履行而言,除了强化调解协议的效力,相关调解机构还可以要求证券公司签订《保证函》等方式来督促其依法履行调解协议。一般而言,证券公司往往会主动参与调解程序并履行相关义务,以此来维护其在证券市场中的名誉,争取多数

---

[1] 参见倪培根:《论我国证券期货纠纷示范判决机制的制度化展开》,载《河北法学》2019年第4期。

投资者的信任。但并非所有证券公司都能完全履行调解协议中的各项义务。如果纠纷解决方案中相关赔付不能最终予以落实,将严重打击普通投资者通过强制调解程序解决证券投资纠纷的信心。因此有必要为通过强制调解程序达成的调解协议寻求获取强制执行力的路径,以降低其在内容实现上的不确定性。[1] 此时,应当对普通投资者进行倾斜性保护,在调解方案的执行上赋予其适当选择权。在双方均认可的前提下,调解协议无疑对当事人均产生约束力。倘若投资者在调解过程中面对证券公司的强势地位被迫达成协议,则其可以拒绝承认调解结果并转而选择诸如仲裁、诉讼等途径来维护自身权益。

五、结　论

我国《证券法》明确规定了证券纠纷强制调解制度,这是该制度首次在立法层面以法律形式予以确认,体现了监管者在加强投资者权益保护,尤其是普通投资者权益救济的制度建设方面做出的积极探索和有益尝试。然而,现行的强制调解制度在构成要件、程序标准、对接机制等方面存在问题和缺漏,给实践中通过强制调解解决证券纠纷带来了较大的困难和挑战。制度设计应体现对现实需要的回应,为市场主体的决策和交易提供明确的行为预期。应当在体现对中小投资者倾斜保护理念的背景下,不断细化制度的实体和程序规则,持续加大法治供给,创新中小投资者纠纷解决与权利救济的新型机制,既要督促市场主体归位尽责,又要保障投资者依法行权维权。[2] 在实现投资者权益保障的同时,推动我国资本市场行稳致远。

---

① 参见潘剑锋:《民诉法修订背景下对"诉调对接"机制的思考》,载《当代法学》2013 年第 3 期。
② 参见赵展慧:《加强投资者保护　夯实资本市场根基》,载《人民日报》2022 年 6 月 20 日。

理论探究

公司法修订背景下我国独立董事的体系架构与完善路径

王子康*　　吴国是**

摘要：独立董事制度的构建是现代公司治理的重要议题。我国引入独立董事至今已有二十余年，其在发挥了作用效果的同时也存在诸多问题有待解决。关于独立董事义务履行和责任承担的法律规则虽在不断完善，但独立董事信义义务特别是勤勉义务仍缺乏合理标准，行政处罚和民事诉讼中对独立董事赔偿责任的认定也备受争议。同时，独立董事也面临目标定位不合理、实际履职过程中的独立性不足、知情权难以保障和能力局限等现实困境。在《公司法》修订背景下，应使独立董事回归监督管理层的职能，合理安排其选任方式、标准和报酬，同时参考商业判断规则，结合独立董事了解公司相关事宜的实际情况、自身专业能力和主观认识等方面，合理划定其责任边界。

关键词　独立董事　信义义务　独立董事责任　商业判断规则

　　自2001年我国颁布《关于在上市公司建立独立董事制度的指导意见》（以下简称《指导意见》）尝试引入独立董事制度并于2005年将其正式写入《公司法》，独立董事制度至今已走过二十个年头。尽管制度设置的初衷是为防止公司内部人独断专行和监事会形同虚设，但从实践情况来看，囿于种种原因，独立董事的预期职能并未得以充分发挥，市场对于独立董事"花瓶""非独难懂"的诟病也由来已久。似乎独立董事已成为满足公司上市发行需要而不得不设的一项鸡肋制度，甚至异化为上市公司与社会知名人士间彼此请托勾兑的通道。近年来，随着行政执法机构对独立董事处罚

---

　　*　华东政法大学国际金融法律学院法律与金融专业2021级硕士研究生。
　　**　华东政法大学国际金融法律学院法律与金融专业2021级硕士研究生。

力度和数量的增加,①以及"万华之争"中独董投票表决结果的合理性争议②和"康美药业案"中独董的比例连带赔偿责任③等重大热点案件的推动,此前鲜被问津的独董制度重回聚光灯下,理论界与实务界关于独立董事权利义务和功能定位的讨论也一时激起千层浪。恰逢我国《公司法》修订,独立董事制度迎来了变革的契机。本文将在梳理独董制度运行基本逻辑的基础上,结合信义义务来分析我国独董制度的现实困境与原因,并尝试提出优化建议,以期为制度的完善提供有益思考。

一、独立董事制度的缘起与现状

(一)独立董事制度的起源与演变

独立董事(independent directors)的概念来源于美国,最早可以追溯到 1934 年《证券交易法》中的"非雇员董事"(Non-Employee Director)。④ 1940 年,针对投资基金管理层与发起人之间因存在较强的附属性,而经常出现不当关联方交易严重损害投资者的现象,美国证券交易委员会颁布了《投资公司法》(the Investment Company Act of 1940),确立起独立董事制度的基本框架,以"附属人"(affiliated person)的概念来反向界定独立董事,并于 1970 年对该法进行修订时增加了"利益关联人"(interested person)的概念,对投资公司中独立董事的比例做出了不低于 40%的要求。此时,美国独立董事的主要职责是制衡投资公司实际掌握投资决策权的投资顾问的权力。

1960 年以后,美国大型公众公司的持股越来越分散,董事会逐渐被以首席执行官为首的经理层所操纵,使董事会对经理层的监督日益缺乏效率。实证研究表明,1970年代的董事会主要发挥咨询作用,而到 1990 年代末,董事会正在成为高层管理团队

---

① 近三年(2019—2021 年度)我国证监会及其派出机构出具的行政处罚决定书中,受处罚当事人涉及独立董事的案件分别为 19 件、18 件和 19 件,共处罚独立董事人数分别为 48 名、52 名和 54 名。参见他山咨询,《2021 年独立董事行政处罚分析报告》《2020 年独立董事行政处罚分析报告》和《2019 年独立董事行政处罚分析报告》。

② 参见《万科 A:第十七届董事会第十一次会议决议公告》,万科为避免宝能系争夺公司的控制权,拟向深圳地铁发行新股使其成为公司的大股东。2016 年 6 月 17 日,万科董事会就举牌与重大资产重组事宜召开正式会议,被预计投赞成票的华润却反对与深圳地铁战略合作。独立董事除 1 人回避全部投了赞成票,最终会议议案以 7 票同意,3 票通过。理论与实务界对独立董事投票权的行使结果展开了一系列讨论。

③ 参见广州市中级人民法院(2020)粤 01 民初 2171 号康美药业证券特别代表人诉讼一审判决书。判决康美药业承担 24.59 亿赔偿责任,1 名独立董事在投资者损失的 10%范围内承担连带责任,2 名独立董事在投资者损失的 5%范围内承担连带责任。

④ See the Rule 16b-3 under the Securities Exchange Act of 1934.

的积极和独立监督者。① 促成这种转变的重要理论驱动因素,是梅尔文·艾森伯格教授(Melvin Eisenberg)在《公司的结构》(The Structure of The Corporation)中提出的公司董事会监督模式,认为董事应将决策或政策制定的任务交给公司高管,其主要职能是监督他们的表现。② 监督模式很快得到了包括 SEC 在内的监管机构和大众的认可,艾森伯格因此得以在 1997 年宣布:"监督模式的关键结构要素——包括至少拥有多数独立董事的董事会,以及审计、提名和薪酬委员会——已经确立。"③2001 年安然公司(Enron Corporation)丑闻爆发,美国通过了以监管模式为基础的《萨班斯—奥克斯利法案》(Sarbanes-Oxley Act),加强独立董事对公司管理层的控制,④强制上市公司设立完全由独立董事组成的审计委员会,董事会监督职能和独立董事制度正式写入法律。此后,美国三大交易所都修订了公司治理上市要求,要求大多数上市公司董事会的大多数成员必须独立于管理层,显著扩大了独立董事的职责和权力。⑤ 美国公司独立董事的占比也因此不断扩大。2008 年金融危机后,《多德—弗兰克法案》(Dodd Frank Act)的颁布也进一步强化了独立董事制度,进一步促成了独立董事在公司董事群体中数量占比的提升。

美国独立董事制度肩负着监督管理层以维护股东利益的使命而诞生,伴随法律和监管政策的完善而逐步确立,也对世界其他国家的公司治理产生了深远影响。英国公司治理准则的初始版本基本上采纳了美国独立董事的概念,即没有明确要求独立董事要独立于大股东,但在此后 2003 年的修订中增加了这一要求。由于英国式的"遵守或解释"公司治理准则的吸引力,加上德国传统的公司治理模式弊端丛现,独立董事迅速在整个欧盟蔓延。⑥ 同时,亚洲金融危机的出现,让发展中国家特别是亚洲新兴市场的国家意识到了完善公司治理制度的重要性。印度、马来西亚、泰国、韩国、菲律宾和新加坡等国都在几年内对上市公司董事会中的独立董事作出了规定,我国也不例外。但很多新兴市场国家的独立董事往往是由大股东或实控人提名,却又同

---

① See Jeffrey N Gordon and Wolf-Georg Ringe, "The Oxford Handbook of Corporate Law and Governance", Oxford University Press, 2018, p.281, 282.

② Melvin Aron Eisenberg, The Structure of the Corporation 139 – 41 (1976).

③ See Jeffrey N Gordon and Wolf-Georg Ringe, "The Oxford Handbook of Corporate Law and Governance", Oxford University Press, 2018, p.281, 282.

④ See Renee M. Jones & Michelle Welsh, "Toward a Public Enforcement Model for Directors' Duty of Oversight", 45 Vand. J. Transnat'l L, 2012, p.343, 346.

⑤ See Jeffrey N Gordon and Wolf-Georg Ringe, "The Oxford Handbook of Corporate Law and Governance", Oxford University Press, 2018, p.311.

⑥ 汪青松、罗娜:《独董独立性谜题与机制独立性再造》,载《证券市场导报》2022 年第 3 期。

时肩负着监督大股东和实控人的职责。[①] 这种"独立性悖论"也为之后独立董事制度的运行困境埋下了伏笔。

（二）我国独立董事制度的基本框架——以信义义务为核心

信义义务（Fiduciary Duty）是信义关系中的受信人基于委托人的信赖以及对委托人特定事务享有的决策权而产生的义务，主要包括忠实义务和注意义务。前者是一种不作为义务，其与受托财产和权利有关，要求受信人忠实于并首先考虑委托人而非自己的利益，即一方面要求受信人为委托人的利益行事，不能从中获利；另一方面是禁止管理人从事与委托人利益相冲突的行为。后者则属于作为义务，与受信人提供的服务质量和尽职程度有关，是管理人依据其专业能力主动行使其管理职能的自由裁量权范围，违反注意义务与缺少专业知识、疏忽和过失相联系。[②] 尽管二者在概念上存在区别，但违反二者的经济学本质都是由于存在代理成本和利益冲突而降低了投资者（委托人）的福利。[③] 我国《公司法》概括性地规定董事对公司负有忠实义务与勤勉义务，被普遍视为法律赋予董事的信义义务。独立董事的角色定位决定了其与公司内部董事承担的义务和责任不完全一致，但作为董事会的成员，独立董事也同样负有信义义务。信义义务是独立董事履职与追责的指导性原则，是受益者愿意交换资源与信息获得其专业服务的基础。信义义务规则的构建有助于为独立董事履职提供可参照执行的行为标准，有助于衡量其能力与职责是否匹配。[④] 那么，我国现有制度规则是如何体现对独立董事职权范围与信义义务的要求？

2001 年我国证监会颁布的《指导意见》首次规定了上市公司应当建立独立董事制度，要求独立董事对上市公司及全体股东负有诚信与勤勉义务。从"独立董事应当……维护公司整体利益，尤其要关注中小股东的合法权益不受损害……独立履行职责，不受上市公司主要股东、实际控制人、或者其他与上市公司存在利害关系的单位或个人的影响"这一具体内容来看，当时引入独立董事的主要目的是为解决我国上市公司被大股东等内部人操控的问题，从而维护上市公司及中小股东的合法利益。《指导意见》赋予了独立董事除公司法和其他相关法律、法规赋予董事的职权外的一系列特别职权，但并非对独立董事忠实与勤勉义务的内涵进行界定。2005 年我国

①　参见施东辉：《独立董事制度——理想与现实》，载微信公众号"复旦金融评论"，2021 年 12 月 10 日。

②　[美]塔玛·弗兰科著，肖宇译：《信义法原理》，法律出版社 2021 年版，第 107 页，第 165 页。

③　[美]美弗兰克·伊斯特布鲁克著，罗培新、张建伟译：《公司法的经济结构》，北京大学出版社 2014 年第 2 版，第 103 页。

④　徐强胜、简晓婷：《独立董事信义义务的逻辑与展开》，载《学术交流》2022 年第 6 期。

《公司法》修订中正式将独立董事制度上升为法律规定,将具体规则的制定权限委任到国务院。现行《公司法》中关于董事信义义务的一般规定主要体现在第 147 和 148 条等条款中,包括忠实义务和勤勉义务。前者主要包括禁止自我交易、关联交易和同业竞争以及公司机会主义和报酬管理等内容,而后者仅有概括性规定。《证券法》中对董事的信息披露义务的相关规定被视为董事勤勉义务的范畴。2021 年《上市公司信息披露管理办法》进一步将信息披露义务的标准细化为及时、公平地披露真实、准确和完整的信息。2020 年 7 月中国上市公司协会发布《上市公司独立董事履职指引》(修订版)及《独立董事促进上市公司内部控制工作指引》,对独立董事的义务和职责进行了细化。2022 年 1 月,证监会在对《指导意见》原有内容统一编排和改写的基础上颁布《上市公司独立董事规则》,将《公司法》和《证券法》纳入上位法依据,并将原规定与《关于加强社会公众股股东权益保护的若干规定》和《上市公司章程指引》等相关规定不一致的地方进行了修改和调整。① 与此同时,最高院在《关于审理证券市场虚假陈述侵权民事赔偿案件的若干规定》(以下简称"《虚假陈述司法解释》")中以"列举+兜底"的方式规定了独立董事的责任豁免理由,包括:① 非专业领域内借助会计、法律专业职业帮助仍未发现;② 发现后提出异议并整改或向交易所、监管部门报告的;③ 提出保留、反对意见并说明理由;④ 发行人拒绝其履职或受到发行人阻碍使其无法判断并向交易所、监管部门报告的;⑤ 其他违反勤勉义务的行为②。而证监会于 2023 年 4 月公布的《上市公司独立董事管理办法(征求意见稿)》中明确规定了独立董事对公司和全体股东负有勤勉义务。并在《虚假陈述司法解释》的基础上进一步提出了新的豁免情形:上市公司或相关方隐瞒,且独立董事不知或无法发现的。③ 换言之,存在以上情形的,应当认为独立董事已经履行了勤勉义务。

尽管我国法律规定在不断完善独立董事的责任边界,但对于独立董事勤勉尽责的认定标准、未尽信义义务特别是勤勉义务而应承担的责任大小和形态,仍不够清晰,无法充分应对实践中可能存在的各种情形。例如,非专业领域独立董事未寻求专业人士帮助而未发现公司的虚假陈述行为,或是独立董事未发现属于其专业领域范围的公司虚假陈述行为等情形下,是否构成对勤勉义务的违反而应承担责任?这些不容易被清楚界定的情形往往是实践中争议的焦点。

---

① 参见《〈上市公司独立董事规则〉起草说明》,载 https://www.cnstock.com/image/202201/07/20220107192350493.pdf,最后访问时间:2022 年 6 月 28 日。
② 参见《关于审理证券市场虚假陈述侵权民事赔偿案件的若干规定》第 16 条。
③ 参见《上市公司独立董事管理办法(征求意见稿)》第 3 条和第 45 条。

现有法律规则难以充分应对独立董事履行信义义务特别是勤勉义务的现实问题,可能有两方面的原因。一是由于忠实义务和勤勉义务两者对于违反信义的惩处机制和政策导向有所不同。忠实义务通常针对那些巨大的一次性盗用行为,行为人往往抱有"捞一把就跑"的心态,只有市场惩罚措施是远远不够,而责任规则是弥补其缺漏的最行之有效的办法。相对于不谨慎行为(勤勉义务),盗用行为(忠实义务)更容易识别。[①]二是由于对独立董事勤勉义务的标准可能并未达成共识。有观点认为独立董事因具有专业知识且肩负比董事更多的监督责任,其勤勉义务应相对较高;另有观点认为勤勉义务本身比忠实义务更具灵活性,不应该施以更严格的规制。换言之,勤勉义务的判断标准相对主观,实难以文字列举之方式以明确,[②]只能在个案情形中具体判断。

近年来,在强监管政策的导向下,独立董事因上市公司受到处罚而被要求承担责任的情况屡见不鲜。在面临巨额的民事损害赔偿金时,独立董事频频"喊冤"以及"辞职潮"的出现,也反映出厘清独立董事信义义务特别是勤勉义务的体系架构从而妥善解决现实问题的必要性。为此,下文将进一步梳理独立董事的履职困境和制度问题,并在此基础上尝试提出相应的解决思路。

二、独立董事制度的矛盾与困境

目前实践中对独立董事制度的争议,往往来源于上市公司证券欺诈行为败露后面临处罚或赔偿时关于独董承担责任的合理性探讨。这是独立董事制度存在问题的最直观体现。而如前文所述,独立董事承担承担责任的原因是对信义义务的违反。那么,对于"为什么会违反义务?"以及"违反义务的标准即所设定义务是否合理"的分析就尤为重要。

(一)独立董事责任承担的合理性追问

独立董事违反信义义务的责任承担方式包括行政、民事和刑事。实践中争议较大也是暴露问题较为明显的,主要是独立董事的行政责任和民事责任。

从行政责任的角度看,中国证监会及其派出机构依据《证券法》等对上市公司独立董事作出行政处罚,包括但不限于警告、罚款甚至市场禁入措施等。独董承担责任

---

① [美]美弗兰克·伊斯特布鲁克著,罗培新、张建伟译:《公司法的经济结构》,北京大学出版社 2014 年第 2 版,第 104 页。

② 参见汪青松:《中国公司法董事信托义务制度评析———以英美公司法相关理论与实践为视角》,载《东北大学学报》(社会科学版)2008 年第 5 期。

的情形一般是由于独立董事在上市公司存在虚假记载、误导性陈述或者重大遗漏的定期报告上签署了书面确认意见,因违反信息披露义务而作为"其他直接责任人员"被课以了相应的法律责任。独立董事觉得"冤屈"的主要缘由则在于他们自身在上市公司本身治理不规范或者说乱象中存在缺位而不自知。[1] 对此,中国证监会则明确表示,不知情、不参与经营、审计机构已经出具财务报告等情况不构成免责事由。即使内部董事故意隐瞒导致不知情、审计机构未发现错误、缺少财务专业背景等都不能成为免责事由。[2] 因此,独立董事只要在有虚假记载的公司会议记录或报告上签字,就很难避免行政责任的承担。但就处罚力度而言,行政处罚大多是按照最低的两档,以2020年为例,在被处罚的独立董事这种超过 75% 的比例罚金是在 10 万元以下。[3]

就民事责任而言,法律规定独立董事对公司的违法行为承担过错推定责任,独立董事须证明其已经尽到勤勉义务方能被认定为没有过错进而免责。《证券法》第 95 条新增的代表人诉讼制度,也使得独立董事承担民事责任的风险进一步提高。康美药业案中,五位独立董事提出的抗辩理由主要集中于"无法了解公司实际情况,且与公司无利益关联,对虚假陈述既不知情也未从中获利"。但从制度设置初衷来看,独立董事实际上被委以重任。一是包括批准重大关联交易等实际裁量权,二是对董事任免、高管薪酬和财务资金往来等事项发表意见权。也即,独立董事不仅要对公司的经营管理事项发表意见,同时还要对管理层进行监督和约束。[4] 在这种理想主义的期待下,独立董事勤勉履职,发表专业的独立意见,成为优化上市公司治理的一剂良药。[5] 因此,"外部"与"独立"都不足以成为独立董事主张免责的正当理由,反而是独董未尽责的体现。由于我国证券民事诉讼制度仍在构建当中,要求独董承担民事责任的案件数量相对较少。首例特别代表人诉讼康美药业案通过比例连带责任来确定股东董事责任承担的范围。5% 至 10% 的责任比例看似不高,但由于案件总体的赔偿金额基数巨大,被告独董需承担超过一个亿的连带赔偿责任承担份额。即便有战略投资人表示将承担对受损投资者的全部赔偿责任,但根据康美药业的公示可知,公司保留

① 参见张婷婷:《独立董事勤勉义务的边界与追责标准——基于 15 件独立董事未尽勤勉义务行政处罚案的分析》,载《法律适用》2020 年第 2 期。
② 参见张宁珊:《上市公司控制权争夺中独立董事的义务——以万华之争为例》,载《中山大学法律评论》2018 年第 1 期。
③ 参见他山咨询:2020 年独立董事行政处罚分析报告[EB/OL].https://mp.weixin.qq.com/s/ZDbpxq3Aup060uCSYSwn-A.
④ 参见邓峰:《普通公司法》,中国人民大学出版社 2009 年版,第 581 页。
⑤ 参见袁康:《我国独立董事责任制度重构》,载《荆楚法学》2022 年第 2 期。

对包括独董在内的其他责任人的追偿权利。这对于平均年薪仅为 5—8 万元的独立董事来说显然不够合理,引发独董"辞职潮"也在所难免。[①]

由上述分析可知,目前无论是独董行政责任还是民事责任的承担均存在较大争议。一方面,对于独立董事的行政处罚力度呈现加强趋势,民事赔偿方面也因证券集团诉讼的出现而面临大幅提升的可能。另一方面,独立董事在承担责任时有表现出一种"无辜"的"冤枉"的态度,认为自身已经尽到了勤勉义务,不应该过重甚至是任何承担责任。这种争议的存在共同指向了独董承担信义义务的理由和行权路径——"尽责标准是什么"和"履职困境有哪些"。

(二)独立董事目标定位的现实性考量

对独立董事施加何种义务与独立董事在公司治理中要实现何种目标息息相关。换言之,独立董事的信义义务边界应取决于其在公司治理中扮演的角色。正如前文所述,我国现有的法律规定并未明确划定独立董事之勤勉义务的范围,而要立足于职责定位在个案中进行具体分析。

在制度层面,独立董事被赋予了超越普通董事的权利和义务。这种设定反映了我国独立董事制度设计时对独立董事制度价值的高估,不恰当地将独立董事塑造成一种"全能董事"[②]:一方面,独立董事应当承担一般董事的义务和责任:一是参与公司董事会,并行使表决权;[③]二是对公司生产经营和财务状况及其他重大事件进行监督;[④]三是确保上市公司信息披露真实、准确、完整。[⑤] 另一方面,除承担董事负有的职权外,独立董事还有其他六项特别职权。[⑥] 包括对重大关联交易的事前认可;对董事会提议聘用或解聘会计师事务所;提请召开临时股东大会;提议召开董事会;征集股东的投票权;独立聘请外部审计机构和咨询机构对公司进行审计和咨询。从职能设置来看,独立董事既可以作为内部人参与公司董事会并参与决策,又可以作为外部董事对公司的经营状况和财务状况、信息披露等重大事项进行监督。

"全能"的职权设置并没有带来公司治理效果的飞跃,反而使得独立董事成为"花瓶",究其原因,与制度设计对独立董事有过高的期待密切相关。首先,从公司治

[①] 参见冷静:《康美启示:证券集团诉讼首案的制度突破与未尽议题》,载《中国法律评论》2022 年第 1 期。

[②] 参见曾洋:《重构上市公司独董制度》,载《清华法学》2021 年版第 4 期。

[③] 《公司法》第 112 条。

[④] 《上市公司信息披露管理办法》第 35 条。

[⑤] 《证券法》第 82 条、第 85 条。

[⑥] 参见《上市公司独立董事规则》第 22 条。

理结构上来看,股东会提名选举产生董事会,而董事会产生高管;大股东与董事会、监事会事实上构成了"三位一体"的治理格局。大股东运用高比例的表决权决定董事的任免,从而选出自身利益的代言人,并把控公司的战略发展策略,独立董事事实上难以影响公司的决策。同时,相比于其他执行董事或是高级管理人员,独立董事往往是由在其他专业领域享有盛誉的专家学者等高级知识分子兼职担任,他们并不参与、也没有时间和条件参与上市公司的日常经营活动,不应当对上市公司的经营策略指手画脚,因此独立董事往往扮演的是"附议者"的角色。其次,独立董事的职能重心在于监督管理层,维护公司甚至是中小股东的利益①,但是区别于一般意义上的内部人自我监督。独立董事起源于上市公司股权相对分散的美国,其职能在于防范以董事会为中心的管理层攫取公司利益。如果采用内部监督的形式,董事与董事之间或董事与管理层之间存在的关联关系势必影响监督的效果,进而形成"既是裁判员,又是运动员"的尴尬情况。因此,美国法采取了一系列措施增强独立董事的独立性以期形成独立董事的外部监督机制,独立董事无需过度介入公司经营,而是要以独立的外部视角对公司管理层形成监督。而在中国语境下,上市公司股权结构相对集中,但也同样存在控制权私人利益的问题。事实上,上市公司大股东实施隧道挖掘、关联交易、篡夺交易机会、天价薪酬等行为,都需要通过管理层进行,或是通过自己的管理层身份获取天价薪资,或是通过对董事会、经理层的控制形成某项决议或实施某项交易行为。在此种情况下,以独立董事为核心的外部监督机制相比于公司内部人的监督更加合理与必要。

此外,有实证研究,发现独立董事在减少代理成本的方面能够起到积极作用,但并不能增加公司的绩效。例如,罗森斯坦(Rosenstein)和怀亚特(Wyatt)发现,当管理层任命独立董事时,股东财富增加了。② 维斯巴赫(Weisbach)研究了董事会罢免首席执行官决定,发现与内部人士主导的董事会相比,主要由独立董事组成的董事会更有可能根据业绩不佳作出罢免决定,也更有可能罢免表现不佳的首席执行官。但马卡沃伊(MacAvoy)则发现董事会的组成对公司盈利能力没有影响。③ Bhagat 和 Black 研

①　参见张婷婷:《独立董事勤勉义务的边界与追责标准——基于15件独立董事未尽勤勉义务行政处罚案的分析》,载《法律适用》2020年第2期。

②　Stuart Rosenstein & Jeffrey G. Wyatt, "Outside Directors, Board Independence, and Shareholder Wealth", 26 J. Fin. Econ. 175 (1990).

③　Paul MacAvoy et al., ALI Proposals for Increased Control of the Corporation by the Board of Directors, in Statement of the Business Roundtable on the American Law Institute's Proposed "Principles of Corporate Governance and Structure: Restatement and Recommendations" C‑1 (Feb. 1983).

究也表明,没有证据证明董事会的独立性增强将改善公司的绩效。[①] 近期诸多国际研究成果也对于独立董事与公司业绩之间的关系持有怀疑态度。可见,独立董事能够有效减少公司内部的代理成本,但对公司的经营状况几乎没有影响。这也恰恰反映出独立董事与其他承担具体业务执行事宜的董事之间的差异,其并非全能董事,不能全面地参与公司治理活动。[②]

独立董事设立的初衷并非解决上市公司治理过程中的全部问题,而是聚焦于降低作为代理人的"董事会"与委托人"股东大会"之间的代理成本。许多研究表明,独立董事的作用更多体现在公司程式的遵守和作为判断董事责任的安全港上,而不可能由代理人去改变实质委托人的决定。[③] 从实践情况来看,独立董事似乎被赋予了过高的期待,"全能董事"的定位在现实中缺乏被实践的可能性。

(三)独立董事履职障碍的实践性分析

独立董事除被赋予过高期待(即存在着不合理的勤勉尽职认定标准)之外,其在履行信义义务特别是勤勉义务过程中也面临着诸多现实困境,影响着独立董事职责功能的有效发挥。

首先,独立董事履职的独立性难以保障。与美国不同,我国上市公司的持股情况较为集中,大股东对公司往往具有很强的控制力;同时,我国并不要求上市公司专门设立提名委员会,也缺乏足够成熟的声誉市场和公开选聘机制。因此大部分独立董事都是通过私人关系或中介接触到相关方人员,进而担任独立董事。根据《2018 德勤中国上市公司独立董事调研报告》,我国独立董事中有 79%是由股东、董事会、管理层主动联系并提名的,仅有 21%是通过公开选聘或推荐。[④] 基于上市公司大股东对公司的控制,独立董事的选任也主要通过大股东来决定,下一任期的续聘、薪酬的确定和发放都仰赖上市公司和控股股东的认可。因此,身处人情关系网中的独立董事,在审核议案、发表意见时,不免倾向于与推荐人保持一致,不愿'唱反调',这意味着这部分的独立董事的独立性从一开始就会受到损害。实践中,对独立董事独立性的质疑也层出不穷:如刘姝威被提名为格力集团独立董事,引发对其与董明珠的"闺蜜关系"或影响其独立性的质疑[⑤];

---

① [美]罗伯塔·罗曼诺编著,罗培新译:《公司法基础(第二版)》,北京大学出版社 2013 年版,第 237 页。
② 参见曾洋:《重构上市公司独董制度》,载《清华法学》2021 年版第 4 期。
③ See Irwin Borowski, Corporate Accountability: The Role of the Independent Director, Journal of Corporation Law, Vol.9, 1984, pp.455-471.
④ 参见《2018 德勤中国上市公司独立董事调研报告》,第 7 页。
⑤ 参见《刘姝威被提名格力"独董",多位律师:独立性有瑕疵》,载"搜狐财经",https://www.sohu.com/a/286089083_100001551。

如在"袁某与万科企业股份有限公司公司决议撤销纠纷案"中,袁某认为公司独立董事张某平是与万科企业具有关联关系的企业的负责人,已经丧失独立性[①];又如在"丘国强与厦门三维丝环保股份有限公司公司决议撤销纠纷案"中,丘国强主张公司董事会存在被大股东控制的情况,在此状况下独立董事也已丧失独立性。[②] 曾任万科独立董事的华生教授认为,在独立董事的独立性本身存疑的前提下,要求其履行监督职责是十分困难的,事实上,独立董事制度大部分情况下仅仅能够做到为公司提供有限的信息和建议。[③]

其次,独立董事行使知情权障碍重重。独立董事虽然能够参加董事会,但其对公司日常经营的参与有限,对公司内部事宜以及财报相关数据并不熟悉,对财务报告的审核以及对公司经营状况的了解需要公司及审计机构给予积极地配合,否则难以基于足够的信息给出自己的判断。如蒋大兴在担任深圳莱宝高科技股份有限公司的独立董事期间提出异议声明,认为审计机构在早期未对其关注的审计数据提供足够详细的资料与解释,导致其难以对数据进行审查,进而怀疑2021年度公司财报数据的真实性、准确性和完整性。为履行自身勤勉义务,其主张通过公司聘请第三方审计机构对财报数据进行验证,但未得到全体独立董事同意;其后,其又向公司主张以个人名义聘请第三方审计机构审阅年报,又遭到公司以不符合法定程序及财务数据的保密性等理由的拒绝。[④] 可见,若审计机构或上市公司不愿意配合独立董事开展监督活动,独立董事也难有作为。诚然,从逻辑来看,公司提供虚假或错误的数据信息从而误导独立董事绝不是独立董事主张免责的理由,因为这本身就是独立董事的监督范围。但独立董事的信息获取高度依赖于公司,缺乏行使知情权的保障也是现实存在的问题。

最后,独立董事的专业能力存在一定局限性。虽然独立董事一般都具有一定的专业技能,但这并不意味着独立董事都有发现财务造假的"火眼金睛"。即便是具有会计专业背景的独立董事,也未必能够细致地审查出所有造假行为。在很大程度上,独立董事的勤勉尽责也只能在其专业领域内,其他方面往往都只能参考相关专业独立董事的意见,难以对上市公司经营情况形成全面、真实的把握。[⑤] 如彭雪与中安科

① 参见广东省深圳市中级人民法院(2017)粤03民终8666号。
② 参见福建省厦门市翔安区人民法院(2017)闽0213民初2018号。
③ 参见《专访华生:在宝万之争中发挥作用有特殊性,独董制度应该怎么改》,载"澎湃新闻",https://www.thepaper.cn/newsDetail_forward_15634108。
④ 参见《深圳莱宝高科技股份有限公司2021年年度报告》,载"深圳莱宝高科技股份有限公司官网",http://www.laibao.com.cn/InvestorRelations/Investor.aspx。
⑤ 参见袁康:《我国独立董事责任制度重构》,载《荆楚法学》2022年第2期。

股份有限公司等证券虚假陈述责任纠纷案中,被告中安科公司、中安消技术公司已聘请专业中介服务机构对其重大资产重组置入资产进行了审计和评估,但均未发现置入资产存在营业收入及评估值虚增的情形。法院认为对于公司的独立董事而言,其并非专业人士,难以对持续性项目的标的公司的营业状况进行审查。[1] 又如"沈机集团案"中,受罚的独立董事申辩,其对审计机构提出严格要求并进行质询后才进行签字,并且对于公司系统性造假行为的辨识难度超过了注册会计师的一般能力标准,主张免除自身责任。[2] 再如"富贵鸟案"中,公司独立董事认为,富贵鸟公司执行董事与银行合谋,并对审计机构的问询作出不实回复,外部审计师尚且难以发现,独立董事更加难以察悉。[3] 综合上述可知,独立董事的专业能力存在一定局限性,不能期待其发现所有的公司造假行为。司法机关以及证券监督管理机构在独立董事是否履行勤勉义务的认定上,应当充分考量到这一点。

三、独立董事制度的优化与展望

改进和完善独立董事制度,首先应正本清源,厘清制度目标和角色定位,并在此基础上安排合理的选任规则,探索独立董事尽职履行信义义务特别是勤勉义务的标准,合理划定其责任边界。

(一)独立董事制度目标的厘清

从制度层面来看,我国独立董事被赋予的期待是独立的决策和监督权,对公司负有信义义务。而从实践层面来看,独立董事往往怠于履行职责,沦为公司的咨询专家。倘若独立董事需要承担的责任仅为提供咨询,那么则意味着独立董事制度被彻底架空,并无存在的必要。但需要注意的是,在主张独立董事应当勤勉尽责的同时,不应将独立董事塑造为解决公司治理中所有问题的"全能董事"。独立董事是公司事务的兼职参与者和外部人。如果他们把所有的时间都花在审计和确保高管薪酬合理上,就没有时间专注于重要的业务和战略问题。[4] 也即,独立董事在履行信义义务的

---

① 参见上海金融法院(2019)沪74民初2509号。

② 参见《中国证监会行政处罚决定书〔2018〕9号》,载"中国证监会官网",http://www.csrc.gov.cn/csrc/c101928/c1042628/content.shtml。

③ 参见《中国证监会行政处罚决定书〔2021〕71号》,载"中国证监会官网",http://www.csrc.gov.cn/csrc/c101928/c1884412/content.shtml。

④ Roberta S. Karmel, "Realizing the Dream of William O. Douglas—The Securities and Exchange Commission Takes Charge of Corporate Governance", 30 Del. J. Corp. L. 79, 132 (2005).

过程中很难挑战管理层的判断。

既然独立董事没有必要参与公司的经营决策，那么独立董事的制度重心就在于对公司的经营活动进行监督。正如前文所述，独立董事的设置可以有效缓解公司治理中存在的"内部人控制"和代理成本问题，防止大股东和管理人通过隧道挖掘、关联交易、篡夺交易机会、天价薪酬等方式获取个人利益而损害公司利益。曾洋博士也认为独立董事的制度目的就在于监督和限制控制权私人利益。[①] 从制度目标来看，独立董事是受公司委托，负责监督和防止公司的管理层攫取私人利益的"监督者"，因此，独立董事所负担的勤勉义务应当以是否履行监督职责为限，这与其他董事以"管理"为核心的勤勉义务是不同的。

相比于通过表决机制阻止管理层利用控制权套取私人利益，赋予独立董事"吹哨人"的功能定位似乎更加符合实际。虽然我国公司法赋予了独立董事出席董事会并进行表决的权利，但如前文所述，独立董事并不具备参与公司日常经营的现实条件与能力，其出席董事会的作用更多是通过董事会了解公司的经营决策信息并获取财务数据，而不是通过行使自己的表决权影响公司的经营决策。实践中，独立董事要想聘请会计师对公司事宜进行审计，需全体独立董事统一意见后，经董事会审计委员会同意，再上董事会表决。这造成了独立董事聘请外部审计存在制度困难。应当鼓励独立董事在存疑时独立发表意见，以满足独立董事义务履行的基本要求。[②] 独立董事可以通过列席上市公司董事会、上市公司主动披露、向上市公司或审计机构发函问询等方式实现知情权，获悉上市公司的财务数据、经营状况，并依据自身专业或聘请其他专业人士辅助对上市公司的财务报表、子公司或关联公司经营状况、资产状况进行监督，在发现问题之后可以向上市公司发出质询，确实存在问题的，可以建议上市公司在合理期限内更正；若在合理时间内未更正的，独立董事可以出具保留意见或风险提示通知，也可以告知交易所或证券监督管理委员会。

在承认独立董事功能之限的同时，还有必要厘清独立董事与监事会在监督职能上存在的差异。独立董事制度的运作模式主要包括以英美为代表的单层制和以德国为代表的双层制，前者一般仅有股东大会和董事会（包括独立董事），无监事会。后者有监事会但不设置独立董事。我国的公司治理模式是两种模式兼备，也即同时存在

---

① 参见曾洋：《重构上市公司独董制度》，载《清华法学》2021年版第4期。
② 参见《莱宝高科"独董风波"启示录：蒋大兴为独立董事"指明前进方向"?》，载微信公众号"经济观察报"，https://mp.weixin.qq.com/s/5evAFm5DZ5EPG1LMawAmGA，2022年4月13日。

独立董事和监事会。徐明教授认为,前者行使权力的范围主要在董事会内部,监督的内容更多是董事会的决议,不涉及对经理层和股东大会的监督,且独董一般具有较强的专业知识;而后者的监督内容比较全面,包括各项决议、议案甚至是公司经营和用人等,但在专业性层面并无特别要求。[1] 虽然理论层面我国的独立董事与监事会存在差异,但在实际履行中,监事会与独立董事的监督职权存在一定的重叠,例如独立董事与监事均可参加董事会,均对公司财务审计和管理者行为具有监督义务等。[2] 正是由于监事会与独立董事职权的高度重叠引发严重的"搭便车效应",使得二元制的公司监管模式难以发挥效力,我国公司法在新一轮的修订中逐渐转向一元制监管模式:《公司法(第一次修订草案)》第 125 条[3]和《公司法(第二次修订草案)》第 121 条[4]中允许公司自由选择单层制或双层制,上市公司可以在审计委员会(独立董事应过半数)与监事会之中"二选一",并且审计委员会与监事会职能相同,避免了独立董事与监事会功能的重合,这种"二选一"的制度设计本质上是对一元制监督模式的回归,即由公司自主决定选用以"独立董事"为核心的"审计委员会模式"抑或是以"监事"为核心的"监事会模式",为独立董事的独立监督提供了选择路径。

由此可以看出,独立董事的制度目标在于防范大股东或实际控制人对公司的隧道挖掘行为,而在职能上其与监事高度重叠,因此若以《公司法(第二次修订草案)》的规定为准,未来独立董事将依托"审计委员会"履行自身的监督职能。

(二)独立董事选任规则的重构

独立董事作为公司外部监督力量,其独立性是行使自身信义义务的基础,而现有的独立董事缺乏公开的选任渠道,往往从选任之初就与上市公司之间存在紧密的联系。并且长期以来,独立董事的报酬均是来自上市公司,不免引发对于上市公司独立董事不独立的质疑。或许也正是因为这一点,行政机关和司法机关在认定独立董事责任时,往往带有不信任的态度,认为独立董事并没有积极履行自身的勤勉义务,在

---

① 参见徐明著:《公司法诸问题研究(下册)》,中国金融出版社 2022 年版,第 1006 页。
② 参见《中华人民共和国证券法》第 82 条、《上市公司监事会工作指引》《上市公司治理准则》第 47 条、《上市公司章程指引》第 144 条以及《公司法》(2018 年修订)第 53 条、第 118 条、第 151 条。
③ 《公司法(第一次修订草案)》第 125 条 股份有限公司可以按照公司章程的规定在董事会中设置由董事组成的审计委员会等专门委员会。审计委员会负责对公司财务、会计进行监督,并行使公司章程规定的其他职权。设审计委员会且其成员过半数为非执行董事的股份有限公司,可以不设监事会或者监事,审计委员会的成员不得担任公司经理或者财务负责人。
④ 《公司法(第二次修订草案)》第 121 条 股份有限公司可以按照公司章程的规定在董事会中设置审计委员会,行使本法规定的监事会的职权,不设监事会或者监事。前款规定的审计委员会由三名以上董事组成,独立董事应当过半数,且至少有一名独立董事是会计专业人士。独立董事不得在公司担任除董事以外的其他职务,且不得与公司存在任何可能影响其独立客观判断的关系。公司可以按照公司章程的规定在董事会中设置其他委员会。

对上市公司的监管中不作为或是消极作为。

因此,若要充分发挥独立董事的外部监督作用,就应当在选任时就防止独立董事与上市公司之间产生人情关系或关联关系,并防止上市公司与独立董事之间产生直接的利益关系,以确保独立董事能够最大程度地独立于其任职的上市公司。

首先,从选取的权利分配来看,大股东一手遮天,推荐并选择独立董事的历史应当终结。一方面可以考虑由非控股股东独享独董的提名权、选举权和罢免权;另一方面可以考虑建立专门的独立董事派出机构,如中国投资者协会,在有资质的独立董事中通过摇号等方式遴选独立董事,由统一管理和分配。① 具体来说,就是由机构统一培训独立董事并进行考核,参与者在通过考核并获取相应证书之后,计入人才库,由派出机构派出独立董事前往上市公司。上市公司委托派出机构向其派出独立董事,并直接支付薪酬给独立董事派出机构,再由派出机构向独立董事发放薪酬;如果上市公司认为独立董事存在违反忠实勤勉义务的情况,或是有其他合理理由要求更换独立董事的,可以向独立董事的派出机构申请撤换,由派出机构决定是否进行更换。其内在逻辑在于将独立董事的提名权与选举权和罢免权从公司管理层分离,确保独立董事的选任不受到监督对象的钳制,从而保证独立董事独立于上市公司。

其次,从选取的方式来看,股东、董事、经理自行请托专家学者"友情"出任的方式已经不再适合独立董事严格追责的实际,专职化独立董事声誉市场的建立迫在眉睫。笔者认为,应该对独立董事的专职性提出更高的要求,结合前述措施,鼓励独立董事朝专职化方向发展。通过专业化培训考核等方式,培养专业化的专职独立董事,在专职化独立董事制度建设初期,可以考虑在证监部门比如投服中心等机构中选聘独董或以"挂职"方式履行独董的权利义务,让这些对独董履职有深刻认识的主体来以身作则、保护好投资者,并给其他独董做好示范。此外,声誉市场的建立也十分重要。应当尝试构建公司独立董事的声誉机制,并运用声誉市场的机制提供竞争环境,从而为优秀人才提供更多机会。良好的声誉市场机制可以反映出独立董事的专业性和负责性,并从海量的人才中选出优秀的独立董事,并促使独立董事更加谨慎地履行自身的勤勉义务,并防止"劣币驱除良币"。

最后,从独立董事的任职报酬与风险防范来看,有必要在合理范围内适当提高独立董事的薪酬,允许上市公司对独立董事在履职期间授予限制性股票激励计划,确保

---

① 参见刘俊海:《上市公司独立董事制度的反思和重构》,载《法学杂志》2022 年第 3 期。

其透明持股,实现利益捆绑和有效激励。亦可参照英美相关经验,根据独立董事承担的职责、时间投入和对公司的贡献为标准支付薪酬,并对独立董事薪酬进行披露。[①] 此外,可以对独立董事履职提供制度层面的保障。如董事责任保险的普及和适用、建立独立董事减免责机制等;同时还应该对独立董事的工作留档进行规范,为独立董事履行工作职责提供稳定的预期和保护。

（三）独立董事责任边界的划分

如前所述,独立董事主要违反的是勤勉义务,但对于违反勤勉义务的认定标准却不够明晰。实践中呈现出的总体趋向是"独立董事承担的责任可能过重了"。但是,一味降低独立董事违反勤勉义务的责任承担并非良策,在探讨制度目标和选任规则的基础上,构建更为精细的责任承担标准或许才是当下更为合理的举措。

美国法下的"商业判断规则"(Business Judgment Rule)或许可以为我国独立董事责任的构建提供参考。商业判断规则上是英美法上对董事高管是否违反勤勉义务进行判断的依据,其最早确立于 1940 年美国纽约州的 Litwin v. Allen 一案[②]。这一规定包括三层含义:① 与该判断事项无利害关系;② 对该事项充分了解,且合理相信其适当;③ 理性相信其行为符合公司最佳利益。[③] 商业判断规则的立论逻辑在于,董事与高管的能力有限,在进行公司的经营决策时,若其已经基于现有的条件尽最大可能做出了努力,法律不必再对其苛责。同样的,独立董事在履行在公司的外部监督职能时,若已经尽到其最大的努力,则无需再使其承担管理层不法行为的不利后果。结合前述要点,独立董事在确保自身独立性、尽到一般专业机构的专业能力和信息获取能力,即可视为充分履行勤勉义务。在我国法律规范体系下,为避免独立董事因难以证明自身不存在过错而承担过重的责任,可以重点从如下几方面进行考察。

首先,利害关系方面,独立董事应当保证自身与信息披露事项、经营决策事项等受其监督的事项之间不存在利害关系。对于其一般应当参与表决但可能存在利益冲突的事项,应当及时申请回避并说明理由。

其次,对相关事项的了解方面,独立董事应当提供证据证明其对受其监督的事项进行充分的了解,包括但不限于聘请相关专业的专家、向公司询问相关信息、主动前往实地进行尽职调查等方式,并且应当以外部专业机构的了解程度为限。需要注意

---

① 参见王运通、马黎珺:《金融机构独立董事薪酬激励研究》,载《金融监管研究》2022 年第 7 期。
② Litwin v. Allen, 25 N.YS.2d 667.
③ 参见施天涛著:《公司法论》,法律出版社 2018 年版,第 422—425 页。

的是,一方面,应认识到独立董事自身的局限性。单一独立董事的专业背景往往难以涵盖与公司业务有关的全部事项。即便是在专业领域范围内,独立董事也未必能够发现与其专业相关的所有问题。为此,《证券虚假陈述司法解释》第16条第二款第一项规定,独立董事对于非自身专业领域的相关问题,可以"借助会计、法律等专门职业的帮助",这里的帮助可以理解为独立审计或法律审查。因此,非专业独立董事聘请了会计或法律等专业人士后仍未发现问题的,可以被认定为不存在过错。另一方面,应考虑到独立董事在信息获取上存在劣势。相比于一般董事,独立董事不参与公司的日常经营,在信息获取上存在天然的劣势。除了向公司或审计机构询问信息或申请查阅文件之外,其缺乏主动获取信息的途径。尤其是当公司存在造假行为时,虚假陈述行为人会通过各种方式粉饰报表或隐瞒真实信息。在公司受到管理层影响而极度不配合独董履职的情况下,独董将更难以获取到准确的信息。事实上,专业服务机构与独立董事获取信息的主要来源相似,需要通过线上和线下的尽职调查等方式来了解公司财务状况、关联关系等信息,结合其专业能力从外部视角进行分析判断。因此,对独立董事了解公司信息要求,也应当以外部专业机构获取公司相关信息的程度和能力为限,而不能和参与公司经营管理的董事和经理相等同。

第三,认为相关事项适当的理由方面,独立董事应当基于合理的理由对上市公司的信息披露、经营决议等事项作出判断,应当提供证据证明自己的无保留意见或同意意见是基于合理尽责的审查后作出的。对董事会决议发表同意意见后,又发现新情况或新问题的,独立董事应及时修正其表决意见。

值得一提的是,现有规定赋予了独立董事聘请外部人以协助其对相关事项做出判断的权利,但也带来了监督成本的提升。对上市公司而言,再次进行独立的审计受限于信息披露的时效性,尚且不论效果如何,相关成本必然会增加。对独立董事而言,如果只要寻求了外部专业人员的帮助就可以当然地得到责任豁免,而无需负担其他成本,那"借助……的帮助"就很可能异化成为独立董事免责的"黄金通道"。因此,虽然独立董事无力验证外部专家的审查结果是否存在问题,但其至少应当对外部专家的选任尽到一定的勤勉义务,这一勤勉义务应当以"以对待自己事务的标准来处理公司事务"为限。[1] 也即,如果独立董事在选任外部审计人员的过程中存在疏忽,导致聘请的外部审计人员未能发现公司的虚假陈述等行为,也应当承担相应的责任。

---

[1] 参见程红星、王超:《公司法修改背景下独立董事信义义务再思考》,载《多层次资本市场研究》2021年第2期。

相反，假如非专业的独立董事未聘请相关专业人士，但能够举证证明，即使是专业人士也无法发现问题的，独立董事也可以主张免除责任。这一判断的内在逻辑可以通过因果关系的切断进行解释，即就算独立董事聘请了相关专业的专家也无法发现损害行为的发生，那么这一损害结果与独立董事的不作为之间就不存在因果关系，因此也不应当由独立董事承担责任。

最后，主观方面，独立董事需证明，其善意地相信了表决事项符合公司的利益。独立董事根据其所处的具体决策场景尽到了适当注意义务且其主观上是为企业最大利益而决策的，即可以豁免承担决策失败的责任。①

四、结　语

独立董事信义义务内涵的不明确界定，履职过程中面临的客观障碍，是造成实践中独立董事充分履行信义义务特别是勤勉义务的标准以及义务违反的责任承担的范围存在争议的重要原因。实践中，行政和司法机关对独立董事行政处罚和民事赔偿责任的认定与独立董事对自身角色定位和职责范围的认识难以统一，引发了独立董事的"辞职潮"和制度价值及合理性的追问。要想打破"花瓶"问到底，就必须经历"辞"与"罚"交织的制度变更阵痛。在《公司法》修订背景下，应重新思考独立董事的制度设计初衷，并从制度目标、选任规则和责任划分等角度构建独立董事履行信义义务的规范体系，进而使其作用功能得以充分发挥。独立董事制度规范体系的构建是当前公司治理的重要议题，也是我国资本市场发展过程中需要妥善处理的问题，有待理论与实践的进一步探索。

---

① 参见《独立董事的比较与完善高端研讨会》，载 https://mp.weixin.qq.com/s/Yr19ZaQaFr5u-jExKLD4JQ，最后访问时间 2022 年 6 月 30 日。

公司治理中的公共秩序和私人秩序及其动态互动[*]

王真真[**]　汤悦平[***]

摘要：公司法代表着以公共性和强制性为核心的公共秩序，既包括任意性规则，也包括强制性规则，二者都体现了立法者的价值判断。任意性规则给予当事人选择的自由，而强制性规则是对自由选择的限制或者排除，这种强制性通常是为了达到提升效率的目的，或者是为了维护公共利益之必要，有时候则有可能是一种法律父爱主义思想的延伸。以决议、章程和股东治理协议为代表的私人秩序体现着私法自治的理念，是公司治理中的私人秩序。在公司治理中，私人秩序和公共秩序相互之间应当是能够进行互动的，包括允许私人秩序对公共秩序的修改，以符合高效和公平的制度利益目标，从而牵引公司法制度的进化。而公共秩序中的公共利益也制约着私人秩序，使其在法律范围内进行自治。公共秩序治理还应强调法院的事后审查机制。在处理私人秩序的纠纷时，法院可以将比例原则作为审查方法，通过厘清公司内部和外部的利益关系，从而进行妥当的利益衡量，并最终以是否符合公共利益进行价值判断。在公司治理规范的进化趋势上，将表现为公共秩序治理走向私人秩序治理。

关键词：公司治理　公共秩序　私人秩序　公司章程　股东治理协议　司法审查

如何提高公司治理效率是世界各国公司法要解决的核心问题之一。我国公司法确立了公司治理的基本框架，就此而言，公司法是公司治理中的首要依据和准则。在此基础上，公司的股东和管理者可以根据自身特殊需求对公司法的规则进行"私人定

[*] 本文系2022年度上海市哲学社会科学规划青年课题"公司合规机制的董事义务之维"（2022EFX007）的阶段性成果。

[**] 华东政法大学助理研究员，法学博士。研究方向：民商法、公司治理。

[***] 北京浩天（广州）律师事务所律师。

制"，这些改变了公司法规定的规则往往被称为私人秩序（private ordering），从而区别于公司法所代表的具有公共性质的法律规则（也可称为公共秩序）。最为典型的私人秩序包括公司决议、章程、股东治理协议。① 那么公司治理中，公司法的性质是什么？公共秩序有什么优势和劣势？公共秩序和私人秩序二者之间是什么关系？如何互动？这些问题在现行公司法框架下很难找到清晰准确的答案。比如在股东会和董事会的权力分配上，公司章程能否将专属于董事会的权力规定由股东行使，是存在疑问的。又比如，在全体股东约定公司的公章应由股东保管，但是董事会则作出将公章交由经理保管的决定，法院最终认为该约定无法约束董事会。② 在私人秩序治理上，法院能否直接干预私人秩序治理，在理论和实践中存在着公司自治和公司正义之争。③ 文章将从公共秩序和私人秩序的关系出发，进而阐明公共秩序治理的不足和私人秩序治理的界限，并以强制性规范限制私人秩序，通过司法审查制约私人秩序治理，在上述前提下，最终论证公司治理的趋势应当由公共秩序治理走向私人秩序治理。

一、公司治理中的公共秩序

对公司治理来说，国家立法机关制定的公司法是最基本的规则，它代表着立法者对公司治理的价值判断。立法过程是一个利益衡量的过程，④从终极意义上而言，法律制度要符合公共利益，因而公司法是一种公共秩序。从公司设立的历史发展来看，早期设立公司必须由政府颁发特许状，后来随着经济和社会的发展，立法部门专门创制了调整公司设立和运行的法律规范，因而现代公司的诸多重要基本制度的建立，都由公司法完成，比如公司的独立人格和有限责任。⑤ 从性质上来看，公司法制度在早期均表现出了较为浓厚的强制性色彩。比如为了规制公司超越经营权限订立合同而

① 股东治理协议，对应于国外的 shareholder agreement，国内也有人翻译为股东协议。但从该制度的内容和主体上看，股东治理协议的用法更为准确，因为在本质上股东治理协议是公司内部治理的重要文件，与一般的股东协议有本质区别。参见王真真：《股东治理协议与股东会决议关系之辨》，载《清华法学》2023 年第 2 期。
② 参见广州市中级人民法院(2019)粤 01 民终 499 号。
③ 比如一般认为公司盈余分配属于公司商业自治的范围。实践中，江苏、山东、北京等地法院对盈余分配都采取不介入的立场，参见王军：《中国公司法》（第二版），高等教育出版社 2017 年版，第 352 页；而以公司正义原则为理论的学者则认为，公司自治应当受到限制，法院在特殊情形是可以直接决定公司盈余分配事项的，参见梁上上：《论股东强制盈余分配请求权论股东强制盈余分配请求权——兼评"河南思维自动化设备有限公司与胡克盈余分配纠纷案"》，载《现代法学》2015 年第 2 期。
④ 参见梁上上：《利益衡量论》（第三版），北京大学出版社 2021 年版，第 95 页。
⑤ 参见[美]伯纳德·施瓦茨：《美国法律史》，王军等译，法律出版社 2011 年版，第 57—60 页。

在历史上存在的越权无效规则。我国 1992 年《公司法》中也以强制性规范为主,公司自治的空间相对较小,这体现了将公司类比于国家这一思想。① 那么公司法的性质究竟是什么呢? 学界对此有不同的认识。

(一) 公司法性质的再认识

随着公司制度的发展,人们对公司法究竟是任意性还是强制性这一问题不断进行思考。早在 1989 年,美国就举办过一次关于公司法性质的研讨会,主题就是公司法中的合同自由,与会学者就公司法应当是强制性还是任意性进行了探讨,但最终并没有达成共识。② 总体说来,目前对于公司法的认识主要有以下几种观点:第一,公司法是私法,这一观点以公司合同理论为代表;第二,公司法是公法,这一观点以公法学者为代表;第三,公司法具有公法和私法的双重属性。

实际上,对公司法规则性质的探讨依然在进行中,这看起来似乎是一个没有标准答案的问题。究竟公司法中哪些规则应当是强制性的,哪些应当是任意性的,相反的观点都有各自的理由,市场机制与法律机制都是调节公司治理的重要手段,二者不可或缺。③ 无论是以任意性还是强制性的概括,这种认识往往是静止的,或者说仅仅是认识的起点而非终点,对这一问题的回答,最终要以国家强制与公司自治之间的关系来思考。具言之,在具体的案件处理中,应当以公司类型的区分为基础,考虑公司内部以及外部关系中复杂的利益状态。原则上公司自治是公司治理的底色,但是当出现显著的利益不平衡状态时,如果继续坚持形式上的自治,是不正义的,司法应当以公司正义原则对形式上的公司自治进行制衡,从而纠正公司中利益失衡的状态,④此时,公司法规则更多地表现为一种国家强制。

(二) 公共秩序在公司治理中的作用

诚如学界共识,公司法的核心目标之一是降低代理成本,在公司的设立和运行中会产生大量的交易成本,作为公共秩序的公司法,其指引作用和强制作用在公司治理中尤为重要。

1. 公共秩序的指引作用

公司契约理论的视角实际上就是注意到了公司法的指引作用。所谓当事人谈判的模版,从经济学的角度来看是为了降低交易成本,但从法律规范本身的作用来看,

---

① 参见江平:《现代公司管理机制是现代国家的缩影》,载《河北法学》1997 年第 5 期。
② See Contractual Freedom in Corporate Law, 89 Columbia Law Review, pp.1461 – 1525(1989).
③ 参见汤欣:《论公司法的性格——强行法抑或任意法?》,载《中国法学》2001 年第 1 期。
④ 参见梁上上:《论公司正义》,载《现代法学》2017 年第 1 期。

这类规范为当事人的行为提供了一定的指引,比如公司机构应当如何设置、公司机构的职权配置、股东会会议的召集程序和表决机制等。

公共秩序的指引作用还体现在法律对公司治理工具的示范效应。通常认为,上市公司因股权分散而导致的代理成本问题更为突出,因而关于上市公司的法律规范多为强制性的。但是在强制性规则的缝隙中,也存在着法律的引导作用。比如证监会制定的《上市公司章程指引》作为上市公司治理的范本,更多地体现了监管机构对上市公司规范治理的指引而非直接强制。我国公司法的修改历程也体现了法律由强制向示范的转变。在 1993 年公司法中,许多制度的设定都是强制性的,比如法定代表人由谁担任、公司注册资本数额等,这些内容都直接排除了当事人的自治。而 2006年修订公司法时,这些强制性的规定已经缓和甚至有的已经取消,并允许公司章程或者全体股东约定排除法律的示范文本。

2. 公共秩序的强制作用

公司契约理论将公司定性为经济学上的契约联结,固然能够以"赋权性"特征解释公司法,但是其忽略了公司作为组织体的本质,[1]其结果可能会导致部分必要的规则缺位。换言之,公共秩序的指引作用在制度建构上发挥着示范作用,但是由于任意性规范在处理利益冲突方面的缺陷,因而有学者指出在某些情况下,应当通过法律的强制作用来解决公司治理中的利益冲突问题。[2] 公共秩序的强制作用主要表现为对违反法律规定行为的制裁,以及对公司自治和股东自治的限制。通常而言,公司法对公司自治的限制主要有三种方式:第一,直接排除自治的空间;第二,虽然允许自治,但是限制自治的内容;第三,允许自治,但是对自治的程序进行限制。[3]

从交易成本经济学的角度来看,公司法的强制性规定有利于节约交易成本。公司法降低代理成本的机制主要包括监管策略和治理策略,[4]前者通过法律明确规定董事和高管可以从事的行为和禁止从事的行为,并通过对违法行为的惩罚来达到效果,因而监管策略多为强制性规则,后者则通过赋予股东一定的权利来约束董事的行为,比如股东的决策权以及在选任和解聘董事上的权利等,但这些权利存在一定的程序

---

① 参见汪青松:《中国公司集团治理的法律机制构建》,载《法律科学》2023 年第 3 期。
② 参见郭锐:《商事组织法中的强制性和任意性规范——以董事会制度为例》,载《环球法律评论》2016 年第 2 期。
③ 参见梁上上:《论公司正义》,载《现代法学》2017 年第 1 期。
④ See John Armour, Luca Enriques et al., The Anatomy of Corporate Law: A Comparative and Functional Approach, 3rd edn., Oxford University Press, 2016, pp.32 - 33.

上和内容上的限制。① 在效率方面,以公司对债权人的通知义务为例,如果交由债权人与公司通过协商来确定,那么公司可能会陷入因债权人过多而难以达成一致意见,最终无法达成有效协议的困境。因而由公司法直接进行权利义务的分配是妥当的。又或者,由于债权人根本没有能力参与到公司的经营过程中,因而缺乏谈判能力,从而需要法律的强制性规定赋予其权利。② 在公司内部,公司法的强制性规定也有利于保护公司的合法权益。比如对股东代表诉讼的程序要求,是为了防止股东滥用其诉讼权利干扰公司的正常经营活动。

最后,公共秩序在公司治理中的作用还表现为司法对公司治理的介入,以及司法审查在处理公司纠纷中的监督作用。无论是公司并购中的董事义务诉讼,③还是异议股东的评估权诉讼,④美国特拉华州法院通过具体案件的审理明确了董事在特定场景下对公司和股东所负有的义务,以及董事会所能够采取的措施应当遵循哪些原则,从而对管理层的行为进行监督。

综上,由于强制性规则的存在,公司法为股东、债权人和公司等参与主体提供了直接有力的保护,强制性规范建基于无交易成本的情况下当事人通过私人谈判会达成的理想状态。因而在世界范围内,法律所代表的公共秩序都是公司治理的重要手段。

二、私人秩序治理的兴起

1962 年,贝勒斯·曼宁(Bayless Manning)教授宣称,美国公司法已经死亡,其将美国公司法规比做一座摩天大楼,除了内部焊接在一起的生锈大梁,什么也没有,只剩下风。⑤ 曼宁教授观察到,公司法的作用只是形式主义的,即只能建立起企业的组织架构,但是在面对企业如何经营的问题上,法律规则并不足以解决问题,因此公司法这座大厦内部只剩下了风。诚然,公司经营面临的问题日益复杂,仅仅依靠法律是无法完全解决的,因此罗纳德·吉尔森教授提出了从公司法到公司治理

① 参见林少伟:《英国现代公司法》,中国法制出版社 2015 年版,第 232—234 页。
② See Eyal Zamir, Ian Ayres, A Theory of Mandatory Rules: Typology, Policies and Design, 99 Texas Law Review. 292, 283(2020).
③ Unocal v. Mesa Petroleum Co., 493 A.2d 946 (Del. 1985).
④ Weinberger v. UOP, Inc., 457 A.2d 701 (Del.1983).
⑤ See Bayless Manning, The Shareholders' Appraisal Remedy: An Essay for Frank Coker, 72 Yale Law Journal,223, 245 n.37 (1962).

的转变。① 这种转变是对原来单一法律视角的改变,聚焦于更加复杂且变动的资本市场、产品市场等,将公司治理视为一个复杂的系统。② 20 世纪 80 年代美国掀起了公司并购的浪潮,在这一过程中伴随着大量的诉讼,特拉华州法院通过多个经典的判例创立了对并购交易进行审查的规则,比较著名的有 Revlon、Weinberger、Unocal 和 Blasius 案件,但是这些规则最终要么被法院弃用,要么名存实亡。在 2019 年,Zohar Goshen 教授一篇名为《公司法的死亡》之论文再次宣告了公司法的死亡,其认为随着股东积极主义的兴起,市场从散户投资者到机构投资者的转变,法律以及法院的作用变得不再那么重要,包括举足轻重的特拉华州。③

实际上,以上宣称公司法死亡的论断,仅仅是说明了公司法的作用逐渐式微,而非公司法真的死亡了,当然这些文章进一步促使我们思考公司法的作用及其局限性。公司的成立,从最初需要特许令到如今的准则主义设立,一方面反映了政府对市场的放松,另一方面也体现了公司治理中私人秩序的不断发展。公司法仅仅在当事人之间提供了一份合同模版,当事人可以围绕该模版进行谈判,最终通过讨价还价达成适合自己的合同或者协议,这集中体现为公司章程或者股东治理协议。

(一) 作为公司治理工具的私人秩序

私人秩序实际上是市场主体自己设定的规则,因其并不代表国家意志,因而具有自发性,是一种"自我生长"的规则,不同于国家的建构性规则,从私法的角度来看,其是私法自治在公司治理领域的体现。公司是人的集合,公司的意志是通过股东会这一平台形成的,意思的形成过程体现了股东之间的协商和谈判,并最终以多数意见作为公司的意思。如果撤去意思最终形成的条件要求,这一过程与合同的成立颇有相似之处,当事人的意志在其中都有体现,因主体的意思在私人秩序中居于核心地位,这一点与公共秩序区别明显。那么公司治理中有哪些私人秩序呢? 从世界范围内来看,公司法主要确立了公司章程、公司决议、股东治理协议作为公司治理中的私人秩序。

公司决议和章程是公司治理的法定工具。我国公司法规定了股东会决议和董事会决议的程序及效力问题,公司意思要通过决议的方式作出。而公司章程作为公司

---

① See Ronald Gilson, From Corporate Law to Corporate Governance, The Oxford Handbook of Corporate Law and Governance, Edited by Jeffrey N. Gordon and Wolf-Georg Ringe, p4, Oxford University Press, 2018.

② See Ronald Gilson, From Corporate Law to Corporate Governance, The Oxford Handbook of Corporate Law and Governance Edited by Jeffrey N. Gordon and Wolf-Georg Ringe, p25, Oxford University Press, 2018.

③ See Zohar Goshen, The Death of Corporate Law, 94 New York University Law Review, 263,264 (2019).

the内部管理规范,可以对公司法的规则作出修改,使得当事人可以选择更为合适的治理模式。

虽然章程和决议是法定的治理工具,但是从公司治理工具体系的完整性角度来看,仅有章程和决议的公司治理是不完整的。实际上,合同机制也是当事人之间自我设定权利义务的工具,在公司治理中股东通过协议约定,也可以在章程和决议之外决定公司事务。但这里的协议与一般的股东协议有着本质不同,其被广泛运用于封闭公司的治理,包括取消或者限制董事会、分配公司权力等重大事项,是与公司章程并列的公司内部管理规范。[①]

（二）私人秩序背后的经济理性

公共秩序在公司治理中发挥着不可替代的作用,但是这并不意味着公司法的规定总是必要且合适的,即使是公司法的强制性规则,其背后也以当事人之间的合约为原型,而之所以通过法律的形式确定下来就是为了节省当事人的谈判过程和成本。[②]私人秩序的构建必不可少的就是当事人之间的合约,无论是表现为合同还是章程或者其他机制。私人秩序背后体现着市场主体的商业理性。合同理论将公司法看作一个标准合同,但是在不完全合同理论看来,真实世界中完备的合同是不存在的,主要原因在于：第一,由于人类的有限理性,无法对所有情况进行事先预测,也即合同的可描述性;第二,合同当事人达成一致的成本过于高昂;第三,合同能够被第三方准确理解和执行的成本过高。[③]而正是由于合同的不完全性,允许当事人的事后再谈判就显得非常重要,就这一点而言,公司法应当尽力降低当事人事后谈判的成本,从而间接促成当事人填补合同漏洞。在公司内部,谈判成本则取决于多方因素,包括公司规模、股东人数、信息不对称的程度以及当事人的谈判能力等。就协议治理而言,可以省去诸多的程序成本,比如召开股东会的通知和召集成本,公司章程的修改、登记和公示成本,这些程序控制原本是为了解决代理成本而设置,但是制度本身也有成本,只不过一般而言,制度成本与收益相比,后者大于前者。但是对于小公司来说或许并不合适,代表私人秩序的协议等治理方式可能更契合其要求。

（三）私人秩序应当如何被尊重

合同法中强调合同自由,而公司法中则有公司自治原则。解构到公司内部治理

---

① See MBCA, 7.32(a).

② 参见桑本谦：《缺省规则与法律背后的合约》,载《现代法学》2020年第5期。

③ 参见[美]奥利弗·哈特等：《不完全合同、产权和企业理论》,费方域、蒋士成译,上海三联书店2016年版,第158—160页。

关系中,就是股东之间、股东与董事和高管之间的关系。公司章程的规定和股东之间的约定应当被尊重,对不违反公司法禁止性规范的企业内部约定,其效力应当得到认可。[①] 同时,对于不符合实践需求的强制性规定,应当尊重事物发展的本质,及时进行改变或者清理,使之更符合事物发展的规律。

那么公司法如何尊重私人秩序? 首先,公司法应当对有限责任公司和股份公司的规则适用进行合理划分。无论是美国的封闭公司立法还是德国式的有限责任公司立法,都体现了一定的灵活性。比如德国《有限责任公司法》在关于公司管理机关的设置上,就没有强制要求设立董事会及监事会,可以由业务执行人取代之。美国特拉华州普通公司法也对封闭公司作出特别规定,封闭公司股东可以通过私人秩序调整公司治理,或者由股东亲自经营管理公司。其次,明确私人秩序作为公司内部规范性文件的效力。股东可以选择采取何种形式来调整自身权利义务以及决定由谁来管理公司。就有限责任公司的治理而言,从行为规范的角度来说,公司法并不需要规定一个详尽的范本,而仅需要规定一个最基本的范围即可。

三、私人秩序对公共秩序的修改及其效力

通常而言,公司法的立法模式为缺省规则或者说任意性规则,即股东可以通过私人秩序排除公司法规则的适用,这时候无论是决议、公司章程还是股东治理协议都可以成为自治的工具,公司法对此也予以认可,一般也无疑义。但是当涉及到强制性规则时,私人秩序的作用空间就可能会受到限制,尤其是当法律的规定滞后于社会发展,或者并不符合经济发展的客观规律时,强制性规则的设置可能会造成社会整体福利的损失。

(一) 私法中的社会准则强制与类型强制

通常认为,强制性规则不允许通过合意机制加以排除。但是强制性规则的类型有着诸多种类,能否以当事人合意进行排除或者规避,需要对之加以类型化。因为任何一种强制性规则背后都体现了国家的价值判断,有些是基于效率考量,有些则是基于公共利益考量。公共利益一方面可以通过积极的方式限制私人利益,另一方面也可以消极地进行防御,显然对于涉及公共利益的条款,不应当允许当事人通过合同机

---

① 参见徐强胜:《论公司关系:公司法规范的分析基础》,载《法学》2018 年第 9 期。

制加以排除,①这是公共利益原则的防御性要求所决定的,否则整个社会的秩序将荡然无存。但是另一方面,基于效率考量的强制性规则往往与公共利益无涉,因而允许当事人通过合意对强制性规定带来的僵化加以缓和,是相对妥当的做法。虽然在私法领域原则上采取私人自治的原则,但私法部门中仍然有大量的强制性规范,这些强制性规范本质上都是对自治的限制,其背后的理性主要来源于基于社会准则的强制与基于类型强制的限制。② 前者基于人类社会生活的共同价值或者共同准则,是一种具有道德或者伦理因素的社会共识,这是人类社会由绝对的个人中心向社会本位转变的必然要求,否则整个社会秩序将无法维持。③ 比如民法中的公序良俗原则,刑法中保护公民生命安全和财产安全的诸多规范等。又比如前述基于公共利益原则的强制,同样关涉整个社会的基本存续。而类型强制则是基于一定历史条件下的法律选择,其背后可能具有一定的经济理性,比如鼓励交易、提高效率,因而强制性规则的合理性往往直接取决于其本身是否符合经济效率。④ 公司法中关于权力分配、公司组织结构、债权人保护的规范等,而这些规定一般被认为是符合效率的。

(二) 私人秩序对类型强制的修改

就有限责任公司而言,股权对外转让、公司治理结构、公司权力归属与分配等内部治理事项,允许私人秩序对此加以改变,是更符合私法自治的精神的。比如,在两权分离模式下,公司的经营管理由董事会或者执行董事负责,这是公司法的强制规定。但是股东人数较少时,全体股东决定不设置董事会和执行董事,而是由全体股东共同执行公司事务,这是否可行呢? 显然,公司法规定公司事务由董事会或者执行董事管理是基于普遍的实践而作出的规定,但是这一模式并不一定适合所有类型的公司。当然,私人秩序对强制性规则的变更,在立法技术上应当由法律明确作出规定。我国公司法的修订目前正在进行中,对于强制性的治理规则,是否允许私人秩序加以变更,是需要予以认真对待的问题。在公司内部治理结构上,《公司法修订草案》(二次审议稿)第 83 条规定了全体股东一致同意可以不设置监事的做法,将私人秩序的治理空间扩展至公司监督机关的设置上。比较法上,美国公司法中公司由董事会经

① 参见梁上上:《公共利益与利益衡量》,载《政法论坛》2016 年第 6 期。
② 参见许德风:《合同自由与分配正义》,载《中外法学》2020 年第 4 期。
③ 参见梁上上:《异质利益衡量的公度性难题及其求解——以法律适用为场域展开》,载《政法论坛》2014 年第 4 期。
④ 参见朱慈蕴、沈朝晖:《不完全合同视角下的公司治理规则》,载《法学》2017 年第 4 期。

营管理虽然是强制性的,但是允许全体一致的股东协议取消董事会设置或者限制董事会的权力。从世界范围来看,公司法优先考虑小公司的治理需求,[1]并且赋予封闭公司治理更多的灵活性也是一个普遍的发展趋势。[2]

公司法的强制性规定主要包括对债权人的保护规则、内部权力分配规则、信义义务规则等。我国公司法所确立的治理结构具有一定的强制性。因此,首先要解决的问题就是私人秩序如何能够通过这一审查。这可以从法律制度与社会发展的关系来看。一般认为,法律制度总是滞后于社会的发展,当法律制度跟不上社会的进步时,需要法律做出调整与变革,而非削足适履,让不合理的制度成为社会进步的阻碍。社会学大师鲁曼在其著作中将法律的功能看作是一个稳定化的规范性预期系统,社会预期的表达形式就是法律规范。[3] 具体到公司法权力调整问题来说,需要解决的理论问题就是,私人秩序作为投资者对公司法的这种偏离,构成了一种重要的积极预期,需要法律系统对之做出改变,否则私人秩序的效力就一直处于"不法"状态。那么如何解释公司法中对股东会和董事会以及经理权力分配的规则呢?

首先,可以从法律规则的目的探究出发来思考。公司法的立法目的在于规范公司的组织和行为,保护公司、股东和债权人的利益,这是公司法开篇所明确指出的,因此整个公司法条文的设计也应当贯彻立法目的条款。就公司内部权力设置而言,目的是为了规范公司的组织行为,也是为了保护股东的权利,但公司法所提供的保护手段是有限的,私人秩序因此应运而生。就公司内部事项来说,股东对此可能是持不同的意见的,基于此,应当允许公司内部的自我协商。但是无论是在立法还是在司法实践中,公司权力分配模式法定的思维依然是主导,比如在张鸿诉上海申华实业股份有限公司违法增补董事侵权案中,法院就判定公司章程变更公司内部权力分配格局的行为是违法的。[4]

其次,从比较法角度来看,这种通过私人秩序改变公司法权力分配规定的做法也得到了法院的支持。以美国为例,公司的经营管理事项在美国属于董事会的权力,因此改变公司治理结构的私人秩序可能会涉嫌侵犯董事会的权力而无效,早期有一些法院持这种观点。但是随后法院认识到,这种私人秩序对债权人和其他股东没有什

---

① 较为典型的是英国 2006 年的公司法现代化改革。
② 参见[美]拉里·利伯斯坦:《非公司制组织的兴起》,罗培新译,法律出版社 2018 年版,第 153、158 页。
③ 参见[德]尼可拉斯·鲁曼:《社会中的法》,李君韬译,五南图书出版股份有限公司 2009 年版,第 161 页。
④ (1998)沪一中民终字第 282 号民事判决书。

么损害,因此否定其效力是不合适的,①较为典型的是 Wasserman v. Rosengarden② 案和 Grimes v. Donald 案③。

值得注意的是,我国公司法所确立的权力配置模式是股东会作为最终决定机关,董事会在负责执行公司业务的同时负责部分决策事项,二者的权力既具有专属性,同时又共享某些权力。因此在我国公司法语境下,私人秩序既可能改变股东会的职权,也有可能改变董事会的职权。虽然面临的问题不同,但是也有其共性,即本质上都涉及私人秩序能否修改公司法的既有规定,这也是比较法中对不同法系进行比较时的功能论要求之所在。④ 美国法中私人秩序的定位是十分明确的,即对公司法中强制性规则(mandatory rules)的修改,因而章程和股东治理协议的存在是非常有价值的,实际上这也是股东治理协议与公司章程之间最明显的区别之所在,比如美国路易斯安那州《商事公司法》中的评注就认为,对制定法中强制性公司治理规则的修改,是股东治理协议的一个最明显特征。⑤ 当然,在中美不同的语境下,公司治理中的强制性规范所指涉的范围可能不尽一致,不过可以确定的是,就公司内部权力归属和分配这一问题而言,虽然为强制性规定,但是私人秩序显然是可以对其进行修改的。

再次,可以从不完备合同理论视角来解释。公司法虽然可以提供一定的强制性和赋权性规则来降低当事人之间的谈判成本,但是合同的完备性因为成本过高而无法实现,因此公司法也是一个不完备合同,这就给了当事人根据实际情况填补空白的选择。⑥

最后,从利益法学的角度来看,这类强制性规则之所以被当事人修改,也在一定程度上反映了至少就当事人而言其并非是最优选择,商人都是精明的,当事人的自我调整在目的上肯定是为了便捷和高效。对于不合理的强制性规则,说明其所规范的制度利益并不符合社会公共利益,因而需要向前进化,从而适应社会的发展。⑦

---

① See O'Kelly and Robert Thompson, Corporations and Other Business Associations: Cases and Materials.6th Edition. Wolters Kluwer 2010, pp.451-452.

② 406 Ill. App. 3d 713 (1980).

③ Grimes v. Donald, 673 A.2d 1207 (Del.1996).

④ 参见苏彦新:《比较法研究的功能论与诠释论——评比较法的理论与方法概论》,载《政法论坛》2019 年第 1 期.

⑤ What is distinctive about unanimous governance agreement is, first, that it may modify what would otherwise be mandatory statutory rules concerning corporation governance ... See West's Louisiana Statutes Annotated, §12: 1-732, Editors' Notes on §12: 1-732(b).

⑥ 参见朱慈蕴、沈朝晖:《不完全合同视角下的公司治理规则》,载《法学》2017 年第 4 期.

⑦ 参见梁上上:《利益衡量论》(第三版),北京大学出版社 2021 年版,第 188 页.

值得注意的是,允许私人秩序对公共秩序修改的前提是,私人之间能够围绕既有规则进行充分的谈判和讨价还价。换言之,当事人有实际自治的能力和地位。否则看似赋予自由选择的法律制度最终可能导向的是强制的结果,从而与自由选择的初衷背道而驰。这尤其体现在涉及债权人利益时公司法需要对其予以特别保护的场景。[①] 这是因为债权人对公司通常仅享有请求权,而非控制权,因此其实际谈判地位处于劣势。[②] 公司法给予债权人特殊保护的理由还在于,股东承担有限责任,一旦公司经营失败,最终的风险可能会转嫁到债权人身上。而在公司经营过程中,债权人无法参与公司治理,理性的债权人通常在交易中要求公司提供担保。而公司开展的某些经营行为可能会对公司的偿债能力造成影响,但债权人此时的谈判能力较弱,因此需要公司法给予其特殊的保护。比如在公司合并过程中,要求通知债权人,债权人对此可以要求公司提供担保或者提前清偿。对于这种保护第三人利益的规则,私人秩序显然不能对其进行修改,即使做出了这样的规定也是无效的,因而要受到限制。

四、公共秩序对私人秩序的限制

私人秩序虽有其价值,但是私人秩序的治理并非是没有界限的,任由私人秩序扩张,可能会导致实质不公平的结果。此时,需要认识到公共秩序对私人秩序的制约和限制作用。公共秩序对私人秩序的限制既包括通过强制性规范的形式限制私人秩序,也包括通过法院的司法审查对私人秩序进行限制。一般认为,在案件审理中,法院的权威性是毋庸置疑的,该观点认识到了司法的权威性,但应当有所修正,即法院的司法审查权固然值得尊重,但是立法者的立法权同样也不容忽视,最后司法也应当在尊重私人秩序的基础上做到利益的平衡。在实践中,法院偶尔也会认可私人秩序内容的扩张,比如在南京安盛财务顾问有限公司诉顾祝娟股东会决议罚款纠纷案中,法院明确了公司章程可以对股东予以罚款的规则。[③] 但是同时法院也明

---

① 参见郭锐:《商事组织法中的强制性和任意性规范——以董事会制度为例》,载《环球法律评论》2016 年第 2 期。

② 当然,强势的债权人可以通过合同约束公司的特定行为或者通过合同赋予债权人否决权。在公司破产程序中,破产法也会将公司的控制权部分转移至债权人。See Margret M. Blair, Ownership and Control: Rethinking Corporate Governance for the Twenty-First Century. The Brookings Institution, 1995, p.26.

③ 参见《南京安盛财务顾问有限公司诉顾祝娟股东会决议罚款纠纷案》,载《最高人民法院公报》2012 年第 10 期。

确,公司对股东的罚款系惩罚性措施,应当受到明确性和可预见性的限制,否则可能造成权力滥用。[①] 总之,公司作为社团组织,固然可以设定社团的组织和运行规则,股东加入社团即表明其对社团规则的接受和同意,但社团规则作为私人秩序,同样也应受到公共秩序的限制,否则将会导致社团对个人权利的过分限制甚至剥夺,造成实质的不正义之结果。德国理论通说亦认可社团的处罚权力,但这种权力不应超出合理限度。[②] 公共秩序对私人秩序的限制可以包括两个方面:一是立法机关以强制性规范直接限制私人秩序;二是以法院的司法审查权制约私人秩序。

(一) 以强制性规范限制私人秩序

公司法规范的性质往往决定着私人秩序的自治限度。如果公司法某一规范的性质是强制性的,那么私人秩序的治理将会受到限制甚至被排除;如果公司法的规范是任意性的,则私人秩序会被尊重与认可。但是规范性质的判断不能仅仅依赖于"应当""可以"这些标识,而应当具有实质的理由,换言之,应当以现行规范的制度利益为标准。无论是契约论还是其他理论,都是对公司及公司法本质的一种认识,每种认识的侧重点以及想要说明的问题不尽相同。实际上,在判断公司法的性质时应当结合现行公司法的立法目的为基础,且目光在具体规范与立法目的之间来回穿梭,才能准确把握法律的制度利益。公司法当中的一些基础性条款应当受到重视。比如《公司法》第1条。实际上对第一条进行深入剖析后可以发现,判断公司法的性质,要注重结合内外部不同的利益关系进行判断。就内部而言,应当结合公司控制股东与非控制股东之间的利益、公司股东与管理层的利益等,对失衡的利益进行纠偏,对妥当的私人安排予以尊重。就外部而言,应当对公司与债权人、股东与债权人之间的利益进行平衡,对损害债权人利益的协议,即使其形式上符合法律的要求,仍然可以否定其效力,实现实质正义,突破形式束缚。

在当事人的谈判地位存在不平等时,公司法应当以强制性的规定限制契约自由和公司自治。在此可以作为例证的是股东出资期限问题。自从我国实行注册资本认缴制以来,股东出资期限利益的问题就争论不休,认缴制留下的法律漏洞是如何解决股东出资期限自由约定和债权人利益保护之间的利益冲突。从私人秩序的角度看,股东出资制度涵盖了股东与公司之间的权利义务分配关系和公司治理法律关系。公

---

① 参见杜万华、刘德权、俞宏雷编:《最高人民法院民商事判例集要·公司卷》(下),中国民主法制出版社2019年版,第722页。

② 参见杨代雄:《民法总论》,北京大学出版社2022年版,第191页。

司虽然可以通过章程约定股东的出资缴纳期限,但这一期限利益并不是绝对的,当公司财产无法清偿全部债务时,债权人的利益应当优先保护。这样才符合国务院认缴制改革的精神:即认缴制的前提是债权人的利益得到了恰如其分的保护。由于认缴制下债权人保护的缺位,导致了理论和裁判莫衷一是,部分法院僵化地认为股东期限利益属于意思自治范围,债权人应当自担风险。[①] 最高人民法院也仅仅允许在个别情况下债权人可以要求股东提前出资,但债权人和股东之间利益失衡的局面仍然存在。值得注意的是,《公司法修订草案》(二次审议稿)第 53 条对这一问题进行了回应,该条明确规定:"公司不能清偿到期债务的,公司或者已到期债权的债权人有权要求已认缴出资但未届缴资期限的股东提前缴纳出资。"由此可见,完全放任私人秩序治理可能会导致当事人权利义务的不对等,而此时应以法律的强制性规则介入,从而实现实质正义。应当认识到,虽然法律的强制性规定可以直接限制私人秩序,但是法律具有一定的滞后性,商事实践的创新总能为制定法带来新的挑战,因而还需要司法审查制约不合理的私人秩序。[②]

(二) 以司法审查制约私人秩序

在公司这一平台内,利益关系的平衡才有可能维持公司这一实体,因此法院以公司法的解释为工具,从而对利益失衡的当事人关系进行纠正,是维持公司实体的妥当方法。最高法院颁布的第 15 号指导案例"徐工集团工程机械股份有限公司诉成都川交工贸有限责任公司等买卖合同纠纷案"就是一个很好的例子,该案中,股东设立了多个公司,从形式上看这些公司之间是独立的,但是就实质而言,这些公司之间存在着高度的人格混同,包括财务混同、人员混同、业务混同等,当某一个公司无力偿债时,债权人可能会受到损失。但我国《公司法》第 21 条第 1 款确立的股东滥用权利导致的法人人格否认制度,在构成要件上其实并不包括关联公司相互之间对外部债务承担连带责任的情形,而该案的裁判结果则突破了这一形式,要求关联公司之间承担连带责任。这样做是合理的,因为如果严格遵从形式正义,公司将成为逃避债务的工具,债权人的利益将会处于严重的危险之中,所以该案从实质正义的角度出发对 21 条第 1 款的漏洞进行了填补,是符合第 21 条第 1 款立法目的的,也契合《公司法》第 1 条保护债权人合法权益的立法旨趣。

---

① 参见国家法官学院、最高人民法院司法案例研究院编:《中国法院 2022 年度案例·公司纠纷》,中国法制出版社 2022 年版,第 40 页。

② See Gorge S. Geis, Ex-Ante Corporate Governance, 41 Journal of Corporation Law.609, 640 (2016).

1. 私人秩序治理的限度

就公司法中的私人秩序来说,其自治程度也是受到限制的,法院有权对私人秩序进行审查。尽管法律可以假定双方在构建私人秩序的过程中进行了充分的谈判,但是这只是一种假定,而在结果不公正的情况下,根据公司正义的理论,法院也应当忽视私人秩序的形式,从而依据实质正义来作出裁判。虽然从尊重私人秩序的角度来说,由公司章程所确立的公司内部管理规范具有一定的效力,但是这种效力并不排斥法院的司法审查权。相反,越是强调尊重私人秩序,对该秩序的事后审查就显得尤为必要。从比较法上看,德国法院早期判例对该种社团处罚采取完全不干预的态度,而如今法院对社团罚的司法审查是非常广泛的,甚至可以进行实质性审查。① 就私人秩序的治理而言,当公司章程、股东治理协议存在不合理的条款时,需要法院的介入从而打破僵局。比如当全体股东之间约定了一致同意的条款,但最终因无法达成一致而陷入僵局,此时应当限制一致同意的适用,或者法院直接介入,变更不合理的治理条款。② 同样,当公司所作出的决议实质上侵犯了其他股东的权利时,法院可以否定公司决议行为的效力。比如在姚锦城与鸿大(上海)投资管理有限公司决议纠纷案中,法院否定了公司以资本多数决的方式修改出资期限行为的效力。③

法院可以通过强制性的介入代替私人秩序作出决定。传统认为,司法应当对公司治理保持谦抑的态度,因为法官并非商人。但这并不意味着法院不能对公司治理进行审查,公司正义原则要求法院对公司的自治行为进行适度干预。④ 对此可以加以说明的例子是公司盈余分配。公司是否分配利润以及分配多少利润本属于由私人秩序决定的事项,也即股东的利润分配请求应以公司作出分配决定为前提。但是当大股东控制公司,拒绝作出利润分配决定,但是却以变相方式分配利润时,此时私人秩序治理失灵,法院可以适度干预,直接作出分配利润的判决。比如在甘肃居立门业有限责任公司与庆阳市太一热力有限公司、李昕军公司盈余分配纠纷案中,太一热力公司有巨额盈余,但是法定代表人却恶意不召开股东会、转移公司资产,最终法院判决

---

① 参见蒋大兴:《社团罚抑或合同罚:论股东会对股东之处罚权——以"安盛案"为分析样本》,载《法学评论》2015 年第 5 期。
② 比如英国 2006 年公司法第 22 条规定了即使是需要全体股东一致同意的公司章程"刚性条款",法院在特定情形下也拥有变更章程的权力。参见葛伟军编译:《英国 2006 年公司法》,法律出版社 2017 年版,第 21 页。在美国部分州,比如威斯康星,制定法赋予法院介入封闭公司治理的权力是比较广泛的,比如命令变更公司章程、任免董事和经理、命令公司发放股息等。2021 - 22 Wsiconsin Stats, 180.1833(2)(a).
③ 参见上海市第二中级人民法院(2019)沪 02 民终 8024 号判决书。
④ 参见梁上上:《公司正义——以公司股东的权责配置为视角展开》,法律出版社 2022 年版,第 140 页。

太一热力公司应当分配利润。① 应当说,法院的裁判是妥当的。私人秩序的自治是有限度的,其并不排斥法院的司法审查权。

2. 比例原则作为审查方法

那么由司法机关对私人秩序进行审查需要遵循哪些步骤与方法? 首先,要准确把握公司中治理问题的本质。总体而言,封闭公司的特点是:股东人数较少、股东身份与管理者身份经常重叠、股份转让受到限制以及缺乏公开的股份转让市场。因而封闭公司也被称为公司化的合伙。② 以上特点也决定了封闭公司治理中的主要矛盾在于如何防止大股东从公司中获取不合理的利益、小股东事后的机会主义与敲竹杠行为以及由此带来的公司僵局问题。③ 其次,法院可以采用比例原则来审查公司中的私人秩序是否合理。一般认为比例原则发端于公法领域,可以分为三个子原则,即妥当性原则、必要性原则和狭义比例原则。④ 如今在刑事、民事领域都有对比例原则的阐释,因而比例原则作为对私人秩序的审查方法不存在前提疑问。⑤ 在商事领域,法院可以灵活地运用比例原则审查法律行为是否妥当。⑥

由此可以看出,比例原则完全可以运用在法院对私人秩序进行审查的案件中,那么如何将这一原则一般化? 首先,法院应当审查私人秩序的目的是否具有正当性。私人秩序原本是对公共秩序的调整,或者是对公共秩序漏洞的填补,使之符合自身的最佳利益状态。但是私人秩序不能用来损害他人利益,包括对其他股东权益的侵害,对债权人利益的损害。其次,法院应当审查私人秩序所约定的内容是否合理。这应当是法院审查的重点,私人秩序可以约定的内容非常广泛,但从其指向的主体来看,基本上可以分为两种类型:第一,调整自身权利行使和义务承担;第二,调整公司治理结构。就第一种类型的私人秩序而言,由于其合同属性,一般而言对其他主体不生效力,否则就会突破合同的相对性,也违反私法自治的理念。那么私人秩序的内容是

---

① 参见《最高人民法院公报》2018 年第 8 期。

② See Frank Easterbrook and Daniel Fischel, The Economic Structure of Corporate Law, Harvard University Press, 1991, p.249.

③ See Holger Fleischer, Comparative Corporate Governance in Closely Held Corporations, Edited by Jeffrey Gordon, Oxford Handbook of Corporate Law and Governance, p684, Oxford University Press 2016.

④ 比例原则可以简要地概括为,要达到目的与所采用的手段之间必须妥当。三个子原则的具体含义,可以参见李惠宗:《案例式法学方法论》,新学林出版股份有限公司 2009 年版,第 149—152 页。转引自梁上上:《制度利益衡量的逻辑》,载《中国法学》2012 年第 4 期。

⑤ 参见纪海龙:《比例原则在私法中的普适性及其例证》,载《政法论坛》2016 年第 3 期;陈璇:《正当防卫与比例原则——刑法条文合宪性解释的尝试》,载《环球法律评论》2016 年第 6 期。

⑥ 参见汪青松:《商事合同效力判定中公共利益条款适用的泛化与矫正》,载《当代法学》2020 年第 6 期。

否正当应该如何判断？我认为应当以是否增进股东利益为标准进行审查，从根本意义上来说，公司由股东的投资而形成，如果私人秩序对股东利益的不当减损，则会挫伤投资者投资的积极性，说到底，私人秩序作为私法自治的一种工具可以为股东提供保护措施，避免控制股东滥用控制权。① 这一点可以从《公司法解释四》第9条看出。比如公司以资本多数决要求股东提前缴纳出资，法院能否对公司作出的此类决议进行审查，存在不同的观点。在魏某诉朱某、黄某股东出资案中，生效裁判认为，决议的内容应当具有合理性，能否要求股东提前出资应当考虑公司对资金需求的紧迫性和是否不合理加重了股东的经济负担。② 由此可见，即使是股东以私人秩序的方式对自我利益进行处分与放弃，也可能无法作为一方用来抗辩的绝对理由。比较复杂的是第二种类型的私人秩序，由于公司治理涉及的主体众多，利益状态复杂，因此私人秩序的效力可能是多方面的。公司治理的私人秩序主要涉及股东会和董事会决议以及公司权力配置。法官处理纠纷时应当以法律为准绳，这是依法治国的要求，但是法律规范是抽象的，面对具体的公司利益关系，法官应当准确把握公司治理规则的制度利益之所在，从而妥当地进行裁判。无论是公司决议制度还是公司机关职权划分制度，作为公司治理规则，其制度利益并不在于划定一个泾渭分明且不可逾越的界限，而在于提升公司决策的效率，从而保证公司的经营管理正常运行，并且在此过程中能够保证股东的公平参与。从这个角度来观察的话，私人秩序如果确实能够提升公司的经营管理效率，且没有损及股东的参与权，显然应当是符合效率的，虽然与公司法的规定不尽一致，但这是符合公共利益的，应当得到支持。在马1等诉科技公司公司决议效力确认案中，北京市三中院就认可了股东治理协议中约定总经理人选和团队负责人的事项，从而肯定了私人秩序在公司经营管理权力分配上的效力，与私人秩序的公司治理价值相匹配。③ 公司法中的利益虽然复杂，但是总体而言，公司法制度应当符合效率和公平的理念，这也是社会对法律制度提出的要求，公司法的具体制度是否"合意"，最终取决于其是否与公共利益相一致。④ 涉及公司治理的私人秩序如果并未损害公司利益和公共利益，法院通常都会肯定其效力。比如在北京中正万融案中，法院认为当事人对董事长人选限制的约定并不违反章程，因而当属有效。⑤

---

① 参见刘俊海：《现代公司法》（上册），法律出版社2015年版，第148页。
② 参见上海市第一中级人民法院（2020）沪01民终2922号民事判决书。
③ 参见北京市第三中级人民法院（2020）京03民终644号民事判决书。
④ 参见梁上上：《利益衡量论》（第三版），北京大学出版社2021年版，第173页。
⑤ 参见北京中证万融医药投资集团有限公司诉曹凤君等公司利益纠纷再审案（2017）最高法民再172号判决书。

五、由公共秩序治理走向私人秩序治理

从起源来看,商法由中世纪的商人法发展而来,当时的商法不过是对商人之间交易规则的汇编,随着国家立法权的扩张,大部分商事法律由国家垄断。公司法确立的是通过公司这一组织形式反映经济活动和生产关系,本质上是经济制度的一种具体表现形式,这种制度选择应当顺应社会经济实践,并且符合社会经济发展的客观规律。但从现实来看,随着经济的高速发展,立法滞后于社会发展也是客观存在的,针对社会中出现的新问题和新实践,法律规则如不能及时顺应发展趋势,就可能会阻碍经济的发展。

如果说在经济制度初建时期,需要国家强制来推行的话,那么在这种制度业已建立之后,应当通过指引而非强制的方式来引导经济发展,公司治理规则尤其需要如此。公司组织形式是从国外引进的制度,对我国建立市场经济体制发挥了重要作用,经过多年的发展,公司制组织在我国已经占到了市场主体的绝对多数。公司立法如果不能反映客观规律,可能会阻碍商事创新。比如现行公司法对股权回购的限制,对公司资本制度的僵化理解,导致实践中各种"对赌协议"条款效力的否定,可能并不利于风险投资领域的创新。

从国际比较上来看,公司治理中"软法"的作用也逐渐受到重视,提倡最佳实践,但并不强制推行某种模式。这方面的一个例子是英国的公司治理准则,[①]其内容包括两个层次:第一层次是非常抽象的原则性规定,比如董事会应当对公司的运营负责,董事会应由执行董事和独立非执行董事构成,非执行董事应当有足够的时间履行职责[②];第二层次是具体的规则,例如董事会主席和首席执行官不应当由同一人担任。[③]在效力上,第一层次的原则具有强制性,是上市公司必须遵守的,不得通过其他方式排除适用,而第二层次的规则是任意性的,公司可以选择不遵守,并且只需要说明不适用这些推荐规则的理由即可。[④]另一个例子则是美国法学会的《公司治理原则:分析与建议》,该文本对过往的判例进行了总结,并提出了相应的公司治理建议。"软法"或者最佳治理实践其实也反映了公司治理中公共秩序的局限性。法律作为一般

---

① UK Corporate Governance Code, 2018

② See UK Corporate Governance Code, 2018, principle F、G、H.

③ See UK Corporate Governance Code, 2018, provision 9.

④ See Paul Davies, Introduction to Company Law, 3rd edn., Oxford University Press, 2020, p.38.

性规范,只能将那些最普遍和典型的治理模式确定下来由私人选择,而是否采纳这些建议则由当事人自行判断。

因而,对公司治理来说,法律所发挥的作用应当是示范性的。公司法所规范的社会关系本属于私人关系,法律的作用无非是向社会推荐立法者认为可能符合社会需求的治理结构和模式,而非设置强制的规则。但是这种价值判断会受到时空的限制和制约,有可能落后于实践的发展需求。反对的观点可能会认为,公司法的强制性规则在保护小股东方面具有作用,这一担忧在上市公司中可能是有道理的,强制性规则直接排除当事人的合意,为的是在股东谈判能力弱或者无法有效谈判时能够提供有效的规则。而在有限责任公司中,这种问题并不明显,因而应当限缩强制性规则的适用空间,妥当的方法是给予当事人事前充分的"合同自由",对自由选择之下的创新进行认可。但是,允许自由选择并不排斥事后的司法介入。如前所述,封闭公司中的自由应当以法院的事后强制介入为保障。当出现利益不平衡甚至股东压迫等情形时,法院应以公司正义原则为指引对具体的行为进行审查。①

六、结 论

公司法代表了以公共性为核心的公共秩序,无论是任意性规则还是强制性规则,都体现着立法者的价值判断。任意性规则给予当事人选择的自由,而强制性规则是对自由选择的限制或者排除,这种强制性通常是为了实现提升效率的目的,或者是为了维护公共利益之必要,但有时候则有可能是一种法律父爱主义思想的延伸。以股东治理协议和公司章程为代表的私人秩序体现了私法自治的理念,在公司治理中应当赋予这类私人秩序广泛的效力,包括允许其对不合理强制性规则的修改,以符合以效率和公平为制度利益的立法目标,从而牵引公司法制度的进化。私人秩序的治理并不排斥法院的司法审查权,法院的司法审查是对私人秩序治理的限制和制约,是公共秩序的一部分。在处理这种私人秩序纠纷时,可以比例原则作为审查方法,通过厘清公司内部和外部的利益关系进行妥当的利益衡量,并最终以是否符合公共利益进行价值判断。

---

① 参见梁上上:《论公司正义》,载《现代法学》2017年第1期。

论上市公司重大违法强制退市中投资者利益保护

陈学辉* 徐佳怡**

摘要：在全面注册制改革落地的背景下,高效健全的退市制度是支撑注册制运行的关键。上市公司退市尤其是重大违法强制退市对投资者利益有重大影响,保护上市公司退市中投资者合法权益意义重大。然而我国重大违法强制退市投资者利益保护制度仍存在标准不明晰、程序不规范、配套救济机制不完善等不足。在比较我国大陆地区与境外既有规定的基础上,笔者提出上市公司重大违法强制退市中投资者的知情权与获得公权力救济权是投资者权益的核心体现,进而建议围绕保障投资者权益细化退市标准、优化退市程序以及建立从先行赔付衔接至投资者保护基金制度。

关键词：注册制 重大违法 强制退市 投资者利益保护

一、问题的提出

2014 年退市制度改革后,博元投资公司为掩盖股改业绩承诺资金 3.84 亿元未实际到位的事实,在 2011 年至 2014 年伪造、虚构违规交易,被监管部门处罚,并成为股票市场上首家因重大信息披露违法被强制退市的公司。① 2017 年,上市一年多的欣泰电气公司被监管部门发现其首次公开发行股票时,在上市申请文件中的相关财务数据存在虚假记载,被认定为欺诈发行,成为我国第二起因重大违法强制退市的公司。② 2019 年,长生生物公司被爆出狂犬疫苗造假,并未按规定披露问题疫苗抽检不

---

* 法学博士,浙江理工大学经济法研究所研究员。
** 浙江理工大学经济法研究所研究人员。
① 参见刘芳:《上市公司表外信息披露的问题及启示——以博元投资有限公司为例》,载《财会通讯》年 2018 第 34 期。
② 参见陈贺鸿:《退市及其投资者权益保护研究——以欣泰电气为例》,载《金融理论与实践》2019 年第 6 期。

合格、被停产和召回等信息,同时在 2015 年至 2017 年的年度报告及内部控制自我评价报告中存在虚假记载,最终依据退市新规,其违法行为构成严重损害国家利益、社会公共利益而被强制退市。①

这三个案例中的上市公司分别因重大信息披露违法、欺诈以及危害"五个安全"的不同情形构成重大违法而被强制退市。虽然在退市过程中证券交易所已提醒投资者注意风险,退市后监管机构也提示投资者可以提起民事诉讼,但笔者在中国裁判文书网检索发现,三起案例中并未有投资者提起诉讼维护自身权益。此外,尽管意在保护中小投资者利益的先行赔付制度与股份回购制度在欣泰电气案中首次尝试,但后续的回购承诺并未实现,先行赔付机制的不足也使投资者利益无法得到保障。而面对被罚款的长生生物,投资者不仅需要承受因股价暴跌等带来的实质性损害,还要面临退市之后公司无清偿能力的困境,其投资权益几乎清零。

在全面注册制改革启动的背景下,若无法保障上市公司退市过程中投资者权益,投资者因规避退市风险而减少投资交易,将长期阻碍我国证券市场发展与繁荣。从监管层面看,依职权要求符合退市条件的公司依法依规退市,既能维护证券市场秩序,亦能保障投资者利益。重大违法强制退市在各种退市原因中具有更大的突发性、即时性以及不可预见性,对投资者产生的影响甚巨,凸显投资者权益保障的制度价值。② 当前理论界的研究焦点与分歧在于,重大违法强制退市的标准是什么,为打破退市中信息不对称而需要怎样的信息披露,退市过程中投资者的救济途径有哪些,如何保障这些救济途径得到有效执行? 笔者将考察重大违法强制退市制度的起源,对比我国大陆地区与境外相关立法,聚焦于制度分析,从理论层面归纳投资者权益内容,进而以这些权益为核心提出立法完善建议。

二、我国重大违法强制退市制度对投资者权益保护不足

证监会颁布的《关于改革完善并严格实施上市公司退市制度的若干意见》(下称"《退市意见》")经 2018 年修订,形成了重大违法退市的主要制度。同时,各证券交易所根据《退市意见》的授权以及全面注册制的要求制定了新的退市规则。总体上,

---

① 参见陈雪,李盛贤,李跃烨,纳超洪:《审计师行业专长与财务舞弊研究——基于长生生物的案例分析》,载《财会通讯》2022 年第 11 期。
② 参见丁丁、侯凤坤:《上市公司退市制度改革:问题、政策及展望》,载《社会科学》2014 年第 1 期。

我国重大违法退市制度得到了较大改善，但仍存在不足，无法完全适应全面注册制下上市公司有序退出市场的资本市场环境。

（一）重大违法退市情形标准不明晰

在重大违法退市标准方面，当前无论是《退市意见》还是交易所制定的退市规则关于重大违法退市的三个情形的规定均存在不确定性，具有一定的解释空间。具体而言，即欺诈发行的构成要件是什么；重大违法信息披露与一般的违法信息披露有何区别，其与财务造假退市如何区分；危害"五大安全"的重大违法如何把握其中的"重大"。这些问题在理论上还未形成统一认识，在执法实践中亦有较大争议。

首先，退市标准要件模糊。如在欺诈发行的认定中，其构成要件是"不符合发行条件"与"以欺诈手段骗取发行核准"。该情形与一般的虚假陈述有何区别，需要进一步明确适用条件，给予行为人适当预期。前述欣泰电气案中，当事人即一直坚持其仅为一般的虚假陈述，而非构成欺诈发行，要求不能适用重大违法强制退市程序。[1]虽然交易所明确了重大信息披露违法情形之一的财务造假的相关指标，但需同时满足连续两年造假金额超过 5 亿元及超过该两年披露合计金额的 50% 两个条件，可能导致一些严重财务造假的行为达不到退市标准。[2]

其次，当前无裁量基准细则约束监管部门的裁量权。证监会与交易所对于欺诈发行、危害"五大安全"的重大违法行为退市仅作了原则性规定，监管机构只能围绕违法行为是否影响上市公司的上市地位来判断，处罚结果便带有较大主观色彩，执法机构的自由裁量权较大。

最后，重大违法与非重大违法退市存在竞合可能，如何甄别以避免退市争议。例如，康得新与千山药机均被认定 2015—2018 年连续四年净利润为负，同时触及财务类强制退市与重大信息披露违法情形之一的任意连续会计年度财务类指标实际触及财务类退市情形，不同于康得新以重大违法类强制退市，千山药机以财务类强制退市。[3]为何类似的违法行为却适用不同的退市标准，这便需要执法机构做出解释与说

---

① 参见(2017)京 01 行初 6 号行政判决；(2017)京行终 3243 号行政判决；(2018)最高法行申 4640 号行政裁定。

② 参见靳璐畅，陈子熙，朱琳婧：《我国资本市场退市制度的潜在问题及政策建议》，载《金融理论与实践》2022年第 4 期。

③ 参见中国证监会行政处罚决定书(康得新复合材料集团股份有限公司、钟玉)〔2021〕57 号、中国证监会行政处罚决定书(湖南千山制药机械股份有限公司、刘祥华等 14 名责任人员)〔2020〕32 号。

明,统一执法尺度。

（二）退市程序冗长

退市程序中依旧存在退市程序的启动受阻及退市时间冗长的问题。根据重大违法强制退市的程序（见图1），退市的启动需要以证监会的行政处罚与人民法院的司法裁决为前提，这表明证券交易所只是形式上可以根据上市委员会的审议意见作出重大违法强制退市的决定，但实质上证券交易所的重大违法强制退市的自由裁量权受到限制。正是证券交易所形式上获得的由证监会完全下放的退市权力，与证监会和法院拥有的实质"重大违法"决定权之间的冲突，会导致证券交易所为避免身份尴尬、超越权能而回避对"重大违法"的判断，阻碍了重大违法强制退市程序的启动，一定程度上延长了重大违法公司的上市时间，可能造成更多投资者的损失。

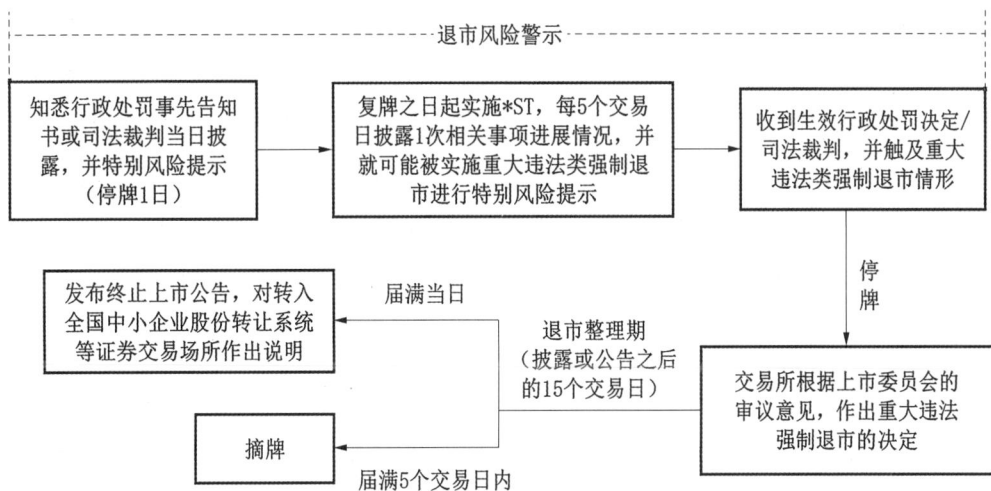

图 1　重大违法强制退市程序

在进入退市流程之后，即便是已经取消了暂停上市和恢复上市的阶段，退市整理期从 30 个交易日减少至 15 个交易日，但所列举的五起案例（见表1）显示，从立案调查到最终摘牌基本均需历时 2 年左右，仍然不够高效快捷。退市周期的冗长往往容易造成股价下跌，延长投资者的获赔时间而变相拖延了上市公司的退市，引发市场投机。由此可见，仍需从保护投资者权益的角度出发，思考强制退市决定权如何调整以及各退市环节如何进一步精简，揭示重大违法强制退市一退到底的风险。

表1 重大违法强制退市公司退市历时时长

公 司	立案调查	摘 牌	历 时
博元投资	2014 年 6 月	2016 年 5 月	23 个月
欣泰电气	2015 年 7 月	2017 年 8 月	25 个月
长生生物	2018 年 7 月	2019 年 11 月	16 个月
康 得 新	2019 年 1 月	2021 年 5 月	28 个月
新 亿	2019 年 5 月	2022 年 4 月	23 个月

（资料来源：作者整理）

（三）先行赔付制度等保护投资者利益的配套制度效果不佳

《证券法》第 93 条明确规定了先行赔付制度，即"发行人因欺诈发行、虚假陈述或者其他重大违法行为给投资者造成损失的，发行人的控股股东、实际控制人、相关的证券公司可以委托投资者保护机构，就赔偿事宜与受到损失的投资者达成协议，予以先行赔付。先行赔付后，可以依法向发行人以及其他连带责任人追偿"。"其他重大违法行为"的表述表明，除欺诈发行之外，重大信息披露违法以及危害"五大安全"的强制退市情形理论上也属于先行赔付制度的适用范围。截至目前，重大违法强制退市情形中，只有因欺诈发行退市的欣泰电气案中应用了该制度，维护了投资者的合法权益。因此，可以说该制度在当前还未成为证券市场的长效机制。这一方面是由于第 93 条对先行赔付制度的适用采用"可以委托"的表述，意味着先行赔付是一项非强制性义务，体现着鲜明的自愿性，同时也反映出相关责任主体可能因为自利性，在缺少激励机制的情况下拒绝先行赔付，无法对其起到刚性约束。[1] 例如，在危害"五大安全"的重大违法情形下，扮演看门人角色的证券公司存在因无过错而不承担赔偿责任的可能，此情形下该制度便难以追究证券公司的责任。

另一方面，关于先行赔付只有原则性规定，缺乏具体适用上的实施细则。以欣泰电气案为例，在赔付方案的设计程序上，设计关乎投资者权益的赔付方案既没有召开听证会、向投资者征求意见，也没有独立的第三方机构对其进行监督。投资者只能被动地选择对于赔付协议接受与否，投资者参与权的缺失导致方案的公正公平无法得

---

① 参见朱晓婷：《对〈证券法〉先行赔付制度改良进路的解析》，载《财经理论与实践》2022 年第 2 期。

到保证,部分投资者以赔付方案不具有公信力为由拒绝接受方案的补偿安排,选择对发行人欣泰电气和保荐人兴业证券提起民事赔偿诉讼。在赔付协议的强制执行力问题上,现行制度未对先行赔付协议效力加以确认,故不具备司法上的确认力和执行力。由于责任主体缺乏制约,一旦责任主体不按约定履行先行赔付义务,投资者只能陷入民事诉讼程序,违背提高投资者获赔效率的初衷。在出资金额上,欣泰电气的先行赔付基金是由其保荐机构兴业证券出资 5.5 亿元设立的,也就是先予赔偿给受损适格投资者的资金是由先行赔付主体以其自有资金主动出资而成的。由于来源渠道比较单一,那么当受损适格投资者人数众多时,通过自有资金出资进行赔偿具有一定难度,存在赔付不足的可能。加之对责任主体收缴的罚款和没收的违法所得能否成为先行赔付的资金渠道也一直处于争议中,这更加剧了先行赔付实践效果不佳。

因此,如何发挥先行赔付制度的优势,在重大违法强制退市情形发生之后得到常态化适用,有效保护投资者权益有待考究。域外立法与实践中还有其他保护退市中投资者利益的配套制度,这些制度我们还在探索中。例如,有学者关注到旨在保护投资者利益的制度理念与先行赔付制度一脉相承,且资金来源更广泛、赔付经验更丰富的投资者保护基金,提出以投资者保护基金为中心完善先行赔付制度。[①] 即未来要将先行赔付制度逐步过渡到投资者保护基金,实现对投资者更好的保护。还有学者提出建立上市公司退市保险制度以适应各类重大违法强制退市情形中的投资者利益保护。[②] 正是由于我们目前欠缺这些制度,导致重大违法退市中投资者利益保护不足,在全面注册制背景下,探索这些配套制度正当其时。

三、重大违法强制退市制度的源流与脉络

(一)重大违法强制退市制度立法层面演进

1994 年《公司法》第 157、158 条将"公司有重大违法行为"且"后果严重"作为强制退市的法定情形,填补了上市公司强制退市制度的立法空白。然而该法未明确"后果严重"的判断标准,1999 年的《证券法》和《公司法》也仍未对"重大违法行为"作出

---

① 参见张东昌:《证券市场先行赔付制度的法律构造——以投资者保护基金为中心》,载《证券市场导报》2015 年第 2 期。

② 参见董安生、吴建丽:《退市中的投资者保护》,载《中国金融》2016 年第 12 期。

规定。2001 年的《亏损上市公司暂停上市和终止上市实施办法》规定了暂停、终止上市的细则,标志着我国证券市场以亏损为核心的退市机制正式出台。上市公司水仙电器公司也因连续三年亏损,成为我国首支依法退市的上市公司。① 随着市场大幅扩容,大量上市公司使用"借壳""财务处理"等手段以规避退市,出现了很多"停而不退"的现象。2005 年以后,监管部门明确上市公司退市主要由《证券法》规制,该法第 55 条确定"公司有重大违法行为"是暂停上市的情形之一,证券交易所是决定暂停上市公司股票上市交易的主体。这一做法实质上取消了将"重大违法行为"作为终止上市的情形,引发了理论与实务界关于重大违法行为是否属于强制退市情形的争议。

2014 年证监会出台《退市意见》,标志着我国重大违法强制退市制度正式确立。该意见明确了"欺诈发行与重大信息披露违法"作为上市公司重大违法行为,并确立了恢复上市与重新上市制度,设立了退市整理期等制度,此后证券市场上所谓"不死鸟"现象湮灭。② 2018 年证监会进一步修订《退市意见》,新增涉及危害国家安全、公共安全、生态安全、生产安全和公众健康安全等领域的重大违法行为情形。2020 年《证券法》修订后,北交所、上交所与深交所先后发布或修改了《股票上市规则》,其中涉及重大违法退市的规则与程序亦随之进一步优化,如明确了财务造假退市判定标准等内容(见表 2)。

表 2　交易所关于重大违法强制退市的规定

情　　形	上海证券交易所	深圳证券交易所	北京证券交易所
欺诈发行	IPO 欺诈发行:上市公司首次公开发行股票申请或披露文件存在虚假记载、误导性陈述或重大遗漏。		
	重组上市欺诈发行:上市公司发行股份购买资产并重组上市,申请或披露文件存在虚假记载、误导性陈述或重大遗漏。		
涉及国家安全、公共安全、生态安全、生产安全和公众健康安	上市公司或其主要子公司被依法吊销营业执照、责令关闭或被撤销。		
	上市公司或其主要子公司被依法吊销主营业务生产经营许可证,或存在丧失继续生产经营法律资格的其他情形。		

① 参见王锦:《实地探访 PT 水仙 11 年退市"囚徒"前路何方?》,载中国证券报.中证网,网址:https://www.cs.com.cn/ssgs/gsxw/201205/t20120515_3330772.html,访问日期:2022 年 9 月 10 日。

② 参见民生证券证券市场退市制度课题组:《我国证券市场退市制度的潜在问题与完善路径研究》,载《金融监管研究》2018 年第 4 期。

续　表

情　　形	上海证券交易所	深圳证券交易所	北京证券交易所
全等领域的违法行为	本所根据上市公司重大违法行为损害国家利益、社会公共利益的严重程度,结合公司承担法律责任类型、对公司生产经营和上市地位的影响程度等情形,认为公司股票应当终止上市的。		╱
重大信息披露违法（涉嫌财务造假强制退市的情形）	公司披露的年度报告存在虚假记载、误导性陈述或者重大遗漏,根据中国证监会行政处罚决定认定的事实,导致2015年度至2020年度内的任意连续会计年度财务类指标已实际触及相应年度的终止上市情形,或者导致2020年度及以后年度的任意连续会计年度财务类指标已实际触及财务类强制退市规定的终止上市情形。		公司披露的年度报告存在虚假记载、误导性陈述或者重大遗漏,根据中国证监会行政处罚决定认定的事实,导致连续会计年度财务类指标已实际触及财务类退市指标规定的终止上市情形。
	根据中国证监会行政处罚决定认定的事实,公司披露的营业收入连续2年均存在虚假记载,虚假记载的营业收入金额合计达到5亿元以上,且超过该2年披露的年度营业收入合计金额的50%;或者公司披露的净利润连续2年均存在虚假记载,虚假记载的净利润金额合计达到5亿元以上,且超过该2年披露的年度净利润合计金额的50%;或者公司披露的利润总额连续2年均存在虚假记载,虚假记载的利润总额金额合计达到5亿元以上,且超过该2年披露的年度利润总额合计金额的50%;或者公司披露的资产负债表连续2年均存在虚假记载,资产负债表虚假记载金额合计达到5亿元以上,且超过该2年披露的年度期末净资产合计金额的50%。（计算前述合计数时,相关财务数据为负值的,则先取其绝对值再合计计算;本项情形以2020年度作为首个起算年度）		╱
	本所根据上市公司违法行为的事实、性质、情节及社会影响等因素认定的其他严重损害证券市场秩序的情形。		╱

（资料来源：作者整理）

（二）注册制改革对上市公司退市制度的要求

在核准制下,监管机构实行的实质审查容易使投资者忽略价值判断,诱发企业造假行为。为支撑注册制高效运行,建立强有力的退市机制尤为关键。

（1）保护投资者合法权益，健全退市制度。注册制的精髓在于放权，表现为优化上市发行审核。上市公司多样化可以增强投资积极性，但也容易造成多元化退市情形发生，投资者保护纠纷也会增加。准入门槛的优化并非意味着事前对投资者保护的放松，注册制下，为实现证券市场主体准入和清出的动态平衡，应当以投资者保护为中心健全退市制度，推进退市渠道畅通的同时强调事中事后加强监管。不论是措施配套还是纠纷解决都有更高要求，需要突破单一的投资者救济机制的局限，实现对投资者全方位的保障。

（2）坚持以市场化为导向，构建多元化退市机制。注册制改革不同于核准制"家长式"的监管模式，而是注重发挥市场的作用。为避免因退市指标单一而频繁出现上市公司"戴帽""摘帽"现象，坚持市场化、多元化的退出机制是关键。如 2021 年正式实施的"3 亿元市值退市"，作为"1 元退市"的必要补充①，旨在防止公司通过并股等方式将低价股变为高价股，是建立以市场化为导向的多元化退市体系的体现。因此，注册制下，应由投资者对企业进行价值判断做出投资行为，通过有机联动上市标准以健全多元化退市标准，发挥市场淘汰机制清出缺乏市场认可的企业，解决"僵而不退"、花式"保壳"等难题。②

（3）严格高效清出，推动实现退市常态化。注册制下不再单一注重企业的盈利状况，而是进行形式审查，以提高审核效率、缩短企业上市时间。同时，其副作用是使形式上符合上市条件的公司均上市交易，存在损害投资者利益的潜在风险。③ 因而对证券交易所而言，当市场主体准入效率提升时，市场主体清出的效率也必须提升。为促进市场资源流动，留下业绩好、成长性强的上市公司，清出业绩差的公司，配套严格高效的强制退市机制则尤为关键。只有进一步简化退市流程，尤其针对欺诈发行或虚假信息披露等重大违法行为实行以"严管"为前提的强制退市制度，才能形成常态化退市机制。

（三）境外重大违法强制退市制度分析

美国、日本及我国香港的上市公司强制退市制度发展历史较长，形成了一套较为成熟的制度体系。通过比较考察几个代表性国家和地区的重大违法强制退市制度，

---

① "3 亿元市值退市"，即连续 20 个交易日总市值均低于 3 亿元的股票，将被终止上市；"1 元退市"，即创业板公司股票价格出现连续 20 个交易日每日收盘价均低于每股面值的，其股票将终止上市。
② 参见陈见丽：《基于注册制视角的上市公司退市制度改革研究》，载《学术交流》，2019 年第 3 期。
③ 参见东北证券—复旦大学课题组：《注册制新股发行市场化改革成效及其优化研究》，载《证券市场导报》2022 年第 1 期。

笔者认为有三方面值得我们借鉴(见表3)。

(1) 具体化与多样化的重大违法退市标准。虽然纽约和东京证券交易所都未在退市规则中将"重大违法行为"规定为一项单独的退市情形,但事实上,其在退市标准中规定了具体的违法行为如未充分披露信息、虚假陈述等,将其作为正常的退市情形适用。[①] 香港证券交易所自主认定上市公司是否属于重大违法,拥有更大的自由裁量权。[②] 美国和日本退市数量标准涵盖公司总资产、经营状况、股东数量等信息,衡量上市公司成长性和持续经营能力的退市标准具体明确,增强了退市标准的客观性。

表3 部分交易所退市制度规定及投资者保护机制

交易所	标 准	程 序	投资者保护机制
纽约证券交易所	交易所有权对以下几类标准自主做出让公司摘牌的决定:一是由交易所承认的权威意见认为该证券丧失投资价值;二是违反与交易所签署的上市协议;三是操作违反公共利益的;四是其他因素,如公司未及时、准确、充分地向股东和公众披露信息、财务报告虚假记载、未依据公共政策行为。	(1) 交易所在发现上市公司低于上市标准之后,在10个工作日内通知公司;(2) 公司接到通知之后,在45日内向交易所作出答复,在答复中提出整改计划,计划中应说明公司至迟在18个月内重新达到上市标准;(3) 交易所在接到公司整改计划后45日内,通知公司是否接受其整改计划;(4) 公司在接到交易所批准其整改计划后45日内,发布公司已经低于上市标准的信息;(5) 在计划开始后的18个月内,交易所每3个月对公司的情况进行审核,其间如公司不执行计划,交易所将根据情况是否严重,作出是否终止上市的决定;(6) 18个月结束后,如公司仍不符合上市标准,交易所将通知公司其股票终止上市,并通知公司有申请听证的权利;(7) 如听证会维持交易所关于终止公司股票上市的决定,交易所将向SEC提出申请;(8) SEC批准后,公司股票正式终止交易。	实行严格信息披露制度;运用集团诉讼制度;设置先行赔付制度。

---

① See 79 Fed. Reg. 71484 (2014), Tuesday, December 2, 2014, pp.71295 – 71619.

② 参见姜翔程、时海鑫:《香港创业板退市机制研究》,载《价格理论与实践》2012年第11期。

续 表

交易所	标 准	程 序	投资者保护机制
东京证券交易所	虚假陈述或否定意见标准:上市公司在年报或半年报中存在了"错误陈述",且产生了重大影响;或上市公司的审计报告中申明"否定意见"或"放弃表达意见",且发生了重大影响;其他相关重大事项标准:违反上市协议、延迟提交证券报告及季度报告等。	(1)对拟退市公司实施特别处理,给予公司一定期限,观察其是否能够重新达到上市标准。(2)交易限制。如果公司在限期内未达到重新上市标准,交易所将停止标的的交易。(3)最终决定。如果在停止交易后仍未改善则决定终止公司上市,股票由交易所内的整理处进行处理,3个月后正式终止上市。	建立了完善多层次资本市场体系;设立投资者保护基金;加强对信息披露要求。
香港联合交易所	非量化的退市标准:本交易所认为发行人或其业务不再适合上市。	(1)在停牌后的 6 个月内,公司须定期公告其当前状况;(2)如公司仍不符合上市标准,交易所向公司发出书面通知,告知其不符合上市标准,并要求其在 6 个月内,提供重整计划;(3)如公司仍不符合上市标准,交易所将公告声明公司因无持续经营能力,将面临退市,并向公司发出最后通牒,要求在一定期限内(一般是 6 个月),再次提交重整计划。(4)如公司没有提供重整计划,则交易所宣布公司退市。	建立完善的信息披露制度,健全的赔偿基金制度。
	联交所可在任何情况下及于发行人的证券已持续停牌一段长时间而发行人并无采取足够措施令证券复牌的情况下,取消发行人的上市地位。		

(资料来源:作者整理)

(2)制定有可操作性的重大违法强制退市程序。美国和我国香港地区在退市程序的步骤、时间上的规定较为严格和详细。以美国为例,其退市程序细分为 8 个阶段,且每个阶段设置合理的时间,最短一年半一家公司就能实现完全退市。[1] 其他国家和地区的证券交易所因不直接以"重大违法"作为退市情形,所以拥有更完整的退市决定权,启动退市程序便更具有合理性、可操作性。[2]

(3)退市配套机制注重保护投资者权益。美国 1934 年《证券法》已对重大违法强制退市下投资者保护制定了较为完善的制度,突出表现在信息披露、诉讼模式与事后救济渠道的多重保障上。通过这些制度规定,有效地保护了强制退市制度体系中

[1] See Jonathan Macey, Maureen O'Hara & David Pompilio, Down and out in the Stock Market: The Law and Economics of the Delisting Process, 51 J.L. & ECON. 683, 695 – 698 (2008).

[2] 参见陈煜:《美国证券市场强制退市决策权理论研究》,载《证券市场导报》2015 第 5 期。

的投资者权益。① 参考借鉴成熟证券市场从事前、事中、事后为投资者铺设倾斜性保护的经验,是完善目前我国在投资者保护方面的配套措施的一个重要路径。

四、上市公司重大违法强制退市中的投资者权益体现

维护投资者合法权益是我国退市制度的重要目标,退市制度的建立应当以保障投资者权益为基础。在重大违法强制退市的过程中,投资者权益集中体现为知情权与公权力救济权。因为重大违法退市具有突发性与即时性,保障投资者知情权才能使投资者积极维护自身权益;在公司因重大违法退市之后,公权力救济对投资者利益保障而言意义重大。因此,建立以投资者权益保护为核心的市场化退市机制,首先应当明确重大违法退市环节中的知情权与公权力救济权。

(一)知情权

投资者知情权是投资者对所投资的上市公司相关信息有知悉的权利,其对应的是要求证券发行人、交易主体以及监管机构的信息披露义务。在上市公司重大违法强制退市中,保障投资者知情权的直接途径是要求上市公司及时披露真实、准确的信息。上市公司的大股东和内部知情人员可以凭借信息优势,维护其自身利益而损害投资者权益。如公司在接受调查时,其已预知公司可能因违法行为而强制退市,便临时增发新股、延迟信息披露,从而在退市前的有限时间内攫取更多违法利益。而处于相对弱势地位的投资者因无法正确且快速获取有效信息,容易被公司发展势态良好的表象所蒙蔽并遭受巨大损失。"为了避免投资者被转嫁风险和遭受不必要的损失,基于信息不对称理论及市场有效性失灵理论,在退市时不仅要求信息本身的披露,还强调信息的内容和质量必须是真实、准确、及时、公平和合理的,投资者的知情权才能够真正得到保障。"②

保障投资者知情权还需对中介机构设定信息披露义务。如上市公司因触发财务指标或其他状况导致公司经营出现异常的,会被沪深交易所实施"退市风险警示",并在其股票简称前加 ＊ST 符号。上市公司因触发退市其他相关指标的,沪深交易所会对其实施"其他特别处理",并在其股票简称前加 ST 符号。通过类似标识向投资者客

---

① See Samuel L. Rosenberry, Listing and Delisting Securities on the New York Stock Exchange, 45 VA. L. REV. 897, 897－906 (1959).

② 蓝寿荣:《上市公司股东知情权研究》,中国检察出版社 2006 年版。

观披露上市公司经营状况,既保障投资者的知情权,又向投资者警示该股存在投资风险,引导理性投资。

（二）公权力救济权

投资者面对投资出现的风险无疑应遵循买者自负原则,但上市公司的重大违法行为往往与投资者无关,上市公司因此被强制退市造成损失的结果若完全由投资者负责,则显失公平,证券交易秩序的稳定与安全将受到极大威胁。并且投资者在自力救济过程中处于弱势地位,在如何证明违法侵权、如何认定因果关系等方面都存在困难。故在重大违法退市程序中,为了保证投资者权益还需要公权力的介入。

一方面,监管部门对涉嫌重大违法强制退市的上市公司负有作出责令改正、警告、罚款或没收违法等行政处罚的义务。如针对涉嫌重大信息披露违法情形,证监会将对发行人在其公告的证券发行文件中隐瞒重要事实或者编造重大虚假内容的作出罚款。证券交易所会在证监会行政处罚决定或人民法院裁判文书认定的事实基础上,在公司股票于公告后停牌一个交易日,自复牌之日起,对公司股票交易实施退市风险警示或者作出终止上市的决定。此外,证券交易所有权针对违规行为作出自律监管措施(包括口头警示、书面警示、限制交易等)和纪律处分(包括通报批评、公开谴责等)。证监会、证券交易所对重大违法案件的查处惩治是提高投资者积极性和稳定资本市场的法治保障。

另一方面,在上市公司因重大违法被强制退市时,投资者有权寻求第三方保护机构介入,通过非诉救济机制获得赔偿。《证券法》第 93 条明确规定了先行赔付制度,即"发行人如果因欺诈发行、虚假陈述或其他重大违法行为给投资者造成损失,发行人的控股股东、实际控制人、相关证券公司可以委托投资者保护机构,予以先行赔付"。先予执行与赔付行为,可以弥补证券民事赔偿诉讼运行中成本高、耗时长的缺陷,强化证券民事赔偿主体的责任追究。即时、高效、便捷地让因上市公司重大违法强制退市而受损的适格投资者先行获得救济,在最大程度弥补了投资者经济与心理上的双重损失,与契合投资者补偿型规制的理念相契合。① 公权力救济制度对我国投资者保护体系整体搭建意义重大。

---

① 参见张艳:《注册制下科创板退市法律规制模式转型——以投资者妥适保护为核心》,载《上海财经大学学报》2021 第 3 期。

五、以投资者权益保护为核心完善重大违法强制退市制度

依照注册制改革背景下对上市公司退市的要求,结合我国现有重大违法强制退市制度中存在的问题,以保障重大违法强制退市制度中投资者的权益为核心,笔者认为在退市标准、退市程序以及投资者权益保障的配套制度方面有进一步优化的空间。

（一）细化退市标准

首先,确立重大违法退市中的"重大违法"解释方法。从重大违法退市制度的法益追求来看,对重大违法行为施加强制退市的原因在于违法行为严重扰乱证券交易秩序、侵害投资者权益以及危害公共利益。因此,交易所对"重大违法"的判断与解释,需要从价值判断与量化指标两方面进行。一方面结合重大违法退市所保护的法益追求,从上市公司的违法行为情节、影响投资判断的程度、社会危害程度等要素综合分析;另一方面,从多角度量化"重大违法"所侵犯法益的具体量化指标,建立一定的客观标准判断。交易所对重大违法公司强制退市是行使立法赋予的辅助监管权,因此具体的做法可借鉴行政裁量基准制度,建立裁量权的量化指标。

其次,针对要求较高的财务造假导致的重大信息披露违法强制退市标准,有必要在造假金额与造假比例这两个条件之外设定单一严重标准。不论是造假金额抑或造假比例,只要其中一项造假行为达到了严重的程度,均可单独触发退市条件。因为全面注册制以后,上市公司数量增量显著提升,公司的规模呈现多样化。那么对于市值巨大的公司,尽管其财务造假数量特别巨大,但可能未达到造假50%的比例条件,则不会触发退市条件。反之,对于市值较小的公司,尽管其造假比例远超50%,但造假的金额未达到既有的营收造假或者例如造假标准。如此大的财务造假或如此高比例的财务造假,对投资者与交易秩序的危害程度显然极高,应当解释为重大违法。

再次,在危害"五大安全"领域情形下对"重大违法"的评判,除根据违法行为的社会危害程度以及对投资者决策影响的严重性等主观角度进行判断之外,有必要从客观角度制定可量化的标准,即制定具体的裁量基准。具体的基准指标可考虑涉案人数、股价波动幅度、涉及金额等要素,分别针对这些要素制定量化指标,以提高处罚的可操作性和威慑力。

最后,在退市原因竞合的情形下,明确具体的操作细则。在欺诈发行重大违法与

虚假陈述的竞合时,应当认定为欺诈发行。因为欺诈发行的特征是在发行阶段采用虚构事实的方式进行虚假陈述,使不符合发行条件的公司发行证券,其既有虚假陈述的情节,亦有使不符合上市条件的公司骗取上市资格的情节。显然欺诈发行所侵害的证券秩序更为严重,对欺诈发行的处罚不仅是要求其强制退市,并且该公司以后也不能继续申请上市发行证券。在财务类退市与重大违法信息披露退市之间存在竞合时,应当由交易所选择一种退市理由退市。二者的区别在于:重大违法强制退市情形中,对于年报财务造假规避退市的情形,主要规范逻辑是规制公司在上市期间隐瞒了已触及财务类退市指标而应当终止上市的事实;而财务类退市不以行政处罚为要件,只要达到了预设的财务指标即应当退市。交易所具体操作的原则应当以违法行为对信息披露秩序的扰乱程度、市场的价值发现功能的破坏程度以及对投资者利益的侵害程度作为判断依据,择一严重的退市程序处罚。

(二) 优化退市程序

退市程序上,新上市规则在废除暂停上市和恢复上市后,将退市风险警示和强制退市环节衔接起来,形成差异化、可操作的强制退市程序体系。[①] 但仍有进一步优化的空间。

其一,对重大违法强制退市的情形,更应充分向市场揭示"一退到底"的退市风险。如在 5 年内因信息披露违规被处罚 3 次即达到强制退市标准,若上市公司在一定期间内已经受到过 2 次处罚,可通过对该公司增加特殊标识以加强风险警示,而不仅是局限于待重大违法的上市公司进入退市整理期之后,才在股票简称前冠以"退市"标识。

其二,对于强制退市的决定权,可以参考香港强制退市规则,即证监会可以保留部分强制退市决定权,撤销实施恶劣行为严重影响公共利益的上市公司的注册。鉴于证券交易所只是无行政权力的自律管理机构,认定"重大违法"缺乏法律授权,证监会则是明确"重大违法行为"的适格主体,其在保留部分强制退市决定权的基础上,若发现上市公司存在涉嫌重大违法的行为之后可以尽快介入干预,查明事实后及时作出强制退市决定,有效减少投资者的损失。

其三,相较于强调法定期限的长短,未明确时间限制的环节的不确定性更影响退市效率。如在终止上市预先告知书发出之后,上市公司有权申请听证或复核,证券交

---

① 参见国玺:《强制退市制度改革研究》,载《上海法学研究》集刊(第 7 卷),中国政法大学、西南政法大学文集 2020 年版,第 268 页。

易所将对实际情况进行调查核实,该核实的期间并不被计入审议期限,这为相关利益方拖延程序时间提供了可能。故如何避免未明确时间限制的环节不可控地迁延,需要监管部门进一步优化退市程序。可建立简易复核程序与一般复核程序,对于形式上即可判断不能成立的申诉可适用简易程序,提升复核效率。

(三)推动先行赔付衔接投资者保护基金制度

先行赔付制度的常态化需要激励路径的探索。根据《退市意见》关于"涉嫌欺诈发行的公司或其控股股东、实际控制人,在受到证监会行政处罚前,按照公开承诺回购或者收购全部新股,赔偿中小投资者的经济损失,及时申请其股票退出市场交易的,可以从轻或减轻处罚"的规定的基础上,再结合《证券法》第171条规定的责任主体存在不受处罚的可能,适当从轻或减轻责任主体的法律责任,有助于提高先行赔付主体赔付的积极性。而当前存在的问题是监管部门的裁量权缺乏基准,对于何种情况可以免除处罚、何种情形应当从轻或减轻责任的裁决较为模糊,这便导致了《证券法》第171条设立的先行赔付的激励制度缺乏可操作性。因而,建议对履行了先行赔付义务的责任人实行减轻或免除处罚的具体条件设立裁量基准,将违法行为人违法次数、违法的危害程度以及先行赔付的金额等量化指标作为具体的裁量基准。

将先行赔付制度与投资者保护基金制度进行衔接具有可行性。《证券投资者保护基金管理办法》显示我国的投资者保护基金制度的功能定位单一,目前还局限于为防范和处置因证券公司倒闭破产,并且挪用客户资产而给投资者造成的损失,由投资者保护基金按照规定比例补偿投资者的一部分损失,基金用途的严格限定导致其风险补偿功能难以充分实现。[①] 彼时适应证券市场改革的需要,扩大投资者保护基金的适用范围,将各类重大违法强制退市情形纳入实际补偿范围,以投资者保护基金为中心构建先行赔付制度可以使其相互补充,有效拓宽资金来源渠道,使适格投资者的利益得到有效保护。参考美国《萨班斯法案》设立公平基金,在投资者保护基金的功能扩展到赔付重大违法强制退市情形下受损适格投资者的前提下,将明确触及重大违法强制退市情形的罚没收入纳入投资者保护基金,进一步充实先行赔付的资金,不失为一种有益尝试,符合"取之于市场,用之于市场"。需要注意的是,投资者保护基金的赔付是有条件的,不应成为责任主体逃避的工具。也就是在制度衔接上,可以采用"自愿赔付+法定最低赔付"的双轨制结构,只有在责任主体不明或其欠缺赔付意愿、

① 参见台冰:《股票期权投资者保护问题研究——兼论证券投资者保护基金与期货投资者保障基金的区别》,载《证券市场导报》2015年第10期。

赔付能力不足的情形下,投资者保护基金才能成为次优选择和"底线"保护,不能也不应该取代责任主体的市场化先行赔付。[①]

在先行赔付制度本身的具体运行方面,先行赔付的程序上要保障投资者的参与权,做到公平、公正、公开。先行赔付主体初步拟定预案后召开听证会,不特定的投资者可以申请参与听证并发表质询意见,也可以允许投资者在特定的时间范围内以书面的方式提交其意见,再与与会专家就核心问题磋商后形成先行赔付方案,全程引入独立第三方机构对制定过程进行监督,加强赔付方案的权威性。同时,应注重先行赔付制度与诉讼程序的衔接。投资者通过向法院提出对赔付协议进行司法确认的申请,或交由证监会批准后赋予先行赔付协议行政和解的效力,赋予先行赔付方案以强制执行力,提高赔付效率,避免投资者再次提起诉讼,减少维权成本,体现了对中小投资者的倾斜性保护。

六、结　　语

保护投资者的权益是证券市场长久繁荣的基石。在注册制改革之路全面铺开之下,为改变重大违法强制退市制度对投资者保护的不足,以知情权与公权力救济权为核心来构建具体的制度是未来修改的主要方向。然而,退市制度与上市规则、信息披露、虚假陈述等制度紧密相连,亦与保障投资者权益的其他相关配套制度如退市保险制度等关系紧密,因而研究重大违法强制退市制度中的投资者利益保护必须立足于整个证券监管框架中。未来关于退市环节中投资者权益的探讨还应当从更为广阔的角度进行,以促进我国资本市场的健康发展。

[①] 参见张东昌:《证券市场先行赔付制度的法律构造——以投资者保护基金为中心》,载《证券市场导报》2015年第2期。

市场实务

独立董事勤勉尽责的认定标准

袁　康* 　陈凯琳**

摘要：康美案是特别代表人诉讼的第一案，同时也预示着独立董事不单独对外承担民事责任的时代已经过去，其承担的巨额连带赔偿责任引起了社会广泛关注，然而该案缺乏一个明确的勤勉归责标准，仅以违法决议中的签字便认定独立董事未勤勉尽责，判处其承担一定比例连带责任，这种结果导向的签字即罚模式缺乏法理基础，同时也过于机械和严苛。目前我国并未对独立董事勤勉尽责的具体内涵以及认定标准作出明确立法规定，这一立法空白导致现实中缺乏统一的、具有可操作性的法律规范，进而导致独立董事缺乏明确的勤勉履职指引及尽责要求。因此，我国应紧贴独董的特质确立特殊的专家标准，在归责时聚焦审查独立董事履职过程是否勤勉尽责，实现责任认定从结果主义向过程主义的转向，如此才能有效解决目前实践中的司法困境。

关键词：独立董事　勤勉尽责　虚假陈述　专家标准

　　康美药业独立董事因未勤勉尽责而承担了上市公司虚假陈述行为的连带赔偿责任，该案判决揭示了独立董事勤勉尽责与责任承担之间的紧密联系。[1] 独立董事担责系因存在《证券法》第 85 条的过错，[2]然该案以"独立董事如勤勉尽责不可能不发现虚假"以及"独立董事均在案涉报告中签字保证其真实、准确、完整"为据，在没有对"未勤勉尽责"进行充分说理的前提下将独立董事与内部董事进行一刀切的认定，将独立董事违法决议中的签字等同于未勤勉尽责存在过错并判决承担连带赔偿责任。

---

　　* 　武汉大学法学院副教授，武汉大学网络治理研究院副院长，法学博士。
　　** 　武汉大学法学院 2022 级硕士。
　　① 　康美药业证券虚假陈述责任纠纷案，广州市中级人民法院(2020)粤 01 民初 2171 号民事判决书。
　　② 　《证券法》第 85 条：发行人的控股股东、实际控制人、董事、监事、高级管理人员和其他直接责任人员以及保荐人、承销的证券公司及其直接责任人员，应当与发行人承担连带赔偿责任，但是能够证明自己没有过错的除外。

此种"签字即罚"的归责模式颇有结果导向意味，[①]同时也没有对独立董事如何才算勤勉尽责以及应采何种标准进行判断等未决问题给出明确答复。该案是自独立董事制度引入以来该主体遭受的最为严苛的处罚，监管的重拳出击使独立董事责权利失衡引起了独立董事离职潮。为减少制度理想与现实的背离，未来立法应进一步细化独立董事勤勉尽责的内涵及其认定标准，只有确定一套具有可操作性的勤勉义务判断标尺才能使独立董事有效合规履职，解决实践中独立董事归责的困惑。

一、独立董事的角色定位及其勤勉尽责的制度内涵

独立董事是独立于公司股东且不在公司长期任职，并与公司或经营管理者之间不存在影响其对公司事务作出独立判断关系的董事。对于独立董事的职能定位，目前有两种主流观点：一是认为独立董事应当扮演监督角色，通过行使表决权来对公司的决策过程及内容进行监督。二是认为独立董事应落实治理角色，在公司经营过程中发挥专业优势为公司决策及发展作出贡献。除此之外，也有少部分观点认为独立董事定位应指向决策、监督以及咨询三位一体的角色。[②] 之所以存在较多争论分歧系因现有立法过于抽象缺乏精准界定。宏观立法规定固然有其制度考量，但同时也会增加法院审判的自由裁量，增加实务中对独立董事职责作出扩大解释的可能性。

根据独立董事制度的相关规定可以推定其承担"治理监督专家"的角色最为恰当。首先，"治理"来源于立法要求，[③]法律指明了独立董事负有在公司决策过程中的治理义务。其次，"监督"系制度存在之根本，独立董事在上市公司对内部管理层扮演着特别的监督角色。最后，"专家"是独立董事的任职要求，其应积极运用专业背景对公司发展过程中的治理决策提出专业建议，促进公司健康运作和良性发展。上述三项对独立董事角色定位的重要性有所不同，若要求同时满足三位一体的职能未免过于苛刻，因此角色间的重要性应该是"监督为主，决策为辅，贯彻专业判断"。重要性的排序有以下考量：监督为主，因为这是独董制度引进的根本原因；决策为辅，因为独立董事的治理效果有赖于公司制度及管理人员的配合，其难以靠自身实现立法者

---

① 参见汤欣：《谨慎对待独董的法律责任》，载《中国金融》2019 年第 3 期。
② 参见刘俊海：《我国〈公司法〉移植独立董事制度的思考》，载《政法论坛》2003 年第 3 期。
③ 蔡鑫磊：《我国独立董事制度的实践与反思》，载《西北大学学报（哲学社会科学版）》2010 年第 2 期；《关于在上市公司建立独立董事制度的指导意见》开门见山指出了制度设立的主要目的在于通过独立董事来完善公司的治理结构。

对治理问题的期待;贯彻专业判断,因为独立董事大多都是行业专家,本就拥有比普通人更高的专业能力,且监督与治理的作用能得到有效发挥的前提是建立在独立董事具有专业能力的基础之上,独立董事需要基于专业优势对公司战略发展的全过程作出独立的专业判断。

明晰独立董事的角色定位才能据此确定勤勉尽责之边界。在对独立董事进行归责时应当将勤勉尽责的要求限定在一定范围内,避免对勤勉范围进行扩大解释导致独立董事承担过重的负担。职能定位可以为独立董事勤勉尽责夯实制度基础,能有效避免现实中独立董事职位虚化以及花瓶董事的出现,使独立董事制度发挥出应有效果。

《公司法》第147条规定董事对公司负有勤勉义务,而除了公司法对勤勉义务的宣示规定之外,其余规范散落在证监会以及上市公司协会颁布的不同法律文件之中,①目前法律规定的勤勉义务仅停留于宣示层面,且大多数规定的都是董事勤勉义务,独立董事需要参照董事关于勤勉义务的制度规范进行认定,使现有规定中勤勉尽责的内涵具有高度模糊性和抽象性。

"勤勉尽责"应解读为独立董事在其位谋其职的过程性要求,专注考量独立董事勤勉履职的行为过程而非聚焦于最后是否成功避免违法之结果才能紧贴独立董事外部性和兼职性的特点,避免对其过分苛责。细化来说,独立董事勤勉尽责需要其在任职期间处理事务的每个时刻均保持合理谨慎及善意的主观态度,并满足客观上的程序性事项和实体性事项两个方面的履职要求,程序性重于考察独立董事履职形式上是否勤勉,而实体性则着眼于独立董事履职内容是否符合应有的要求,程序与实体相辅相成缺一不可,只有同时满足才能认定独立董事勤勉尽责。

首先,独立董事勤勉尽责需满足程序性事项的要求,主要目的在于对独立董事日常履职的全过程行为进行判断。具体包括四点要求:第一,独立董事应积极参与董事会,并在会议中积极询问并收集足够做出专业判断的信息。参会是独立董事履职最基本的要求,也是其了解公司治理事务并积极行权的主要途径之一。②考虑到独立董事外部性的特点,笔者认为可以参照《股份制商业银行独立董事和外部监事制度指引》第12条规定,要达到勤勉尽责的要求,每年至少应亲自出席董事会会议总数的三

①　例如《上市公司章程指引(2022年修订)》《上海证券交易所股票上市规则》《上海证券交易所上市公司董事选任与行为指引》以及《上市公司独立董事履职指引》等。
②　参见甘培忠、周淳:《上市公司定期报告信息披露违法董事责任认定研究》,载《北方法学》2012年第3期。

分之二。① 第二,独立董事应对上市公司持续关注并参与公司经营的调查研究。持续关注并非要求独立董事投身公司日常经营,而是要求独立董事对可能给公司造成潜在影响的重大事件保持必要关注,一旦发现公司运营出现违规情形则应及时作出披露并督促管理层进行改正。第三,独立董事应对特定事项或在特殊情况下主动履职。例如当上市公司出现信息披露违法时,独立董事应积极参与调查和整改并且将处理进度及时汇报和披露,但其不需要如"侦探般"完美地以一人之力成功制止公司的"暴雷"事件,只要其能合理做到上述行为并有底稿可以证明即可。② 第四,独立董事应保持对市场信息的更新和敏锐。中国证券市场是新兴以及正在转轨的市场,独立董事必须具备市场发展及法条迭代的相关知识储备才能紧贴时代风向以及监管者的态度,使之意见适应监管变化。

其次,独立董事勤勉尽责也要满足实体性事项的要求,即需要独立董事运用其专业知识对公司治理过程中的事项进行审议和判断。具体包括:第一,独立董事应谨慎审核会议议案和定期披露文件,确保字面信息真实、准确和完整后,其应发表相关专家意见并对决议进行签署认定。法院应审查独立董事是否依《上市公司独立董事履职指引》充分行使其特别职权,如果独立董事借助专业协助后仍因各种因素难以发现问题,也应认定其符合实体性事项的要求。③ 第二,独立董事应对公司经营的重大事项进行审核并给出建议。例如在审核上市公司对外担保时,独立董事应对担保决议程序和内容分别进行审查,若发现违规担保时应及时通过出具专家意见来进行纠正,若纠正无效则提请公司董事会或直接向证监会派出机构报告,积极留下勤勉履职证据。

二、理想与现实:独立董事勤勉尽责的认定之困

独立董事制度理想是能够发挥独董超然监督之效果,为管理层增添中枢力量使公司合规运行。然现今缺乏对其勤勉程度的具体要求,实践中不可预测的威慑对于激励独立董事勤勉履职固然有其效用,但应回归独立董事的地位和职责本身,若超越

---

① 《股份制商业银行独立董事和外部监事制度指引》第 12 条:独立董事、外部监事每年为商业银行工作的时间不得少于 15 个工作日。独立董事可以委托其他独立董事出席董事会会议,但每年至少应当亲自出席董事会会议总数的三分之二。

② 参见刘运宏:《独立董事制度的理论与实践——怎样做一个合格的上市公司独立董事》,中国人民大学出版社 2021 年版,第 291—292 页。

③ 参见赵旭东:《论虚假陈述董事责任的过错认定——兼〈虚假陈述侵权赔偿若干规定〉评析》,载《国家检察官学院学报》2022 年第 2 期。

其能力范围过度苛责将会导致具有专业能力的独立董事因害怕承担巨额赔偿而疏离上市公司治理,与制度理想相背离。

（一）制度失序：独立董事勤勉尽责的规范缺失

独立董事勤勉尽责的内涵以及认定标准的问题,现行立法并未给出明确回应。独立董事勤勉义务的首次出现可以追溯到2001年《关于在上市公司建立独立董事制度的指导意见》（以下简称《指导意见》）第一条第二项的规定。[①] 在该《指导意见》颁布四年后,我国2005年《公司法》正式引入了独立董事制度,但没有对其勤勉尽责作出详细规定,现行《公司法》也仅在第147条提出了勤勉义务的要求。除了立法规范,《上市公司独立董事履职指引》（以下简称《履职指引》）在吸收《指导意见》规定之基础上赋予了独立董事一般以及特殊职权,对独立董事履职准则作出了一般性规定,但遗憾的是该规定的法律位阶较低导致强制力约束不足,裁判中难以援引进行适用。由此可见,现有规定过于笼统抽象,无法应对实践中勤勉尽责内涵不清、缺乏认定标准的问题。

或许是为了回应康美判决后的"独董辞职潮",避免因独立董事人人自危使得制度难以坚持;又或许是因为康美案件的多个"第一次"影响巨大而推动了《关于审理证券市场虚假陈述侵权民事赔偿案件的若干规定》（以下简称《规定》）在2022年开头的颁布,这一最新规则在第16条列举了五项独立董事常见的抗辩理由作为其勤勉尽责的免责情形。[②] 该规定的颁布对于独立董事的责任认定有着突破性的作用,同时也表明了立法者积极对独立董事勤勉尽责认定困境进行回应的决心。在康美药业案重组接盘赔偿以及最高法出台新司法解释的背景下,问题看似趋于平息,但该案所带来的独立董事天价责任的示范效应仍不断引起独董离职风波,新司法解释的相关免责规定仍较为抽象模糊,并未明晰独立董事勤勉尽责的具体认定标准,因此即使这项规定为独立董事免责路径提供了思路,但实践中如何适用以及能否适用目前仍是个未决难题。

我国法律对独立董事勤勉尽责的内涵规定并不明确,对于如何才算勤勉尽责以及勤勉尽责的程度及认定标准均未作出立法回应。若独立董事勤勉尽责外延缺乏明

---

① 《关于在上市公司建立独立董事制度的指导意见》第1条第2项：独立董事对上市公司及全体股东负有诚信与勤勉义务。

② 《关于审理证券市场虚假陈述侵权民事赔偿案件的若干规定》第16条："独立董事能够证明下列情形之一的,人民法院应当认定其没有过错：（一）在签署相关信息披露文件之前,对不属于自身专业领域的相关具体问题,借助会计、法律等专门职业的帮助仍然未能发现问题的;……（五）能够证明勤勉尽责的其他情形。"

确界定就会给裁判者造成过大的自由裁量空间,进而会导致实践中裁量幅度不一的困惑。法律应当具有可预测性,应当明确勤勉尽责的边界才能避免责任承担的不确定性,继而才可避免现实中大量独立董事离职的现象。

目前司法实践在对独立董事担责与否进行判断时,独立董事会提出若干抗辩理由,如已参与公司会议、已提出异议或者其无发现虚假信息的可能等,但大多数情况下法院都以该理由不足以证明勤勉尽责而驳回抗辩。审判人员倾向采取的归责模式是从形式上审查独立董事是否在违法决议上签字,这种"签字即罚"的形式判断标准缺乏法律依据,也忽视了独立董事履职的行为过程,使独立董事难以合理抗辩免责,责任承担有失偏颇。因此只有在后续立法中明确独立董事勤勉尽责的内涵并确立明确的认定标准才能有效缓解因规范缺失造成的实践困境,为独立董事职责履行以及责任承担提供一把可供统一衡量的标尺,①从而有效激励独立董事合规履职。

(二)实践失衡:独立董事勤勉尽责的认定偏差

首先,立法并未明确独立董事勤勉尽责的认定标准,导致实践中缺乏可依据的操作性规范,并逐渐形成以形式外观为参考的"签字即罚"认定标准。② 在民事判决的情境中,康美案、众和案、海润光伏科技案、集成科技案等案件中的独立董事均因没有对案涉虚假陈述报告提出异议而被认定未尽勤勉义务承担赔偿责任;③在行政处罚的案件中亦是如此,昆明机床案中证监会认为独立董事应为其在虚假年报投赞成票的行为承担法律责任,尽管其已经就公司财物问题多次提出整改要求,并在公司财务造假第一时间向证券监管部门提出公开辞职;④又例如抚顺特钢案,证监会认为独立董事有责任保证上市公司披露信息真实、准确、完整,其在虚假陈述报告上进行签字是未勤勉尽责的表现故将其认定为抚顺特钢信息披露违法行为的其他责任人员,⑤诸如此类的"签字即罚"行政处罚仍有很多。⑥ 综上可见,不论民事判决还是行政处罚,都是按照签字即罚的逻辑对独立董事是否勤勉尽责进行判断。签字即罚的归责逻辑

① 参见罗培新:《世行营商环境评估之"保护少数投资者"指标解析——兼论我国公司法的修订》,载《清华法学》2019 年第 1 期。
② 参见曾洋:《重构上市公司独董制度》,载《清华法学》2021 年第 4 期。
③ 康美药业证券虚假陈述责任纠纷案,广州市中级人民法院(2020)粤 01 民初 2171 号民事判决书;福建众合股份有限公司证券虚假陈述纠纷案,福州市中级人民法院(2019)闽 01 民初 1972 号民事判决书;海润光伏科技证券虚假陈述纠纷案,南京市中级人民法院(2016)苏 01 民初 539 号民事判决书;协鑫集成股份有限公司证券虚假陈述纠纷案,南京市中级人民法院(2016)苏 01 民初 2066 号民事判决书。
④ 中国证券监督管理委员会(2018)9 号行政处罚决定书。
⑤ 中国证券监督管理委员会(2019)147 号行政处罚决定书。
⑥ 中国证券监督管理委员会吉林监管局(2022)2 号行政处罚决定书;中国证券监督管理委员会江苏监管局(2022)5 号行政处罚决定书;中国证券监督管理委员会(2022)18 号行政处罚决定书。

是：上市公司存在违法违规事实进而对独立董事的任职情况展开违法调查，以其是否在违法决议上签字来判断是否达到勤勉履职的要求，一旦签字即认定独立董事属于《证券法》第197条规定的"其他直接责任人员"，随后才考察过错抗辩理由，若独立董事无法举证其无过错那么就应承担连带赔偿责任。这种以"签字"为基准的结果导向判断逻辑将独立董事在违法决议的签字等同于独立董事的书面确定意见，一旦签署即代表独立董事对文件内容的真实性、完整性和准确性作出了保证，具有法律效力；一旦该决议被认定为违法，那么独立董事将会无一例外地承担上市公司信息披露违法的连带责任。而新《规定》在第16条第三款仍然是贯彻"签字即罚"的思维，尽管独立董事对虚假陈述事项发表保留意见、反对意见或者无法表示意见并说明具体理由的，但如果其最终在该决议中投了赞成票仍等同具有过错。签字即罚不仅忽略了独立董事履职过程中的其他努力，高估了独立董事在信息披露中的影响作用，更忽略了独立董事主观上是否有知晓违法和判断违法的能力与可能性。独立董事勤勉尽责应是一个动态的行为过程，审查决议仅仅是独立董事履职中的一个板块，若机械地依据违法决议上的赞成签字就直接对独立董事不加区分地盖棺定论认为未勤勉尽责显然过于严苛，因此我们不应将该独立董事对信息的保真义务等同于保证义务，若签字的独立董事并无过错，亦不应担责。[1]

其次，除了签字即罚认定模式存在的实践弊端之外，独立董事仍面临权责不一的诘难，监管者忽视了独立董事难以保持独立性去履职的现实情况而提出诸多超越其能力的职责要求，若无法满足则具有未勤勉履职的风险，过高的勤勉期待加剧了独立董事的任职风险及离职心理。《履职指引》第5条规定，独立董事负有董事的一般义务及勤勉义务；第14条和15条规定了独立董事负有上市公司董事的一般职权和六项专属于独立董事的特别职权，包括事先认可重大关联交易、提议聘请外部审计机构等；第16条规定了独立董事需要对上市公司重大事项发表独立意见的二十种情形。[2]独立董事同时享有董事职权和特殊职权的立法规定可以看出监管者对"全能独立董事"的期待，赋予大量职权和义务以期靠独立董事制度解决上市公司治理过程中面临

① 刘俊海：《上市公司独立董事制度的反思和重构——康美药业案中独董巨额连带赔偿责任的法律思考》，载《法学杂志》第3期。
② 《上市公司独立董事履职指引》第14条：独立董事享有上市公司董事的一般职权；第15条：独立董事履职的特别职权，主要包括：（一）重大关联交易事项的事先认可权……（七）其他职权；第16条：独立董事应对（一）对外担保……（二十）独立董事认为可能损害上市公司及其中小股东权益的其他事项向上市公司董事会或股东大会发表独立意见。

的所有问题。该《履职指引》除了第四条指出独立董事具有保持独立性的义务外，其余部分的履职内容、职权等规定实质上已经将独立董事内部化，然而这样的规定超越了独立董事制度的核心，独立董事制度引进的初衷是为了防止内部人控制而在上市公司设立一个超然监督角色，并不是意在公司治理引进又一内部管理执行人。独立董事职权的一体两面性已经使其负担远超内部董事，更何况实践中的公司治理并不利于独立董事去行使职权，独立董事不懂事、无法懂事的现象难以避免，无力行权却要苛以严厉负担，独立董事的权责在现实发展中已经严重失衡。根据权责一致、罚过相当的基础法理，监管人员在对独立董事是否勤勉尽责进行认定时应当注意独立董事权责的平衡，不应苛求独立董事实然阻止上市公司违法行为，否则错位激励将会陷入独立董事权责不一的诘难，要么导致独董就职后逃避责任，要么导致独董出于自保与内部人联合，这些后果将使得引进独立董事制度进行监督的核心目标落空，也会使独立董事制度在我国失去健康发展的空间。

最后，由于独立董事与董事在勤勉义务上并无区分立法，实践在勤勉尽责的认定中对独立董事及内部董事采取一刀切的判断做法有违责任公平承担。独立董事与内部董事的地位及影响力有着本质不同，独立董事不论工作时间、影响力还是对决策发挥的推动力都无法与董事相提并论，因此对独立董事勤勉尽责的要求不应与董事采取统一标准。监管者从忽略了独立董事兼职性、外部性等特征，并未考虑到内外部董事在公司违法行为中所起作用的根本性差异，对二者提出相同的勤勉尽责要求既偏离实际，也缺乏基本的法理基础。

监管者希望独立董事成为一个事无巨细洞察一切上市公司治理问题的存在，然而理想与现实差距甚远，诸多独立董事不独立、难以懂事的客观条件使得独立董事不可能实现立法者的预期构想，因此监管者应及时厘清制度的现实发展和存在的认定困境，并对立法精细化缺失以及认定标准的制度真空作出改变。

三、独立董事勤勉尽责认定的域外经验与应然逻辑

独立董事勤勉尽责认定标准的确立是我国现在面临的紧要命题之一，尽责与否的判断将直接影响到独立董事责任的认定。自 2005 年《公司法》首次规定独立董事对上市公司及投资者负有勤勉义务后该制度就引起了我国学界的热议，但目前学界对于独立董事勤勉尽责应采何种认定标准仍未形成理论共识。

（一）独立董事勤勉尽责认定标准之理论纷争

学界对于独立董事勤勉尽责认定标准的观点可以提炼为主观标准、客观标准以及主客观相结合标准，其中"客观为主，主观相辅"的主客观结合标准为目前主流，但该标准在主客观应达到何种程度才算勤勉尽责仍存分歧。首先，有学者主张英国式做法，区分独立董事专业背景作出勤勉与否的判断，若其专业背景与公司业务相一致则采取客观标准，不一致则采取主观标准；①其次，也有学者主张勤勉尽责应达善良管理人标准，需尽到知识范围内的注意义务并客观上持续关注了解公司事务、审慎发表独立意见以满足客观标准的要求，在满足客观标准基础上适用主观辅以判断；②再次，有学者主张参照董事适用"理性人"的认定标准，再根据个案进行适度调整，认定未勤勉尽责需主观存在重大过失，其判断的核心是董事能否预见相应的不利后果，以及预见了能否避免；③最后，有学者主张对勤勉尽责认定采用专家标准。我国台湾地区公司法即采纳此种做法，规定董事应以执行同类事务、具备同类专业理论知识的专家履职行为为标准去完成勤勉尽责的要求。判断独立董事是否勤勉尽责应当综合考量独立董事专业知识和任职经验，对于具备专业背景的独立董事当然应适用高要求的"专家标准"。④

我国学界主流观点的内核与域外经验有着趋同相似之处，域外独立董事制度设立较早，并在实践中逐渐完善了独立董事勤勉尽责的认定标准且具备配套制度保障独立董事能够积极有效地参与公司治理，因此在未来完善立法时应辅以域外经验加以考量，参照并制定适应我国国情发展的独立董事勤勉尽责的认定标准。

（二）独立董事勤勉尽责认定标准之域外经验

英国 2006 年《公司法》第 174 条规定了董事具有勤勉义务，董事应行使合理的谨慎、技能和勤勉义务，具体来说，需要董事在执行公司事务时以一个"合理勤勉的人"可预期的"一般董事"所具有一般知识、技能和经验来履行职责。⑤ 英国判例遵循一般勤勉标准对独立董事勤勉尽责作出认定，独立董事因资质不同分别适用主观标准

---

① 参见王静、肖尤丹：《论公司董事勤勉义务的判断标准》，载《辽宁大学学报（哲学社会科学版）》2007 年第 5 期。

② 参见张婷婷：《独立董事勤勉义务的边界与追责标准——基于 15 件独立董事未尽勤勉义务行政处罚案的分析》，载《法律适用》2020 年第 2 期。

③ 参见叶金强：《董事违反勤勉义务判断标准的具体化》，载《比较法研究》2018 年第 6 期。

④ 参见贾希凌、钱如锦：《论独立董事行政责任之豁免——以 37 份证监会处罚决定为视角》，载《行政与法》2017 年第 10 期。

⑤ The United Kingdom Companies Act 2006 s.174.

和客观标准：①对不具备专业资格的独立董事主要采取主观标准；对具有专业资格的独立董事则采取客观标准，而对于内部执行董事则采用主客观相结合的标准。主观标准要求董事要为了公司利益最大化去处理事务，而客观标准拟定一个"理性人"的尺度去对董事是否合理注意的标准进行判断，要求其达到同类水平的专业人应有的勤勉程度。

美国《示范商业公司法》第 8.30 节规定：董事在履行职责时，应当善意地以该董事合理相信的为公司最佳利益的方式行事。并且该示范法第 8.30 节对勤勉要求作出了四个标准规定，包括：① 诚信，② 一个通常谨慎的人的谨慎程度，③ 在类似位置，④ 在类似情况。② 可见美国法律规定董事要以同类情境下普通人处理自己事务的态度以及注意勤勉处理事务，程度符合一般勤勉履职的要求即可。美国的证券交易委员会(SEC)规则也确立了以合理调查(reasonable investigation)为核心的勤勉与否判断标准，如果独立董事能够证明其已经进行了合理调查便可认定勤勉尽责并免责，该合理调查应以一个谨慎的人在管理自己财产时需要保持的注意标准来进行。③ 综上可见美国采取一种较为宽松的勤勉标准，即使独立董事违反勤勉义务造成损失，只要没有同时违反勤勉义务和诚信要求，其责任就可依据公司章程得到减轻或者免除。不仅如此，美国法院实践中还为独立董事的责任防御探索出了商业判断规则，只要当事人与所作商业判断的内容没有利害关系，并且有正当理由相信其在当时情形下掌握的有关商业判断信息充分、妥当、可靠，有理由认为他是诚信地相信所作决定符合公司最佳利益，那么该经营者就无需为决策失误造成的损失承担赔偿责任。④ 这一规则将董事决策置于优先位，为美国的经营者提供了合理的容错机制，使其可以放心大胆地积极弘扬企业家精神进行探索，进而提升公司的竞争力。

德国《股份公司法》第 93 条规定：董事在履行业务时应负一个正直有责任心的经理般的谨慎注意义务，如果董事违反这种义务应作为连带债务人对损失向公司负责。⑤ 与英美法系较为宽松的认定标准不同，德国国内法规定了严格的勤勉义务，要求董事在履行公司事务的注意程度应高于一般善良人，达到专家管理人的注意标准。在德国专家注意标准的要求之下，董事必须依据其所拥有的专业知识，遵守审慎

---

① 赵彩阳：《论我国董事勤勉义务的界定标准》，载《商业时代》2013 年第 31 期。
② American Bar Association, the Model Business Corporation Act s.8.30.
③ U.S. Code of Federal Regulations 17 § 230.176.
④ 参见傅穹、陈洪磊：《商业判断规则司法实证观察》，载《国家检察官学院学报》2021 年第 2 期。
⑤ German Stock Corporation Act s.93.

尽责董事通常的谨慎、勤业标准去对待和处理公司事务,[①]德国的勤勉尽责判断的标准是仅考虑客观而不顾主观的,具体客观标准会因董事的专业方向不同而进行个案考量,是较为严格的专家水平标准。

日本《公司法》第 330 条规定董事与公司之间的关系是委任关系。[②] 并且日本《民法典》第 644 条规定委托关系中的受委托人应以善管人的注意完成受托事务。[③] 同属大陆法系的日本同样采取客观标准,但其规定的勤勉尽责标准虽较德国的专家标准轻,但也高于一般善良管理人的标准,要求董事履行事务达到委托关系的善良管理人标准。

上述勤勉尽责认定标准在两大法系立法中被一体适用于董事会的全体成员,而无论其担任何种职位或具有何种不同专业背景。且除了同等适用之外,两大法系的勤勉尽责认定标准在实践中逐渐形成客观标准的判定方式且均趋于降低或免除对独立董事的处罚,尤其是英美法系能够成熟运用商业判断规则为独立董事提供责任豁免路径,以鼓励独立董事积极发挥制度应有作用。

我国现行采取的"签字即罚"既不是现行主流的双重标准,也不是单纯的主观或客观标准,显然开创了认定标准之先例,然而此种先例在实践中来看漏洞百出不应再继续适用。独立董事虽是行业之精英,但也只能尽量发掘出涉及其专业的问题并尝试规避风险,对于信息披露财务造假的识别能力根本无法达到专业财务审计人员的水平。试想若公司管理层有意隐瞒数据内容的真实性,此时即便是注册会计师团队一同审查也难以准确甄别出其中的造假情形,更何况是不具备侦查能力的独立董事呢?[④] 我国尤其注重投资者利益的保护,但过度的保护将会严重抑制市场竞争的活力以及积极性,也会造成独立董事消极履职的现象,投资者保护与董事责任承担之间一旦失衡将不利于市场健康发展。根据域外实践来看,各国都倾向于采取较为宽松的判断标准以减轻独立董事的责任,我国应顺应市场需求,减轻对独立董事严格管制以实现保护目的的执念,尽快在立法中建立一个适合我国发展现状以及市场特色的认定标准。

主观标准要求独立董事尽到其所有的全部技能和经验才能视为勤勉尽责,勤勉

---

①　王建文、许飞剑:《公司高管勤勉义务判断标准的构造:外国经验与中国方案》,载《南京社会科学》2012 年第 9 期。

②　日本《公司法》第 330 条规定。

③　《日本民法典》第 644 条规定。

④　参见邢会强:《上市公司虚假陈述行政处罚内部责任人认定逻辑之改进》,载《中国法学》2022 年第 1 期。

标准视个体能力而改变。但主观标准过度强调能力差异适用不同标准容易造就能力越高责任越重,而能力越低责任越轻的悖论,若适用此标准会导致平庸的花瓶董事频生,不利于提高公司治理水平。而客观标准要求独立董事尽到普通理性的独立董事在相同情形下应尽的注意程度才算勤勉尽责,该标准采取群体能力的平均值作为判断的标尺,然而现实中难免存在能力悬殊的独立董事,平庸独立董事因此承担了过高的注意义务,而具有较强能力的独立董事则可以钻制度漏洞,降低其勤勉注意的程度,单一划定责任标准并不适用于全部独立董事。除此之外,一般理性人标准较为抽象,容易产生实践中裁判者以自己的认知标准取代理性人标准对独立董事进行判断,这种主观臆断超越独立董事的能力作出判断,不仅导致裁判缺乏统一,也会使得责任承担存在偏差。

鉴于单独适用主观或客观标准均不能实现责任的公平分配,因此各取所长的双重标准应是我国日后选择的标准。双重标准采取"客观为主、主观为辅"的主客观结合标准对独立董事勤勉程度进行考量,能兼顾各方能力之差异实现公平责任的分配。在双重标准对客观层面进行判断时可借鉴德国采用的严格客观标准,采取专家标准对独立董事勤勉尽责作出认定判断。由于目前大多数独立董事都是具备专业知识以及任职经验的专业人才,其知识储备和实际能力明显高于一般理性人,对于其勤勉尽责的要求不应仅仅停留于满足普通谨慎的一般人在类似情况下应尽的注意。双重标准更有利于激励独立董事合规履职,针对专家领域内人员水平的考察才能更加贴合独董群体的实际,也可以给独立董事提供可预测的裁判标准。

四、独立董事勤勉尽责认定标准的完善路径

域外经验及理论对于确立独立董事勤勉尽责认定标准有较高的借鉴价值,在后"康美"时代,我们一方面需要合理借鉴境外经验,另一方面也要切实考虑我国国情,不能完全照搬国外制度。要解决我国目前实践困境,首先,审理前应先实现裁判思维从结果到过程的转化,转而聚焦独立董事日常履职情况;其次,归责时应区分独立董事与内部董事并进行差异化的责任认定;最后,在认定独立董事是否勤勉尽责时应当按照专家标准进行认定,充分考虑独立董事类型及其专业领域作用发挥等因素。

(一)应摒弃签字即罚认定思维,转向聚焦履职过程

以信息披露违规结果及违法决议签字作为判断独立董事勤勉与否唯一标准的

"结果主义"思维忽略考量独立董事的客观履职过程及其主观履职可能性,这种裁判思维过于刻板,同时也颇有事后诸葛亮的意味,未来不应继续适用而应聚焦于审查独立董事在日常履职行为中是否尽到勤勉注意义务。① 独立董事外部性和兼职性的特征必然导致信息不对称的障碍,若公司管理层故意隐瞒真实经营数据,那么独立董事根本无法实现立法者对其"明察秋毫"的期待,同时基于目前独立董事一职选任的弊端,其难以突破管理层的利益纠葛和阻碍去了解公司经营的真实情况。人无完人,法律不应强人所难,我们可以对独立董事的履职效果抱有期待,但不该背离现实做出过高幻想。目前司法实践不顾独立董事在会议过程中是否已经勤勉审查相关报告、是否尽可能地主动了解公司经营情况以及是否在缺乏主观能动性的前提下力所能及去规避风险等过程性行为,也没有为独立董事勤勉尽责但未能发现问题提供一个合理的免责路径。若一味贯彻签字即罚的结果归责思路,又未能提供合适的避险方式,将会使独立董事反向专注于规避责任而忽视了监督职能的核心。因此,未来应首先摒弃现有结果导向思维并实现以过程为导向的转变,在思维转变时也可参照美国的商业判断规则,为独立董事提供一条合理的免责路径,只要独立董事与决策内容不具有利害关系并在做出决策时基于善意尽到了合理注意,且有理由证明其商业判断决策是为了上市公司的最佳利益,就应当认定其勤勉尽责不具有过错,进而就无需为决策失误造成的损失承担赔偿责任。独立董事应当为上市公司信息披露违规承担民事责任,但该责任认定的关键不应在于违法决议上是否有独立董事的签字,独立董事担责应当是因为其在日常履职过程中未尽到合理的勤勉注意义务或主观上具有勤勉可能而没有合规履职,只有实现从结果转向过程的勤勉尽责认定思维才能确保后续对履职过程进行具体判断时不会受到签字所带来的先入为主的印象。

（二）对独立董事与内部董事设置差异化法律责任

目前独立董事承担责任的依据以及权责的具体内容都来源于公司董事的相关规定,实践中对二者责任认定也趋向采取同一标准,然而,趋同化归责忽视了独立董事与内部董事之间的差异,将导致独立董事的权责失衡,②未来修法时不应继续混淆独立董事与内部董事,而应设置差异化的法律责任,明确一个独立董事单独适用的勤勉尽责判断标准。

---

① 参见袁康:《独立董事的责任承担与制度重构——从康美药业案说开去》,载《荆楚法学》2022年第2期。
② 参见林少伟:《董事异质化对传统董事义务规则的冲击及其法律应对——以代表董事为研究视角》,载《中外法学》2015年第3期。

独立董事与内部董事虽然都是公司治理结构中董事会的一员,在我国立法中也都具有部分相同的职权,但二者的设立目的、职权、特征及背景要求均存在差异,继而导致现实中二者的实际权利存在着极大区别。首先,独立董事制度引进的初衷是预防内部人控制,通过为董事会注入超然监督的特殊机制来保护公司及中小股东利益不受侵犯;而设立董事制度则是为了实现经营权和所有权的分立,从而更有效地管理公司作出经营决策。制度设立的侧重点不同,其勤勉尽责审查的标准也应有所差异。其次,独立董事与董事的特征不同。独立董事具有外部性、独立性及兼职性的特征,立法者期待独立董事在公司发挥超然监督效果,但并未考虑到公司治理过程中正是基于这些特征才导致独立董事在信息调查时处于劣势,一旦内部人隐瞒便会导致独立董事难以履职,而董事是公司的常任员工,其内部性和专职性的特征使其可以参与公司经营管理决策的全过程且控制公司信息的披露。因此在新规定贯彻"追首恶"的理念下,董事应当对上市公司违法行为承担更重的责任,独立董事对此所附的勤勉义务理应较内部董事轻。最后,独立董事与董事的影响力地位不同。内部董事参与公司治理过程时处于公司最高执行机构的地位,其话语权和影响力能够影响公司员工及其他董事会成员的决策意愿,而独立董事则缺乏这种号召力和影响力,其对决策通过与否的作用微乎其微,二者对于违法决议的作用力有所不同,若以董事标准要求独立董事于理不合。

差异化法律责任是指法院在归责时应区分独立董事和内部董事并分别采用内外两套不同的标准,其中独立董事若未直接参与上市公司违法行为,其承担的勤勉义务标准应较内部董事轻;若其直接参与违法决议的过程,则应与内部董事共担风险。独立董事在上市公司的实际职权对其制止违法行为的实际作用有限,而董事对公司违法行为有着直接推动作用和影响作用,且独立董事不论薪资、地位、职权都不可能达到内部董事的高度,对独立董事勤勉尽责的判断理应较内部董事宽松。差异化问责也是目前学界大多数人的共识,但有学者也提出独立董事与内部董事勤勉尽责一体化适用具有一定的积极意义,同等对待能使两者的意见得到同等的重视。[①] 然意见是否能得到同等重视与诸多因素相关,例如公司影响力、个人任职经历以及社会地位高低等等,其与一体化归责之间并无直接的因果关联。独立董事与董事之间存在着本质不同,而现在采取的"一刀切"进行勤勉尽责判断并趋同认定责任的做法忽略了独

[①] 参见傅穹、曹理:《独立董事勤勉义务边界与免责路径》,载《社会科学》2011 年第 12 期。

立董事履职的现实可能性与二者之间的地位差异,一体化责任的承担将会导致独立董事承担过重的法律风险。因此立法应积极对独立董事与内部董事责任认定标准混同的问题做出回应,为独立董事勤勉尽责的认定设立一个特殊判断标准,只要独立董事符合下述专家标准的勤勉尽责要求,就不需要与董事共同承担上市公司违规责任或仅需要为其重大过失的行为承担部分责任,如此才能实现责任的公平分担。

（三）应采专家标准对独立董事勤勉尽责进行判断

在康美药业案比例连带责任的示范作用下,投资者可以跨越被告公司直接向独立董事索赔,独立董事面临的履职要求大幅提高已是不争的事实,未来应尽快在严格监管背景下探索出一个贴合独立董事特征的勤勉尽责认定标准,避免超出独董能力范围去苛求其勤勉尽责,而专家标准在此背景下就是最好的选择。专家标准是判断独立董事勤勉尽责程度的标尺,其从双重标准的基础上发展而来,因应独立董事的背景而对双重标准中客观方面提出了相比于一般理性人更高的专家勤勉注意要求。目前上市公司均倾向于聘任具有学历优势、专业知识及任职经验的各行各业专家来担任独立董事,目的是希望这些专家能够在公司治理过程中充分发挥专业对口优势来应对治理风险,达到增强公司治理力量及优化公司管理层知识结构的效果。这些具有行业背景的专家独立董事拥有较一般理性人更高的知识水平和专业能力,扎实的专业背景练就了独立董事对所涉领域专业问题的敏感度,因此独立董事在日常的监督及治理过程应当充分发挥专业优势,发掘其中缺漏及风险并及时运用专业知识来处理问题。独立董事在上市公司治理过程中扮演着"治理监督专家"的角色,该角色定位表明独立董事需将其专业判断贯彻整个履职过程,在专家标准的要求下当独立董事处理涉及其专业背景的公司事务时,应当超越一般理性人的勤勉标准达到专家标准的勤勉程度才能认定为勤勉尽责,并免于受到连带责任的风险牵连。

在独立董事勤勉尽责专家标准的要求下,勤勉义务程度会随着独立董事处理不同方面事务而有变化。具体应看该独立董事是否在处理与其专业相关的事务,若是,则应作出与该领域内专业人员水平一致且高于一般理性人应尽的合理谨慎判断;若不涉及其专业,则仅需符合一般理性人应尽的勤勉程度即可。专家标准虽然对独立董事勤勉尽责的程度提出了较高要求,但该要求合理限定在独立董事作为专家的能力范围之内,并没有超越其履职能力及履职可能性,从而放大独立董事一职的法律风险。在现行强监管的背景下,专家标准贴合独立董事作为行业专家的特点,将其责任的承担限定在专业领域内,已经在一定程度上合理减少了独立董事日常履职风险,若其履职能力连行业基本水平都无法满足,那么让其承担连带赔偿责任也无可厚非。

运用专家标准来判断独立董事勤勉尽责与否需要遵循下列两个步骤:第一,应先对独立董事履职的主客观方面依照一般理性人标准进行考量。主观上要求独立董事应在履职过程中保持善意且在其对公司事务进行判断时应秉持公司利益最大化的信念作出决策,然而,市场有风险,因此,即使是行业内顶级专家担任独立董事也无法确保其决策一定毫无过错,所以对主观勤勉尽责进行考量应回归决策作出时的市场环境去模拟判断。而客观上要达到勤勉尽责需要参照上述第一部分"独立董事勤勉尽责内涵"中列举的勤勉尽责程序性及实体性事项进行判断,只要满足了履职要求就应认定勤勉尽责。第二,在完成一般理性人标准考量后,若独立董事符合勤勉要求但仍未能发掘出问题,审判人员就需要判断其是否因为专业领域不同导致未能察觉错误。此时若公司违法事务未涉及其专业的独立董事只要在满足一般理性人标准后即可认定为勤勉尽责,而涉及专业领域事务的独立董事仍需在符合专家标准的勤勉尽责要求后才可免于承担责任。实务中在对独立董事勤勉尽责是否达到专家标准进行判断时,应综合考量独立董事在其专业领域中的地位、在上市公司的任职经验及自身专业水平等等因素来作出不同的认定。如果独立董事秉持主观善意并以专家标准完成了程序性及实体性事务的勤勉要求后,只要其不存在重大过失就应认定为勤勉尽责。只有明确独立董事勤勉尽责的认定标准,并将其责任限定在可预测范围之内,才能真正实现让独立董事为自身行为担责而非为其能力范围之外的上市公司违法行为负担风险,如此才能改善实践中签字即罚造成的独立董事离职率上升且人人自危等现实问题,也可以正向激励独立董事勤勉履职、惩戒懈怠的履职态度。

五、结　　语

独立董事对提升上市公司治理水平具有显著的积极意义,但裁判者不宜过度强化独立董事的注意义务和勤勉尽责要求,使其责任承担超出可预期和可承担的范围。独立董事勤勉尽责认定标准的制度优化,应当立足于独立董事与内部董事之间的差异化定位而确立针对独立董事的特殊归责思路,以专家标准作为独立董事勤勉尽责认定的考量标尺,使独立董事责任的承担回归其能力本身,实现权责的有机统一。此外,应摒弃实践现实中"签字即罚"的结果主义归责模式,将勤勉与否的审查聚焦于独立董事履职全过程,从结果审查转向过程审查,从而确保独立董事勤勉尽责的认定更加客观公允。过于严苛的独立董事勤勉尽责认定标准,将在事实上造成独立董事的严格责任,由此引发的独立董事"离职潮"将从根本上动摇我国上市公司独立董事制度的根基,背离独立董事制度的初衷。因此,合理设定独立董事勤勉尽责的认定标准,并配合以独立董事制度的系统性重构,实现独立董事权利义务和责任的有机统一,是重新激活独立董事功能并优化上市公司治理的必然选择。

董事对发行人虚假陈述连带责任的法理探析

潘克三 *

摘要： 本文从法人本质理论入手，探讨分析了董事对发行人虚假陈述连带责任的法理根据、责任形态等问题。认为董事是公司"意志中枢"，有过错的董事是该当的责任主体，而发行人则为严格责任人，所以形成两者间的连带责任。该连带责任属于不真正连带责任，如果董事是虚假陈述的始作俑者，则为终局责任人，应对给投资者造成的损失承担最终全部的赔偿责任；如果董事并非始作俑者仅是存在履职尽责的重大过失，则仅应承担过罚相当的比例连带责任。

关键词： 虚假陈述　董事义务　连带责任

我国现行《证券法》第 85 条的规定，发行人[1]虚假陈述，致使投资者在证券交易中遭受损失的，发行人的董事应当与发行人承担连带赔偿责任，但是能够证明自己没有过错的除外。发行人董事的该等连带责任，其实早在《证券法》1998 年首次制定时已见规定，但到了 2021 年岁末，才让人顿感"狼真的来了"。重要事件是 2021 年 12 月"康美药业"案宣判，该案除因是我国特别代表人诉讼第一案备受瞩目外，其对董事连带责任的判决也格外受人关注。该案中参与造假的董事、其他内部董事和另 5 位独立董事，分别被判决在投资者损失的 100%、20% 和 5%—10% 的比例范围内承担连带责任，而针对独立董事的最低 5% 的比例连带责任之绝对数，也高达 1.23 亿元。[2]

---

[*] 北京德和衡律师事务所执业律师。

[1] 发行人的概念在 2020《证券法》（以下简称"新《证券法》"）修订后外延广泛，修订前习惯指在发行市场公开发行证券的公司，而修订后，泛指在中华人民共和国境内发行证券法所定义的证券的公司，不仅指首次公开发行证券的公司，还包括上市公司、公司债券上市交易的公司、股票在国务院批准的其他全国性证券交易场所亦即新三板的公司。参见程合红主编《〈证券法〉修订要义》，人民出版社 2020 年版，第 162 页。

[2] 详见广东省广州市中级人民法院（2020）粤 01 民初 2171 号民事判决书。

这无疑给董事敲了一记重锤。这一度引发了上市公司独立董事的"辞职潮"。[①] 受此影响,全社会都开始关注董事的责任问题。那么,董事为何要承担如此之重的连带责任? 何种情况下承担全部连带责任抑或比例连带责任? 董事是否与发行人划分内部责任份额? 董事可否向其他责任人追偿或被追偿? 等等,诸多问题虽有个案的些许答案,但对相关原理的阐释还不够,规则适用有待检视和建构。我国属于民商合一国家,对于证券法上的董事连带责任问题,需要运用民法原理并联系《民法典》的相关规则去解析,以对《证券法》第 85 条的适用提供内在规定性的支撑。本文试就此提出一些浅见,并就教于大家。

一、董事为何与发行人承担连带责任之法理探微

民法上,公司为法人,"董事就法人一切之事务,代表法人并为其执行,乃为法人之必要机关"。[②] 而且,从 20 世纪初开始,不断有判例和立法承认董事会中心主义的治理模式。[③] 英国 1935 年的 John Shaw & Sons (Salford) Ltd. V. Shaw 一案最终确立了董事会权力的独立性,法院认为,如果公司章程已经将经营权赋予了董事会,那么董事会就可以独立地行使该权力,股东大会不得随意干预。[④] 大陆法系的德国,其 1937 年股份公司法的第 103 条直接废弃了视股东会议为公司"最高权力机关"的观念。[⑤] 根据其现行股份公司法第 76 条第 1 款与第 23 条第 5 款的规定,董事会是股份有限公司的领导机关,公司规划、公司协作、公司控制与经营授权等都属于董事会的职权。[⑥] 由此,直观看来,若发行人发生虚假陈述,董事很难置身事外。然而,董事何以与发行人作为并行的责任主体,对外承担连带责任,却不无疑问。对此,不同的法人本质学说实有不同回答。

如按传统拟制说和作为实在说的有机体说,董事与发行人只存在一个人格,不存

---

① 参见腾讯新闻"独董'辞职潮'? 一周 23 家 A 股独董辞职,他们在怕什么?",载腾讯网 https://new.qq.com/omn/20211121/20211121A04R7H00.html,2022 年 7 月 7 日访问。
② 史尚宽:《民法总论》,中国政法大学出版社 2000 年版,第 173 页。
③ 赵旭东:《股东会中心主义抑或董事会中心主义? ——公司法理模式的界定、评判与选择》,载《法学评论》2021 年第 3 期。
④ 黄辉:《现代公司法比较研究:国际经验及对中国的启示》,清华大学出版社 2020 年第 2 版,第 178 页。
⑤ 楼秋然:《股东至上主义批判——兼论控制权分享型公司法的构建》,社会科学文献出版社 2020 年版,第 158 页。
⑥ 参见[德] 托比亚斯·莱特尔:《德国公司法案例研习》,陈汪杰、沈小军译,中国法制出版社 2022 年版,第 220 页。

在两者对外承担连带责任的道理,但两说对谁为责任主体却有分歧。依拟制说,法人是法律创设的民事主体,并无意思能力和行为能力,其行为必须由自然人代为实施,[1]所以,正如法谚有云"团体无过错",若发行人发生虚假陈述,侵权人[2]非是发行人,而系作为代理人的董事,故而,仅董事为责任人。而依有机体说,法人如同自然人一样,是具有"与生俱来"的意志与自觉的社会有机体,[3]是不依赖于法律创设的自足的法律上的"人",而法人机关及成员是法人的"法律肉体"[4],一如手、眼等器官之于人的行为,并非是一个人代理另一个人,而是与法人只存在一个人格,即由它的机关来表达其意志和行为的人格,[5]故而,在有机体说看来,发行人是虚假陈述的责任人,这属于发行人对自己不当行为的责任。

然而,被看作实在说另一分支的组织体说,却对连带责任提供了解释空间。组织体说虽也认为法人是自足的法律上的"人",但其理论前设非是法人有无固有意志,而是该说自己定义的权利主体该当具备的两种构成要素——利益和代表捍卫该利益的意志,并以利益为基本要素。[6] 进而,其认为,如同在无行为能力的自然人那里观察到的一样,法人利益与意志要素实立足于不同执掌者之上,其中利益的执掌者即那些对于特定目的事业有兴趣的人所组成的集合体,亦即就公司而言的股东会[7]——实以法人或公司本体为执掌者的化身;而意志的执掌者则是依法组织起来的代表机关——实赖代表机关中按照一定意志形成规则发挥作用的自然人,亦即就公司而言的董事。[8] 因此,法人就像有监护人的自然人,纵然代表利益的那个意志在形而上学的意义上不属于法人,只要在社会上和实践上能把这种意志归属于法人,则该种意志即是法人自己的意志。[9] 可见,依组织体说,法人好比是利益身躯外接了一个意志头颅,其意志既有实在性又不免会有外部性,如同生物人的器官移植不免会产生排斥或变异反应一样,一旦发生外部性问题,应全然无法人行为。就发行人虚假陈述而言,因为

---

[1] 参见谢鸿飞:《论民法典法人性质的定位》,载《中外法学》2015 年第 6 期。

[2] 我国将欺诈发行和虚假陈述引发的民事赔偿案件整体定性为侵权行为进行规制,统称为证券市场虚假陈述侵权民事赔偿案件,故本文直接在侵权责任语境下展开讨论。

[3] 史尚宽:《民法总论》,中国政法大学出版社 2000 年版,第 140 页。

[4] [德] 罗尔夫·克尼佩尔:《法律与历史:论〈德国民法典〉的形成与变迁》,朱岩译,法律出版社 2003 年版,第 70 页。

[5] 参见[法] 莱翁·狄冀:《宪法论》,钱克新译,商务印书馆 1959 年版,第 348 页。

[6] 参见[法] 莱翁·狄冀:《宪法论》,钱克新译,商务印书馆 1959 年版,第 352 页。

[7] 为行文简便,本文以股东会统一指代有限公司的股东会和股份公司的股东大会。

[8] 参见仲崇玉:《法人组织体说的内涵、旨趣及其启示》,载《民商法论丛》第 63 卷,法律出版社 2017 年版,第 20 页。

[9] 参见[法] 莱翁·狄冀:《宪法论》,钱克新译,商务印书馆 1959 年版,第 352 页。

虚假陈述完全违背了发行人被创设的法律目的,这不应视为是发行人的行为,而是始作俑者的行为,如后分析,董事即使并非始作俑者也可能因纵容或严重失察行为,成为责任人;而同时,因组织体说并不否认法人有责任能力,鉴于虚假陈述的外溢危害较大,牵涉的受害者人数往往众多,造成的纯粹经济损失巨大,为降低受害人救济不能风险,法律也可规定发行人承担严格责任——毕竟法人实力胜过个人且其背后的利益执掌者对董事负有选任监督之责,这便使董事与发行人承担连带责任有了可能性。比较法上,英美法系从完全个人责任向董事与公司连带责任演变,大陆法系则从完全公司责任向董事与公司连带责任发展,①这种殊途同归的演变,实体现了前述机理。

以上法人本质学说,最早被提出的是拟制说,之后是有机体说,该两说在19世纪《德国民法典》制定时产生过激烈争论。② 而组织体说则由法国学者完善于20世纪初,③晚于前两说,并如前已指出,其理论前设与另两说也并不相同。但是,透过各学说的分歧,组织体说更像是对另两说的"中和",具有较强的实用性。这表现在:一方面,组织体说虽被看作实在说,可它理解的法人意志,实是将董事或董事会按照一定形成规则形成的意志归属于法人,仍等于"借着法来授予其组织法上的实在",实"接近于在法以前唯有承认自然人的实在之拟制说的主张",④明显不同于有机体说主张的内在于法人的固有意志——有机体说的该主张被批评为"过于先验"⑤,不免陷入集体意志和集体自觉的幻觉错误,使法人宿命于不能自圆其说的"超人"⑥,并不能证成。另一方面,组织体说与将法人视为需要代理的"法律残疾"的传统拟制说也截然不同,其好比以"代表"技术置换了"代理"技术,承认法人具有可归属于它的外在的实在行为意志,进而也克服了拟制说"对于法人的社会实在性与精神实在性看得很不够"⑦的缺陷,更契合法人的实在生活图景。事实上,纵观各国法律实践,也都是在拟制说与有机体说两种理论之间寻找解决办法,即:法人不能自己实施行为,只有当自然人的行为被

---

① 崔振南、马明生:《虚假陈述中董事对股东责任研究》,载《中国法学》2003年第2期。

② 按学者描述,整个19世纪没有一个问题像关于法人本质问题这样使德国民法界投入那么多的精力。参见[德]托马斯·莱赛尔:《德国民法中的法人制度》,张双根译,载《中外法学》2001年第1期。

③ 参见仲崇玉:《法人组织体说的内涵、旨趣及其启示》,载《民商法论丛》第63卷,法律出版社2017年版,第9页。

④ 刘得宽:《法人之本质与其能力》,载《民法诸问题与新展望》,中国政法大学出版社2002年版,第500页。

⑤ [德]罗尔夫·克尼佩尔:《法律与历史:论〈德国民法典〉的形成与变迁》,朱岩译,法律出版社2003年版,第70页。

⑥ 参见[德]贡塔·托伊布纳:《企业社团主义:新工业政策与法人的"本质"》,仲崇玉译,载《南京大学法律评论》2006年春季号。

⑦ [德]托马斯·莱赛尔:《德国民法中的法人制度》,张双根译,载《中外法学》2001年第1期。

归责于它时才承担责任,这一出发点是不变的。^① 因之,或许组织体说是更接近于结论的法人本质假说。《民法典》颁布前,我国通说认为我国法人制度系采行了组织体说。^② 不过,人们往往将其实在性混同于有机体说,忽略其固有的外部性,使其机理未能充分发掘使用。若秉持民法的伦理与形式统一性立于人的自由意志能力的逻辑基点,毋宁直面组织体说接近于拟制说的一面,以拟制说为"体",组织体说为"用",建立修正拟制说。^③ 其核心之点是,法人在本质上是法律所创设的,而法人既能够拟制,也意味着可以为之建构合法代表它的代表机关,使之具有属于它的实在的行为意志,能够维系作为一个"人"的目的和利益的整体性,拥有"拟制生"与"实在活"的完美"人"生。

沿着上述修正拟制说的法人本质认识,无疑,董事与发行人作为并行责任主体的连带责任基础可被清晰诠释,同时,董事的地位之要和责任之重也更加明晰。很清楚,由于公司之为"人"的"意志"要素,是由董事执掌,董事会是公司"意志中枢"和领导机关,已属不言自明。如果发行人发生虚假陈述,董事很可能是其中的始作俑者或失职的"睡眠者",难辞其咎——需说明的是,虽然按多数立法例,董事被要求以董事会集体行动,但这是在运用思想的交流与说服机制,现代公司还存在独立董事的监督机制,责任主体仍是董事个人。^④ 还须认识的是,尽管是公司股东向公司输入资本使公司成立,决定公司的特定目的事业范围,选举和更换董事会成员等,但基于股东执掌公司"利益"要素理解,其实质体现的是股东对公司目的实施控制,而股东会也是"目的"支配"经营"的场所,并非是公司具体行为的意思机关。并且,若按组织体说,即使股东会作出的决议,董事仍有权利和义务代表公司审查其效力。董事的忠实勤勉义务始终是面向公司而非股东会的,只有合法有效的股东会决议才能对董事会产生拘束力。^⑤ 德国股份公司法第 245 条第 5 项授权监事会与董事会成员,在特定的情况下——如果执行股东会决议将会做出与相关规定相悖的行为,或者可能会产生损害赔偿义务,可以撤销股东会的决议。^⑥ 我国《最高人民法院关于适用〈中华人民共

---

① 克雷斯蒂安·冯·巴尔:《欧洲比较侵权行为法》,焦美华译(下卷),张新宝审校,法律出版社 2001 年版,第 254 页。
② 梁慧星:《民法总论》,法律出版社 2001 年版,第 142 页。
③ 对之展开分析详见拙文《法人本质的法教义学解读》,载北大法宝法学在线 http://article.chinalawinfo.com/ArticleFullText.aspx?ArticleId=123343,2022 年 11 月 11 日访问。
④ 参见仲崇玉:《法人组织体说的内涵、旨趣及其启示》,载《民商法论丛》第 63 卷,法律出版社 2017 年版,第 18—19 页。
⑤ 参见丁勇《董事执行股东会决议可免责性研究》,载《法学》2020 年第 5 期。
⑥ 参见[德]托比亚斯·莱特尔:《德国公司法案例研习》,陈汪杰、沈小军译,中国法制出版社 2022 年版,第 189 页。

和国公司法〉若干问题的规定(四)》第1条也明确赋予董事请求确认股东会决议无效或者不成立的诉权。这些都体现出董事义务是责无旁贷的,即使虚假陈述是由控股股东和实际控制人("两控人")操纵,董事也有义务抵制。

二、董事对发行人虚假陈述连带责任的责任形态之辨

承接前文解析,接下来的问题便是,董事与发行人虚假陈述的连带责任是连带责任还是不真正连带责任?

直观理解,连带责任与不真正连带责任,系对外效力无实质不同而对内效力却有明显分野的两种责任形态。对外效力,主要指连带责任人面对权利人的外部法律关系。按照《民法典》第178条第1款的规定,其核心之点是,数连带责任人都有义务承担全部责任,权利人可不受限制地选择请求"部分或者全部连带责任人承担责任",直到获得全部赔偿为止。此对连带责任与不真正连带责任一样适用。[①] 而对内效力,指责任人在对外承担了责任后在各责任人之间如何分担和追偿。按照《民法典》第178条第2款的规定,连带责任的对内效力,是数连带责任人根据各自责任大小确定责任份额,难以确定的平均承担,实际已多承担了的责任者有权向其他连带责任人追偿。但这对于不真正连带责任却不适用。因为不真正连带责任,是类如加害人与保险人、小偷与过失的保管人之间的责任关系,他们虽然对权利人负担"统一的给付利益",但仅有加害人、小偷是损害的制造者,不存在各责任人在内部按照责任大小确定责任份额和相互追偿的道理,而是应由加害人、小偷来最终承担责任,且仅应向加害人、小偷单向追偿。一言以蔽之,不真正连带责任的对内效力,就是向终局责任人清算。不难看出,不真正连带责任本质上是终局责任人对权利人的单一责任,实以降低权利人救济不能的风险为出发点,而将合同上或法律上负有一定安全保障义务的人"连坐"进来,也由此,比起权利人已经是"法律上的老爷"[②]的连带责任,不真正连带责任更加体现了扩展债务人范围的思想,凸显法律对权利人的保障,但这无疑也限制了他人的自由。故此,不真正连带责任更严格限于法定主义,在我国只存在于个别特殊侵权责任的规定当中,如《民法典》第1203条、第1223条和第1233条规定的特殊侵权责任等。[③]

---

① 参见崔建远:《〈民法典〉所设连带债务规则的解释论》,载《当代法学》2022年第2期。
② [德]迪特尔·梅迪库斯:《德国债法总论》,杜景林、卢谌译,法律出版社2004年版,第606页。
③ 参见谢鸿飞等著:《债法总则:历史、体系与功能》,社会科学文献出版社2021年版,第265—268页。

那么,《证券法》第 85 条是否属于不真正连带责任的特别规定呢？对此,尚无司法解释的明确肯认。不过学者已有这种声音。[1] 从既有法律体系观察,不论《民法典》还是《公司法》,都没有董事与公司对外承担连带责任的条文规定,若将《证券法》第 85 条解读为不真正连带责任的特殊规定,更符合法律统一性要求。同时,联系上文对公司的法人本质的分析,有多种理由支持将发行人虚假陈述的责任形态定性为不真正的连带责任。

其一,从前文修正拟制说的法人本质理解,发生虚假陈述,发行人并不是侵权行为人,而应必有侵权行为人即终局责任人。基于董事是公司"意志中枢",董事最有可能是虚假陈述的始作俑者,即充当虚假陈述的组织者、实施者,若如此,作此行为的董事即为终局责任人。不过,这并不必然或绝对。观察我国大量虚假陈述案例,"两控人"往往是实际的操纵者,而董事却是被强令授意或指使,在此情形下,"两控人"无疑是终局责任人,被强令授意或指使的董事,若屈从于"两控人",没有"吹哨",则可能构成"有意思联络的共同侵权人",应与"两控人"共同构成"连带"的终局责任人。[2] 实践中,虚假陈述还可能发生于高管舞弊,董事却被"蒙蔽"的情形,此时,舞弊的高管应为终局责任人,而受"蒙蔽"的董事,若有在"控制室打瞌睡"的重大过失,也不免为责任人,但非终局责任人。总之,任何虚假陈述,一定存在终局责任人,他们绝不会是发行人,也不为发行人的人格所吸收。

其二,从对内效力的分野理解,若不将虚假陈述连带责任定性为不真正连带责任,则面临内部责任如何分担的困境。首先是发行人,其向终局责任人追偿自无问题,但其若被终局责任人追偿,或与后者划分责任份额,却没道理。同样,其他非终局责任人与终局责任人也有类似的问题。而且,真正连带责任的法源依据是共同侵权,如果不定性为不真正连带责任,还面临无法回溯"共同侵权"的法理之困境,毕竟非终局责任人既不是始作俑者或实际侵权人,也与终局责任人无意思联络,他们在"哨卡打盹"的过失,只是没有起到对于虚假陈述的或有阻却作用,并非是引起损害的原因,如让其承担终局责任人一样的连带责任,也明显不合理。盖因这种困境,目前司法判例对于虚假陈述的内部责任承担讳莫如深,多予回避。[3]

其三,从法律效果理解,若将虚假陈述连带责任的形态定性为不真正连带责

① 参见孙培贤:《虚假陈述侵权责任形态评析及完善》,载《证券法苑》(2010)第 3 卷,第 493 页;陈洁:《证券虚假陈述中审验机构连带责任的厘清与修正》,载《中国法学》2021 年第 6 期。
② 参见孙培贤:《虚假陈述侵权责任形态评析及完善》,载《证券法苑》(2010)第 3 卷。
③ 参见刘磊:《虚假陈述连带赔偿责任分配的价值基础和实现标准》,载《证券法苑》(2020)第 30 卷。

任,有助于区分责任主次,实施精准问责。这即对于虚假陈述的责任追究,首先应惩戒的是终局责任人,剑锋所指必然是"两控人",以及对发行人信息披露直接负责的内部董事、经理、财务负责人等核心高管团队,[①]此与近年证券监管和司法部门强调抓住"关键少数"和"追首恶"是一致的。而除此之外的其他有过错的责任主体,只应承担过罚相当的责任,容后所述,可以是比例连带责任,以避免责任过苛。就此而言,《最高人民法院关于审理证券市场虚假陈述侵权民事赔偿案件的若干规定》(法释〔2022〕2号)(以下简称"《虚假陈述若干规定》")第13条,将过失限缩解释为重大过失,[②]恰体现对非终局责任董事苛责的谨慎。至于发行人的严格责任,完全出于对受损害的投资者救济考虑。发行人承担严格责任,可能带来"大股东套利、小股东买单",以及让无辜投资者直接或间接赔偿受损投资者的"循环困境",[③]对此,主要应通过落实发行人向终局责任人追偿来寻求正义的实现。

总之,虚假陈述责任形态应当是有终局责任的不真正连带责任。[④] 据此,就有过错的董事而言,其若是虚假陈述的始作俑者或明知的放纵者,则应承担终局责任,对给投资者造成的损失承担最终全部的赔偿责任,包括发行人在内的所有非终局责任人,都有权向其追偿;而若其并非始作俑者或有明知故意的放纵者,仅存在履职上的重大过失,则仅应承担过罚相当的责任,且其实际承担责任后,有权向终局责任人追偿,并不应被其他责任人追偿。前述不论哪种情况,其他责任人都不存在与发行人划分内部责任份额,以及向发行人追偿的理由和根据。

三、非终局责任董事的比例连带责任之正当性分析

非终局责任董事的连带责任若采取"全部给付"的连带模式,显而易见地存在过罚失当,恐怕正因为这重顾虑,较长时间里董事鲜被追责。而本文开篇所述的"康美药业"案,无疑使比例连带责任成为新范式,预料将被越来越多地适用。

---

① 参见林文学、付金联、周伦军:《〈关于审理证券市场虚假陈述侵权民事赔偿案件的若干规定〉的理解与适用》,载《人民司法》2022年第7期。
② 参见林文学、付金联、周伦军:《〈关于审理证券市场虚假陈述侵权民事赔偿案件的若干规定〉的理解与适用》,载《人民司法》2022年第7期。
③ 邢会强:《证券中介机构法律责任配置》,载《中国社会科学》2022年第5期。
④ 参见孙培贤:《虚假陈述侵权责任形态评析及完善》,载《证券法苑》(2010)第3卷。

比例连带责任亦称部分连带责任,其实质是突破连带责任对外效力为全部给付连带的整体性,给定部分连带责任人仅对全部损害在一定比例范围内承担连带赔偿责任,但该等连带责任中,至少仍有一责任人须承担全部赔偿责任。我国《证券法》首次制定时,第 161 条规定,专业机构和人员"就其负有责任的部分承担连带责任",此被司法实践作为判决专业机构承担比例连带责任的法源依据。但《证券法》于 2005 年修订后,去掉了类似"负有责任的部分"的表述,被一度认为比例连带责任已被法律排除。现在比例连带责任重回视野,是从迷失中回归,认可现行法律框架下并不排斥比例连带责任的适用。[①] 尤其 2020 年 7 月最高人民法院印发的《全国法院审理债券纠纷案件座谈会纪要》,其第 31 条关于债券服务机构的责任范围限于各自的工作范围和专业领域,考量其是否尽到勤勉尽责义务,区分故意、过失等不同情况的表述,被认为是对比例连带责任的肯认。

关于比较连带责任的发生机理,目前尚无定见。[②] 联系前文对于发行人虚假陈述连带责任形态的分析,可以合理认为,比例连带责任与不真正连带责任同源,或者说比例连带责任只有在不真正连带责任中才会存在,仅属于不真正连带责任的下位类型。这可以从如下三个发生场景的要素具体分析:一是存在终局责任人与非终局责任人。如前所述,发行人虚假陈述的终局责任人包括操纵、组织和实施虚假陈述的始作俑者和有意思联络的共同侵权人,其他责任人除发行人是严格责任人外,均为非终局责任人,后者虽存在履职过错,却不是实施虚假陈述和引起损害的行为人。二是终局责任人与非终局责任人的过错行为对损害的原因力很难比较。不论是发行人的董事、监事和高管还是中介机构这类"看门人",若非终局责任人,他们履职上的重大过失,只可能是没有起到对虚假陈述的或有阻却作用,如果终局责任人不实施侵权行为,即使他们"打了瞌睡",损害也决然不会发生,其对损害发生的原因力聊胜于无。或换言之,终局责任人与非终局责任人的注意义务不属于"同级别的"或"同顺序的"[③],其过错行为的过错程度及对发生损害所起作用无法在一个层面上

[①] （2020）沪民终 666 号判决书写道,连带赔偿责任并非仅限于全额连带赔偿,部分连带赔偿责任仍是法律所认可的一种责任形式。

[②] 杨立新教授尝试将比例连带归纳为共同加害人的行为原因力不等、部分叠加的分别侵权以及具有共同原因力的扩大损害三种成因与类型。但笔者认为该第一和第二种类型,属于《民法典》第 1171 条充分条件之数人分别侵权责任和第 1172 条非充分条件之数人分别侵权责任的适用域,非要析分出部分连带,显然是对该条的突破;而第三种实为就"扩大损害"成立的共同侵权,并非部分连带。故而,该三种情形是否属于比例连带责任范畴值得商榷。参见杨立新:《网络平台提供者的附条件不真正连带责任与部分连带责任》,载《法律科学》2015 年第 1 期。

[③] ［德］迪特尔·梅迪库斯:《德国债法总论》,杜景林、卢湛译,法律出版社 2004 年版,第 609 页。

进行比较。三是损害为纯粹经济损失,且金额巨大。故此,如果让非终局责任人承担100%的连带责任,就可能打开冲垮某些职业的闸门。通过以上场景分析,不难想见,既然不真正连带责任说到底是本应由终局责任人承担的单一责任,而法律将非终局责任人扩大进责任主体,实为体现责任分担思想,降低受害人不能受偿的风险,分摊各责任主体的赔偿风险,提高经济效率,[①]故而,就明显过罚失当的场景,为避免显失公平,防止催生滥诉,本于降低受害人救济不能风险与惩戒非终局责任者失职行为之间的利益平衡,完全可以将非终局责任人承担连带责任的范围在1%到99%之间妥为配置,让其在一定给付责任的范围内承担连带责任,以更好实现威慑目的和矫正正义。

按前述认识比例连带责任,显然,不仅虚假陈述的非终局责任人不应与终局责任人对外承担一样的连带责任,而且不同的非终局责任人也应区别对待,以充分体现公平和过罚相当。尤其人们关注的独立董事,其虽位居上市公司的"意志中枢",但被引入公司治理,被寄望发挥的主要作用是强化公司的经营监督,特别是防范隧道效应、关联交易、篡夺公司机会等控制权私人利益攫取问题,具有极强的针对性。[②] 故通常认为,独立董事主要职责是监督执行董事,并在执行董事出现利益冲突的情形中进行决策,[③]不必过度介入公司事务,且他们作为外部董事,投入公司的时间和精力都有限,不应与内部董事承担同样的注意义务,更不能奢望其能对任职公司进行"完美调查"或"侦探般的全面调查"[④],所以更有理由裁决其承担较轻的比例连带责任,避免使独立董事之职业被巨大的执业操作风险所扼杀。

适用比例连带责任的价值和难点皆在于如何对非终局责任的连带范围作"比例切分"。对此,前述关于比例连带责任发生原理的分析,实已说出基于共同侵权法源的过错与原因力综合比较说,已无用武之地。基于适用比例连带责任,实更多地本着责任分担思想,恰当地配置责任,寻求降低受害人救济不能风险与惩戒非终局责任者失职行为之间的利益平衡,体现的是一种法律政策的考量,所以应建立综合考察机制。一是或许应当借鉴机会损失规则。侵权法上,机会损失规则所针对的主要问题,是类如病人因医疗过失丧失治愈或存活机会,但该机会在损害发生时尚不确定,此时,法院会借助于部分补偿的方法淡化因果关系标准,以避免过于不

① 参见谢鸿飞等著:《债法总则:历史、体系与功能》,社会科学文献出版社2021年版,第265页。
② 参见曾洋:《重构上市公司独董制度》,载《清华法学》2021年第4期。
③ 黄辉:《现代公司法比较研究:国际经验及对中国的启示》,清华大学出版社2020年第2版,第171页。
④ 邢会强:《证券市场虚假陈述中的勤勉尽责标准与抗辩》,载《清华法学》2021年第5期。

合理。① 其实质是舍弃"要么全有要么全无"因果关系机制,由法院根据各种可能性的综合考察作出核算,给出一个损失赔偿的百分比。② 毫无疑问,虚假陈述案件中,非终局责任董事的比例连带责任的比例阈值,明显不是原因力的算式,必然是法官一种自由裁量式的"核算"。有鉴于此,可将虚假陈述中的非终局责任人的过失之于投资者遭受的损害,视为一种机会损失,尝试考虑"一连串情况的发展""替代情况"等,识别出机会状态中的客观条件因素,③核算其阻却虚假陈述发生的几率,为其责任相对化找到合理控制根据。对此,可进一步运用概率统计学方法,辅助阻却几率的确定,吸收共同社会经验或判决经验积累的共识,不断优化盖然性具体化评价。此外,为避免权衡的裁量空间过大,可考虑借鉴标准概率评估方法,为不同的非终局责任人责任比例设线。例如日本股份公司法规定,代表董事责任限额为其 6 年总收入,代表董事以外的非独立董事为 4 年,而独立董事为 2 年。④ 二是继续沿用责任范围规则。考察非终局责任人"负有责任的部分"与虚假陈述事项在范围上的重叠情况,以及若存在重叠可能起到的影响或程度。这亦即我国最早《证券法》规定的"就其负有责任的部分承担连带责任"的意趣。借用义务范围理论的观点表达,即:义务均有其意图预防的具体风险,只有落入义务预防之风险所生的损害,义务违反者才需负责。⑤ 不过,由于非终局责任人的过失履职行为对于损害没有直接的原因力,责任范围限定考量,应在机会损失规则项下,作为阻却发生概率的因子或折减项使用。三是引入适用比例原则。比例原则原本是公法上的"帝王原则",旨在将行政干预行为限定在适当性(手段须适合目的之达成)、必要性(多重手段须采用干预最轻手段)和均衡性(权利干预与所追求的目的不能不成比例)三个位阶层层递进的"过筛"之下,确保"手段"与"目的"的均衡、适度。⑥ 但其也被认为可作为民法诚信原则的下位类型和权衡方法,避免对于相互冲突的利益或价值调整出现不合比例。⑦ 如前所述,对虚假陈述非终责任人适用比例连带责任,实即寻求降低受害人救济不能风险之目的与惩戒非终

① 参见克雷斯蒂安·冯·巴尔:《欧洲比较侵权行为法》,焦美华译(下卷),张新宝审校,法律出版社 2001 年版,第 558 页。
② 参见杨良宜:《损失赔偿与救济》,法律出版社 2013 年版,第 394 页。
③ 参见杨良宜:《损失赔偿与救济》,法律出版社 2013 年版,第 409 页。
④ 参见李建伟:《独立董事制度研究——从法学与管理学的双重角度》,中国人民大学出版社 2004 年版,第 249—250 页。
⑤ 洪国盛:《义务范围理念下证券服务机构过失虚假陈述赔偿责任》,载《法学研究》2022 年第 5 期。
⑥ 参见郑晓剑:《比例原则在民法上的适用及展开》,载《中国法学》2016 年第 2 期。
⑦ 参见王泽鉴:《民法总则》,中国政法大学出版社 2001 年版,第 556—558 页。

局责任者失职行为之手段的利益平衡,因此,有必要运用比例原则因时循势,对目的与手段进行"称重",不断寻求降低填补投资者合理损失风险与惩戒非终局责任者失职行为的最佳平衡。

四、结　　语

总结上文,基于对法人本质的理解,《证券法》第 85 条规定的董事对发行人虚假陈述连带责任的原理,说到底即是:当发生虚假陈述,董事的人格并不为发行人的法人人格所吸收或屏蔽,且基于其为公司的"意志"要素执掌者,或居于公司"意志中枢"的地位之重,通常会是发行人虚假陈述的首要责任人。但是,这不意味着董事将"动则得咎",因为同样基于法人本质的理解,虚假陈述连带责任的形态属于不真正连带责任,除非董事是虚假陈述的始作俑者或存在有意放纵行为,董事并非终局责任人,其即使在勤勉尽责上存在重大过失,仅可能承担比例连带责任;若能证明已勤勉尽责,则不应承担连带责任。董事若非终局责任人,也不存在被其他连带责任人追偿之虞。

然而,必须说明的是,目前司法实践,包括前文提到的《全国法院审理债券纠纷案件座谈会纪要》,并未将《证券法》第 85 条规定的连带责任识别为不真正连带责任,实采行连带责任的规则,其突出表现是认可向发行人及其他相关责任主体追偿,以及相互追偿。这结合本文分析,显有检视的必要。从实践观察,适用连带责任规则,已明显让人感觉到存在一定的负面效果或困境,主要是不能突出对终局责任人的追究,且终局责任人在相互追偿的博弈中,往往会被"深口袋"规则遮掩,没有成为"人人喊打"的"首恶",反倒是"有钱"的中介机构"看门人",成了终局的买单者。另外还有一个重要之点是,若前文对于比例连带的理解正确,则在连带责任的语境下,无法合乎逻辑地适用比例连带的规则。

还需说明的是,本文基于法人本质对于董事在公司地位和责任之重的分析,也与实际存在反差。即我国目前"两控人"滥权现象较为普遍,董事会的"公司的领导机关"地位缺位严重,在此情形下,让董事实打实地承担连带责任,不免过苛。"康美药业"案宣判后,就出现了许多为董事尤其独立董事"说情"的文章。不过,冷静反思,这又可能是中国公司致力现代企业制度建设,回归公司法人本质所要付出的阵痛,可以促使人们关注董事的地位与作用问题,推动提升董事在公司治理中的作为与责任。正如国外学者曾经说过的,公司治理改革的原动力在很大程度上源自投资者的压力以及监管者的要求,但未曾料想到这样做的同时实际上加强了董事会的领导职能。[1] 根据本文分析,董事要防免承担连带责任,重中之重是应建立对于"公司的统治",一旦实现这种角色转换,必然全身心投入到就公司一切之事务代表公司并为其执行的角色之中。而若如此,董事承担虚假陈述连带责任定不会是常态。因为统治者没有"闭着眼睛管理"和"不专业"的托辞,他定然全力尽到一位谨慎的人管理自己财产时对事实掌握和调查的注意义务。[2]

---

① [美]拉姆·查兰、丹尼斯·凯力、迈克尔·尤西姆:《董事会领导力》,机械工业出版社 2019 年版,第 92 页。
② 参见程啸:《证券市场虚假陈述侵权损害赔偿责任》,人民法院出版社 2004 年版,第 279 页。

投教园地

兴业证券投资者教育与保护工作实践与思考

——论注册制背景下投资者教育与保护工作模式的转型升级

兴业证券股份有限公司投教运营团队

摘要： 投资者是资本市场的立市之本，维护好投资者合法权益是服务高质量发展的必然要求。当前，在稳步推进注册制改革的大背景下，市场要求投资者具备自主决策、自担风险的能力，更加需要投资者进行价值判断，因而对投教工作提出了更高的要求。在这一背景下，兴业证券以投资者和投教基地调研情况为依据，探索建立以投资者需求为中心的"一核、两翼、三维度"投资者教育与保护工作新布局，以精准化、多元化、沉浸式教育体验，帮助投资者树立理性投资、长期投资、价值投资、可持续投资理念，为资本市场平稳、健康发展贡献兴证投教力量。

关键词： 注册制改革　投资者教育与保护　转型

全面注册制改革作为全面深化资本市场改革的"牛鼻子"工程，给中国资本市场带来了积极影响，注册制改革带来的市场化理念，使各类主体归位尽责的良性资本市场生态正在加速形成。

在这过程中，一方面，多层次资本市场蓬勃发展，投资品种和资讯信息日益多元和丰富，投资者对信息的及时性、准确性要求进一步提高；另一方面，注册制以信息披露为核心，以落实"卖者有责、买者自负"为原则，更加需要投资者进行价值判断，客观上对投资者的素质和能力提出了更高的要求，自主决策、自担风险是投资者必备的基本能力，明了风险、承担风险、管理风险是投资者应有的基本素质，知悉权利、规范行权、依法维权成为投资者的合理行为。

这对投教工作提出了更高的要求。在这样的背景下，对投资者教育的转型和升级也势在必行。

一、投资者权益教育与保护工作开展现状

为准确了解在注册制背景下,投资者的偏好与需求如何,并充分评估公司投教工作的开展情况,兴业证券在开展投资者教育与保护工作的过程中开展了数次调研,以调研结果为基础优化调整工作方向。

（一）投资者教育与保护问卷调查情况分析

在问卷设计方面,从投资者对内容的偏好、知识点的掌握程度、受教育的形式、整体满意度等多个维度设置问题,内容涵盖投资者基本信息(如地域、性别、学历、投资经验、资产等)、投资者教育获取渠道、内容难易程度、兴趣程度、对具体内容的知悉程度等各方面,以便全面了解投教投保工作的开展情况。

以兴业证券各营业网点为窗口,在全国范围内广泛发放问卷,最终收集的调查结果如下。

1. 大部分投资者有接受过投资者教育

从统计结果来看,超过九成的投资者有接受过投资者教育,其中:47.78%的投资者表示经常参加投资者教育活动,或经常学习投资者教育产品,44.39%的投资者表示偶尔参加,也有7.83%的投资者表示从未参加过(见图1)。

投资者教育活动的参与频率

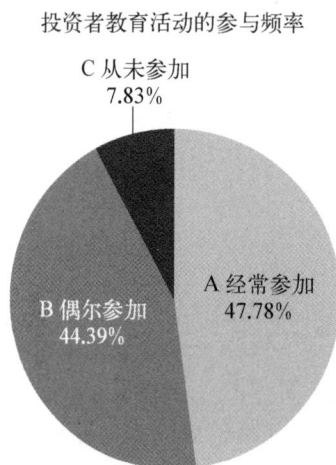

图1 投资者教育活动参与频率统计图

2. 投资者对产品及服务的偏好各有侧重

结合投资者年龄与产品、活动的偏好,发现不同年龄的投资者对产品、活动、教育

主题的偏好各有不同(见图2、图3、图4)。30岁以下的投资者倾向于文字阅读类产品、直播讲座类活动,在内容方面关注走进上市公司及财商教育主题。30—50岁的投资者倾向于漫画类产品、直播讲座及互动问答类活动,在内容方面关注走进上市公司及金融风险防范主题。50岁以上的投资者更喜欢视频类的产品,在内容方面关注金融基础知识普及和风险防范主题。

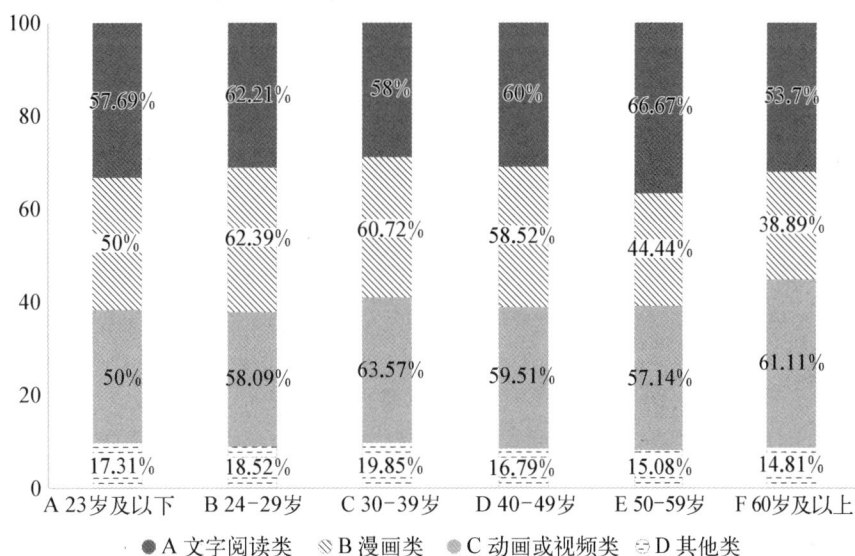

图2 不同年龄投资者产品偏好统计图

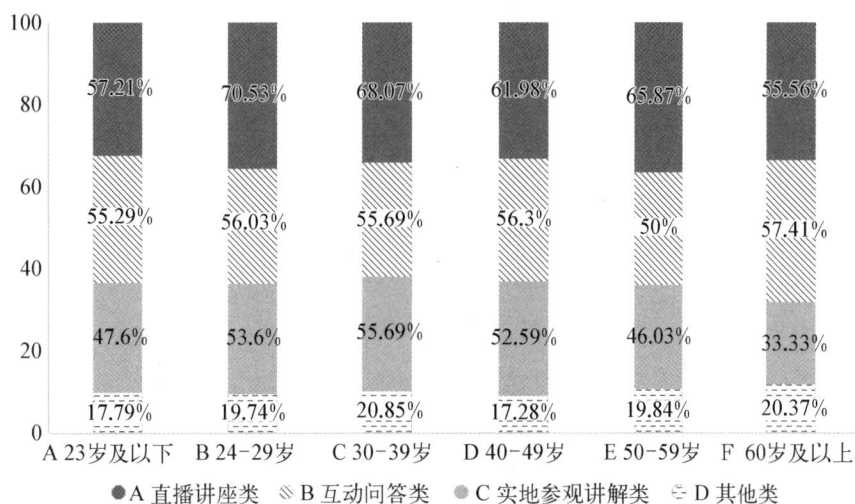

图3 不同年龄投资者活动偏好统计图

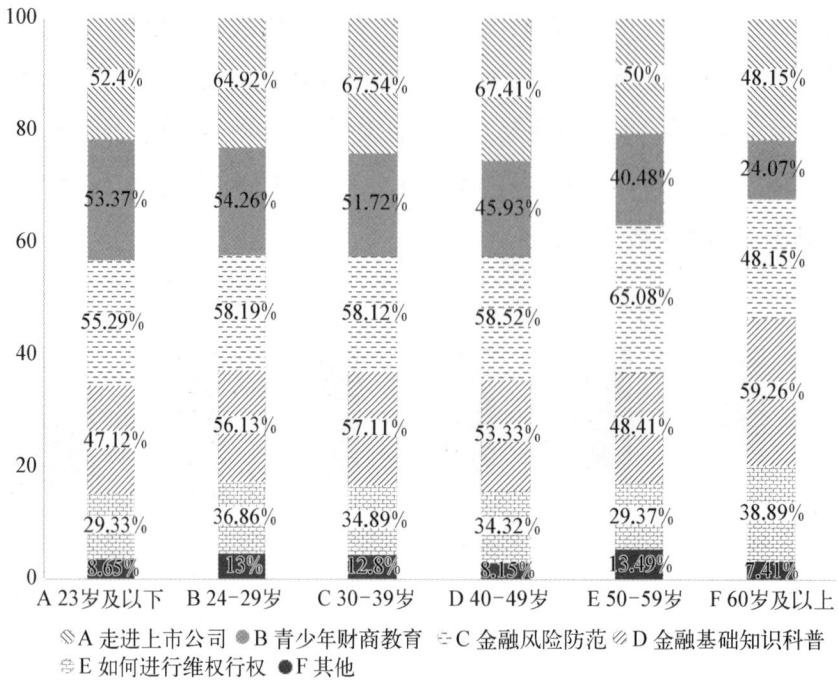

图 4　不同年龄投资者教育主题偏好统计图

3. 大部分投资者认为教育内容较容易理解

超过八成的投资者认为大部分教育内容可以理解。其中:53.55%的投资者认为通过自己阅读学习,即可掌握相关内容;30.37%的投资者认为个别内容有一定理解难度;另外仍有少部分投资者认为内容专业,甚至晦涩难懂(见图 5)。

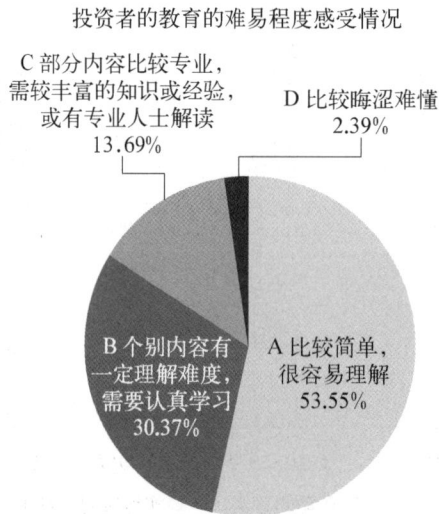

图 5　投资者教育难易程度统计图

4. 较难理解的问题集中于维权等专业性强的内容

在针对维权工具的专项调研中,投资者对于具体的维权工具了解不够深入,如对于先行赔付的途径、代表人诉讼的参与方式、金融法院、证券仲裁机构等了解程度不高(见图6)。

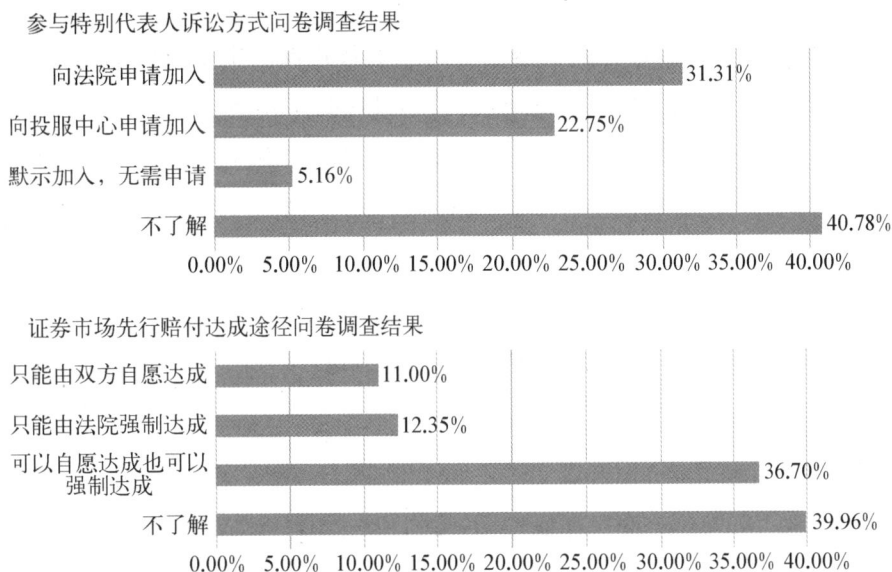

参与特别代表人诉讼方式问卷调查结果

选项	比例
向法院申请加入	31.31%
向投服中心申请加入	22.75%
默示加入,无需申请	5.16%
不了解	40.78%

证券市场先行赔付达成途径问卷调查结果

选项	比例
只能由双方自愿达成	11.00%
只能由法院强制达成	12.35%
可以自愿达成也可以强制达成	36.70%
不了解	39.96%

图6 维权专项调研结果(节选)统计图

5. 投资者教育总体满意度较高

投教工作的总体满意度超过99%,其中:67.95%的投资者表示对投资者教育非常满意,20.08%的投资者表示较为满意,9.07%的投资者表示满意,2.31%的投资者表示基本满意。其余投资者表示不满意(见图7)。

投资者教育满意程度

选项	比例
A 非常满意	67.95%
B 较为满意	20.08%
C 满意	9.07%
D 基本满意	2.31%
E 不满意	0.59%

图7 投资者教育满意度统计图

(二)业内投教基地建设情况调研分析

在大体了解投资者教育情况的基础上,兴业证券投教团队通过实地考察走访、座谈交流、查阅资料等方式开展业内投资者教育基地特色调研,了解目前业内投资者教育与保护工作特点,为兴证投教工作博采众长、兼收并蓄夯实基础。

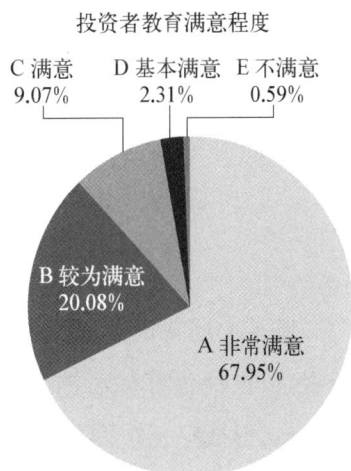

本次调研的实体及互联网投教基地共有15家,其中有14家国家级投教基地,以及1家移动端投资者教育基地。各家投教基地在基地定位、内容输出、形式呈现、内

部管理、功能拓展等方面均各有所长。

首先，在基地运营的战略定位方面，各个投教基地体现出当地的地域特色、公司产业特色、公司文化等。

其次，在投教内容输出方面，各投教基地聚焦不同主题，挖掘打造如国民教育、乡村振兴、股东权益等重点项目。

再次，在运作形式方面，各投教基地或紧跟数智化发展浪潮，运用科技手段赋能投教投保工作，或不断提升投资者的沉浸式、场景化的体验感。

最后，在内部运营管理方面，部分投教基地在开展工作的基础上，进一步深入分析投资者教育成效，探索将投资者教育融入业务流程的新模式，以期提升投资者的教育服务体验。

（三）调研结论

通过对投资者和投教基地工作两方面的调研分析，可体现出当前投资者教育的现状、教育需求和投教投保工作的发展趋势。

从投资者的角度出发，投资者对教育内容的需求和偏好更多且更具个性化。投资者处于不同业务流程、不同生命周期中，均有求知需求，且在接受"传授式"教育的基础上，对互动式、体验式投教方式的偏好程度不断上升。

从行业发展趋势的角度出发，投教投保工作与投资者需求越来越契合，并逐步发展出特色化、差异化的竞争趋势，生产内容、呈现形式都更加丰富多元，既紧随时代发展潮流，又通俗易懂接地气。工作模式由以"施教者"为主导的"传授模式"，丰富为以"投资者"为中心、更具体验感的综合教育模式。

二、兴业证券投教投保工作开展情况

基于上述背景，兴业证券对投教投保工作的思路和模式进行了调整、优化和迭代升级，以投资者需求为中心，综合考虑行业发展趋势和公司的工作实际情况，重构工作架构，形成"一核、两翼、三维度"的投资者教育与保护工作新布局。

（一）一核：以特色化、差异化运营为核心，根据资源禀赋走投教基地特色化竞争路线

兴业证券是目前业内唯一一家拥有双国家级投教基地的券商，要提升在业内的竞争力，就必须充分利用双基地各自的资源优势，走不同的创新路线。将特色化、差

异化运营作为竞争的核心和内生动力,使两家基地在特色上各有亮点、互为补充,提升集团整体影响力,切实带给投资者有兴趣、印象深、实效强、有亮点、认可高的教育服务体验。

福州投教基地以"科技赋能+新媒体+少儿财商"为运营特色,充分发挥地处福州总部的资源与优势,时时关注市场热点,通过"走进上市公司""老年人金融安全教育""慈善公益投教""少儿财商"等系列活动带给投资者沉浸式、交互式教育体验,并延展辐射至全国营业网点,将实体投教基地打造成为公司投资者宣传教育的窗口和行业标杆。

古田投教基地则在业内首创红色投教生态圈,以"红色金融+国民教育+乡村振兴"为特色,依托闽西红色文化资源,整合当地乡镇、图书馆、志愿者服务等各方资源,以"防非打非样板共建""凝聚红色投教志愿""红色财院特色校企合作"等活动树立红色投教品牌,打造全国富有政治影响力和文化特色的红色投资者教育基地。

(二)两翼:以陪伴式服务和数智化思维构筑服务双翼,精细化服务与质效管理两手抓

1.以人为本,探索构建立体式、陪伴式的服务模式

各项调研均体现出投资者对于投教投保服务的需求朝着个性化、精准化发展,因而兴业证券积极回应投资者需求,以"人本思维"构筑投教综合服务矩阵,主动挖掘投资者需求,打造个性化的陪伴式投教服务体系,回应投资者个性化、多元化的受教需求,从而提升投资者教育的精准度。

在业务场景方面,主要是聚焦开户、交易、客户服务等业务实用场景进行各有侧重的投资者教育。比如在开户入市场景中,构建专属于入门投资者的"理论+实操"的完整入门学习机制;在交易场景中,提供产品科普、模拟收益计算等投资辅助工具,来开展精准的投教服务;在客户服务场景中,通过在线"智能客服"主动向投资者推送所需要的投教知识。

在生命周期方面,除了传统按种类划分投资知识外,还划分了"潜在与新入门、成长期、成熟期"的投资者生命周期,以及"入门、成长、高阶"三类的知识难度,组成了投教知识网格。同时,延展个性化的投教范围,精准服务"老、中、青"三代投资群体。针对老年投资者,在"长辈版"操作界面中专设了"个人养老金知识解读专栏"等老年人适配的投教内容。针对"中"年投资者,或者投资经验丰富、投资行为较成熟的投资群体,陪伴开展各种专业的投教直播活动,并研发上线了大型财商培养型游戏"兴家

大亨",让投资者充分体验、了解不同投资内容。针对青年投资者,通过每年举办"兴业证券杯"模拟投资大赛,并伴随比赛开展投教课程展播、"K 线赢家小游戏",提升比赛的丰富程度和教育效果。2022 年,兴业证券特发行业内首套投资者教育主题数字藏品,作为模拟投资大赛的补充奖励,从"知识科普"到"实践操作"再到"投教藏品奖励",实现对"Z 时代"新生投资群体的沉浸式、陪伴式投教服务。

2. 科技赋能,全面提升投教投保管理工作质效

以科技赋能延展投教工作半径,以科技手段探索开展投教投保工作成效分析,形成"服务—反馈—分析—优化—再服务"的正向循环,实现工作机制的实时动态调整。同时,积极利用科技手段提升工作效率,优化工作的投入产出比,以此使投教投保工作始终满足投资者需求,高效可持续发展。

一方面,通过投资者需求调研与画像分析,设计多维度的投资者标签体系,据此搭建投资者分析模型,并探索利用大数据、云计算等手段开展投教成效分析,根据评估结果及时灵活地调整、优化投教投保工作举措。

另一方面,搭建智慧投教管理平台,用科技赋能投教繁琐的数据收集、统计与分析等工作,大幅降低操作错误率和人工成本,在实现减负增效的同时,将人员解放至更需要创造力的投教投保工作中去。

(三)三维度:聚焦产品、活动、生态建设三大维度,以内容生产提升投教投保工作硬实力

投教投保工作的内容质量关乎投资者教育的实质成效,因而投教产品、活动的内容要回应投资者的需求,吸引投资者的兴趣,并广泛覆盖,真正触达投资者。

1. 产品有温度、有深度、有态度

产品有温度。针对不同类型、不同投资偏好的群体特点,量身打造产品内容,比如针对基金投资客户,推出《兴酱的养基日记》基金基础知识系列连载漫画;针对工薪族群体,推出《工薪族的高效理财指南》投资品种科普系列短视频等等,为相应投资者定制有温度的投教服务。

同时,持续贴近生活热点,将投教内容降维解读,寻找投教知识与日常生活的异曲同工之处,比如在冬奥会举办之际,推出《激情冬奥,兴影不离》读懂上市公司报告主题系列漫画;在世界杯开赛之际,推出《"兴"探世界杯》注册制主题系列漫画等,让投资者感受到"投教就陪伴在身边"的温暖。

产品有深度。力求将每个投教知识抽丝剥茧、细分深挖、讲深讲透。比如对北交

所知识的科普,将北交所的知识体系由简到难做分层,从北交所设立的背景、定位、制度框架、交易规则等等的入门科普知识,到打新、退市等交易相关内容,再到股份变动管理、重大资产重组、持续监管等内容,不断深挖,形成难度由浅到深的完整系列。

产品有态度。兴业证券一直在探索投教产品的创新变革。比如响应全面注册制要求,创新设计制作的《机智猫多层次资本市场系列投教盲盒》实物投教产品;又如深挖地方多元历史文化与投教内容的碰撞点,结合福建茶文化精髓,用手绘漫画小故事的形式,在漫谈茶道的同时为投资者解读全面注册制改革相关知识点;再如将防范非法配资与山歌文化融合,融入非遗文化吹竹叶唱歌的形式,打造具有闽西独特韵味的投教山歌。

2. 活动覆盖面广、主题多元

兴业证券立足投资者需求,创立打磨了主题丰富的系列活动品牌,广泛覆盖各类投资者群体。

以国民教育为主题,因材施教。在国民教育工作中,针对不同年龄的群体,开展循序渐进的证券期货基础知识校园普及教育,不断扩大合作学校覆盖面,推动投资者教育持续纳入学前教育、初级教育、高等教育、职业教育、师资教育等不同层级国民教育体系。如在幼儿园、小学、中学阶段推出"追光吧,小小理财家"财商教育系列活动,将不同年龄段的财商内容与青少年喜爱的手工、绘本、游戏相结合,寓教于乐。在大学阶段,联合监管单位与省内重点高校建立投资者教育常态化"四合一"合作机制,持续开展"投资者教育进百校""投教兴力量 同兴向未来"等国民教育专场活动,加强证券期货基础知识在校园内的普及。在老年教育阶段,与福建老年大学建立长期合作机制,开展防非书画大赛、"敬老防诈骗、安全夕阳红"等一系列为老年投资者群体量身打造的金融知识普及活动,提升老年投资者风险防范意识,给予老年投资者满满安全感。

以乡村振兴为主题,多方共建。古田投教基地强化与当地的资源共建优势,着力践行乡村振兴战略。如与连城县图书馆签订"冠豸书屋投资者教育园地"共建合作协议,为冠豸书屋捐赠书籍,在四个公益性书屋设立投资者教育园地。又如与上杭县金融服务中心、龙岩市福农驿站普惠金融服务中心签订共建合作协议,与上杭县金融服务中心在古田镇五龙村共同打造了防范非法集资示范村,共同打造新时代投资者教育和推动革命老区振兴发展的样板。再如联合中共上杭县委宣传部、县委"星火讲师团"持续开展"喜迎二十大·奋进新征程"百场金融知识宣传活动,并联合上杭县义工协会启动红色投教志愿服务项目。凝聚多方合力,将投资者教育深深扎根在乡村振兴的土壤中。

以行权维权为主题,学知践行。兴业证券始终践行保护投资者合法权益的初心,既通过各类教育活动提升投资者的金融素养,又组织各项务实活动畅通行权维权渠道。如为了让投资者在疫情期间,足不出户也能了解上市公司,联合互联网平台开展了"云"走进上市公司系列活动,通过在互联网社区请上市公司与投资者互动交流,让投资者深入地理解他们所持股票背后的企业真实的样貌。又如在本地社区设立纠纷多元化解工作站,并邀请专业律师进驻开展线上讲座,同时走进社区组织开展投资者保护主题专项活动,普及纠纷化解相关知识,使社区居民真切感受到维权渠道的畅通,助力社区和谐环境建设,真正打通社区居民接受投资者教育的最后一公里。再如与中证中小投服中心联合举办投资者座谈会等活动,协助投服中心进行支持诉讼,切实帮助投资者行权维权。

3. 投教生态一站式专属服务

以用户需求与体验为基点,打造一站式投教生态体系,不断提升投教服务深度融入业务环节的实践成效。建立投教产品与活动的集成生态,形成以"大众化知识科普+精准化内容生产+个性化情感连结"的投教养成型价值链,将投教生态与每个投资者建立专属的情感连结,同时搭载投教内容生产发布的统一管理模式,并以成效分析结果校正投教生态成效,加强与客户的深度互动,让客户感受沉浸式、精细化的投教服务体验。

三、未 来 展 望

资本市场发展日新月异,形式在变,任务在变,工作要求也在变,特别是注册制时代的到来,促使投资者教育与保护工作模式不断迭代升级。在这一过程中,我们也会不断遇到新问题,面临新挑战。在未来的投资者教育与保护工作中,我们认为应当在以下几个方面深入思考、不断探索。

(一)基地运营充分彰显地域特色,寻求破局新亮点

在各家投教基地开始寻求差异化竞争的背景下,应坚持走具有专属特色的投教基地运营之路。正所谓"民族的才是世界的",富有地域人文特色的内容,能够获得更广范围的投资者认可。因此,投资者教育与保护工作,应当首先立足地域或公司特色

背景、特色文化,形成特有的投教品牌"名片",在此基础上走向全国。

（二）加大投教投保陪伴服务力度,挖掘陪伴新深度

投资者对于投资者教育与保护服务的陪伴要求较以往更强烈,也更迫切,陪伴主要包括业务陪伴和生命周期陪伴。在业务陪伴方面,应将投教内容与具体业务相融合,在各个业务场景中开展投资者教育,满足处于不同业务场景的投资者对投教知识的获取需求,使投资者在投资中精准提升知识水平;在投资者的投资生命周期陪伴中,应针对不同生命周期的投资者提供不同难易程度的投教知识,由浅入深、因材施教,从而提升投资者的服务体验。

（三）完善国民教育教学体系,提升教育新高度

投资者教育纳入国民教育体系已逐渐成为证券期货行业的工作重点,与学校签订合作协议、组织相关活动已成为各家券商的"必选动作",但是活动的形式与内容大部分拘泥于"授课""讲座"等传统形式,学生参与的积极性有待提高,同时中小学课堂因升学压力导致合作困难。因此,要在深入了解学生教育需求的基础上,不断丰富、创新教育形式与内容,以有趣的教育形式、新潮的教育内容、互动沉浸的教育体验,激发学生参与的积极性与主动性,从而提升校企等多方共育的成效。同时,在推动投资者教育纳入国民教育体系的过程中,应想方设法充分凝聚各方共识,提升教育系统的重视程度与协作力度,达成各方合作的互惠共赢。

（四）立足"大投保"工作格局,构建投保工作新体系

随着投资者保护各项工作机制的逐步建立完善,为投资者提供了丰富多元的权益保护工具,但根据调研情况来看,投资者对权益行使的条件、流程等认识程度仍有参差,仅有为数不多的投资者真正行使权益。因此,未来的投资者保护工作应将理论和实践进一步结合,设计建立投保工作的具体实施体系与实施方案,通过宣传普及、专题活动等方式多管齐下,推动投资者首先真正认识权益、了解权益,并在此基础上学会如何理性、正确地行使权益、维护权益,使投资者保护成为可落地执行的具体工作。

综上所述,在注册制背景下,兴业证券通过投资者教育与保护工作模式的转型升级,不断探索用更多务实便利的服务,取得了良好成效。未来,兴业证券将持续开拓创新,锐意进取,致力于让投资者更有获得感,让资本市场更加健康、充满活力,助力走好中国特色金融发展之路。

券商分支机构转型路径探索及投资者教育工作深化多方合作之展望

马　乾*

摘要：近年来，市场各类券商均积极探索开展证券分支机构转型，这背后深层次之原因是互联网发展带来的券商业务办理模式转型及券商分支机构经营模式转型。东方财富证券作为行业中主打金融科技优势及以"链接人与财富"为使命的互联网券商，立足于市场需求，积极拥抱广大投资者服务需求，积极探索分支机构经营模式转型，为公司品牌推广与服务质量提示注入动能。

关键词：券商分支机构转型　投资者教育　校企合作

东方财富证券股份有限公司（以下简称"公司"）坚持践行"合规、诚信、专业、稳健"的行业文化，不断深化投资者服务与保护工作实践与探索。2022年以来，公司积极探索布局分支机构管理新模式，对分支机构进行重大改革，将70%的营业部转型为服务型营业部，构建投保、投教、培育品牌"三位一体"新格局，实现从"卖方"思维向"买方"思维转变，持续提升投资者服务与保护水平，切实履行社会责任，创造服务价值。

一、明确发展愿景、凝聚转型共识

为进一步推动公司分支机构"做专、做优、做精、做强"，实现差异化发展和精细化管理，满足投资者多元化的财富管理需求，2022年初公司明确了分支机构转型发展的总体安排，决定根据营业部主要职能定位将其划分为经营型营业部和服务型营业部

---

*　毕业于华东政法大学，现任职于东方财富证券股份有限公司，长期从事证券分支机构服务与支持工作。

两类。公司共有服务型网点113家,分布于全国75个城市,占公司营业部总数的65%。服务型网点重点以开展投资者教育、产品体验、特色交流活动等活动为中心,从过去被动的业务办理型服务向面向投资者全方位的主动服务转型,依托母公司海量信息平台进行金融知识普及,提高广大投资者金融知识水平,促进金融普惠,深入塑造高端的行业服务形象,大力推广品牌影响力,创造服务价值。

此次转型,公司重点定位于转变发展思维,让广大分支机构站在投资者的角度,以投资者服务及投资者教育的"买方"需求为导向和工作出发点;从过往分支机构投资者教育工作开展形式单一、深度有限的痛点切入,群策群力,以满足客户金融理财知识需求为工作立足点;打破投教活动和投保工作易流于形式的困局,从单向知识宣导转向双向交流互动,以填补需求空白为工作着力点,切实落实投资者保护工作和投资者教育工作的市场主体义务。

（一）完善投教工作制度,配套考核管理办法

为依法合规开展投资者教育工作,公司总部在投资者教育制度建设工作上,依据中国证监会、中国证券业协会及证券交易所颁布的相关法律法规及管理办法,制定和完善了《东方财富证券股份有限公司投资者教育工作管理办法》《东方财富证券股份有限公司分支机构投资者教育工作管理细则》《东方财富证券股份有限公司分支机构分类经营考核与奖励管理细则》等制度,从制度层面进一步明确了分支机构投资者教育工作内容、宣传渠道、投教工作流程以及考核办法等,为分支机构落实投教工作提供制度依据和保障。

2022年,服务型网点的考核指标随着工作重点的变化进行了相应调整,主要包括客户服务质量、投教品宣活动开展情况及部分协同任务完成情况等,引导营业部坚持以客户为中心,探索投服新路径、创新投服形式、丰富投服手段、拓展投服载体,打造与高质量财富管理转型发展相适应的服务体系,全面提升投资者服务的精准性和有效性。

（二）强化组织体系建设,重设人员岗位架构

公司建立多层级投资者教育组织体系,优化调整总分人才队伍岗位职责,构建总部与分支机构相互协调配合的运行机制。

总部层面,公司零售业务部新设服务型管理团队负责分支机构投教工作的制度建设、组织规划、评估考核、督导落实、培训支持、物料支持、总结报告等工作,其中,总部将服务型网点按地域划分为六大片区,由总部专人落实片区督导、协助、支持工作,确保服务型网点投教工作落实到位;分支机构层面,各分支机构设立投教联络人、服

务型网点全员参与,形成全面投教联络机制,根据总部投教工作规划,做好具体执行和反馈工作。

(三)搭建线上智慧系统,科技赋能投教管理

为提升分支机构投教工作管理效率,公司搭建了 OMP 一站式智慧投教管理平台,将分支机构投教活动、投教产品、投教活动问卷调查等相关工作流程纳入系统,用科技赋能于投教繁琐的数据收集、统计与分析等工作,一方面可以大幅降低操作错误率和人工成本,另一方面,利用平台数据还可以开展投教成效分析,根据评估结果及时灵活地调整、优化投教工作规划。

二、打造多矩阵宣传阵地,提升投教工作辐射面

公司积极发挥互联网优势,打造特色省级互联网投教基地,并与西藏大学、上海财经大学共建两所实体投教基地,通过以投教基地为中心,全国 187 家分支机构为辐射点,打造线上线下多矩阵宣传阵地,积极开展投教宣传工作。

(一)分支机构——布局线下宣传渠道

公司紧密结合市场特点和业务发展趋势,落实和加强各分支机构投教宣传渠道建设工作。在线下营业网点的布置上,分支机构在投资者教育园地中开设活动专栏,印制和放置宣传材料供投资者取阅,利用营业部现场投教显示屏、宣传横幅、走马灯等广泛开展常规投资者教育与保护宣传工作,大力传播理性投资理念,提升投资者风险意识和防范能力。为服务线上宣传需求,各分支机构也将陆续开通公司"财富号"账号,通过线上方式开展同步宣传。

(二)公司总部——丰富线上投教平台

为扩大优秀投教活动和产品的宣传覆盖面,公司总部根据市场政策变化及投资者需求,通过公司官方公众号、投教基地官网、投教园地公众号等渠道宣传开展多样化投资者教育活动,定期更新优秀投教作品,向投资者普及资本市场基础知识,传播理性投资理念。同时运用体验式、互动式等技术手段与投资者进行互动沟通,让投资者能够更加集中、系统、便利地学习证券期货知识,认识投资风险,从而树立理性投资理念,增强自我保护能力。

(三)外部平台——扩大社会辐射群体

为加强投教品牌传播力、影响力,除公司内部宣传渠道外,公司还积极面向当地

政府单位、证券监管机构、权威新闻媒体等平台进行投稿合作。2022 年度,分支机构通过地方协会公众号、证券交易所网站、地方电视台、地方报刊等发布优秀投教活动、投教产品约 110 余次,进一步扩大了公司分支机构优秀投教工作的宣传覆盖面。

三、总部分支协同,积极推动投教活动高效落地

公司分支机构积极发挥窗口作用,在总部指导下,充分利用自有资源、区域特色,围绕业务交易规则、金融基础知识、倡导理性投资理念、提高风险意识、防范非法证券活动、维护投资者合法权益等投教重点主题,通过走进校园、走进乡村、走进社区、走进上市公司、防非健康跑、投教沙龙、交易所联合宣讲、户外宣传、广播媒体宣传等活动形式,面向学生、老年人以及其他社会公众落实投教工作,覆盖全国各省市自治区。

2022 年度,在总部的指导下,公司分支机构共举办 6 191 场投资者教育与保护活动,活动实时覆盖 1 590 412 人次,累计 68 622 041 热度值,活动场次较去年同期增长了 969%,实时覆盖人数同期增长 158%,累计热度值实现约 20 倍增长。为及时了解投资者需求、持续提升投教服务质量,公司开展投教活动时还积极进行投资者调研,共收集问卷 219 081 份,问卷整体满意度为 99.41%。

(一)投教进百校——携校园投教之火点亮逐梦之路

为深入践行投资者教育纳入国民教育体系工作部署,倡导理性投资理念,公司分支机构积极响应中国证券业协会"投教进百校"活动倡议,在各地监管机构的指导与支持下,分支机构积极与各区金融局、教育部门沟通联系,不断扩展公司校园投教工作的实践区域和覆盖学校,面向中小学、大学开展投资者教育进校园活动,编写教学辅导书、开展课外拓展和实践活动等,在推动投资者教育纳入国民教育体系工作中做了大量的探索和实践,将普及金融知识、树立理性投资理念等投资者教育内容融入到基础教育和大众教育中,通过持续输出优质投教内容,达成校企双赢同频共振效应,形成校企合作良性互促机制。

2022 年以来,公司已在 80 余个城市持续开展了 460 场投资者教育进校园活动,覆盖在校学生约 77 920 人次,其中符合中证协"投教进百校"标准(即单场覆盖学生人数超 100 人)的约 265 场次,该场次数量位列行业前茅。

在校园专项投教课程方面,公司紧扣资本市场发展主题和高校学生关注热点,从内容层次、版面风格等多角度推陈出新,积极开发打造校园投教精品课件库,课题涵

盖证券行业历史、金融市场基础知识、资产配置、财商教育、防范不良校园贷、打非防非、衍生品等,融趣味性、新颖性、创造性为一体,全方位契合受众多层次需求;为进一步发挥校企双方优势,打造理论性、实践性融合的课程教育体系,公司 2022 年已与 4 家高校建立深入合作,形成 5 项日常教学课件,纳入高校常规课程,其中必修课 1 项,选修课 4 项。同时,公司积极探索联合高校合作编写教材,2022 年 2 月起,公司投教基地与衢州职业技术学院达成长期投教合作约定,讲师定期为学院学生开展财商素养课程讲座,因其授课兼具专业性、趣味性、实践性而获得了学校师生的一致肯定,近期已联合学校共同出版了《投资理财》课程教材,进一步拓展金融知识宣传深度和辐射效应。

(二)乡村投教万里行——润物无声履行社会责任金融普及助力乡村振兴

公司始终坚持以社会责任为怀,用"心"帮扶,用"行"投教,积极将投资者保护的社会责任融入企业文化血脉。为积极响应中国证券业协会关于证券行业促进乡村振兴公益行动的号召,切实做好农村金融知识宣传教育工作,巩固脱贫攻坚成果,公司牵头多家分支机构陆续开展"关爱儿童,从东财做起""公益反诈进百村""聚力济困显担当,扶心扶智同成长"等系列农村扶贫公益活动,为困难群众带来社会关怀与温暖。2022 年度,公司分支机构共计走进百个乡村地区开展了"投教+公益"活动,覆盖乡村老年群体 6 543 人次。

除了物资发放外,公司组织分支机构为乡村村民进行金融知识普及、防非防诈宣传,特别是面向老年人群体,通过讲解身边的真实案例、金融诈骗常用手段等,开展多层面、深层次的普及宣传;同时面向村里的留守儿童开展财商教育,引导其树立正确的消费观、财富观和价值观。

例如,在青海证监局、青海证券业协会和青海民政厅的指导下,由西宁营业部主办的金融知识进农村系列公益活动取得良好的社会反响,通过以老年群体及困难群众需求为切入点,实现了投资者教育工作与社会责任工作的有效衔接,活动覆盖了西宁二十里铺镇下辖的 14 个自然村,为社区老年人普及了防骗反诈知识,并向 15 户特困供养人员、152 名生活困难残疾人及 9 名困难儿童提供了资助;为探索数字化支持乡村振兴新路径,公司携手上海真爱梦想公益基金会,借助专业力量开展了"去远方"追逐梦想的研学活动,公司各级领导高度重视,各部门积极部署,咸阳营业部、大连营业部作为守护志愿者为来自西藏、内蒙古、山西乡村中小学生组成的研学小分队保驾护航,共同见证他们用脚步丈量世界的梦想成真。

（三）走进上市公司——搭建双向沟通桥梁探索长效互动机制

为引导投资者认识上市公司价值，树立理性投资理念，营造理性价值投资的市场氛围，公司已组织分支机构联合监管机构或自主开展了走进上市公司活动，带领1 060名中小投资者通过线上线下结合的方式陆续走进山东高速、江苏银行、天佑德酒等20余家上市公司，与上市公司高管面对面交流。

通过走进上市公司活动，让投资者以直观的方式了解上市公司经营发展情况，帮助投资者树立理性投资、长期投资的理念，从而引导投资者树立股东意识，增强行使股东权利的主动性、积极性，同时也帮助上市规范公司治理，切实履行信息披露义务，不断提高信息披露质量，为上市公司企业形象增光添彩。

（四）财商教育——播撒财商种子启迪成长智慧

公司分支机构积极通过走进社区、走进图书馆、组织夏令营等方式，面向2 200余名青少年群体开展了财商教育专题活动。针对青少年认知方式、思维模式等特点，公司精心设计涵盖理财、货币、汇率等投教主题，将单向灌输转变为参与式互动实践，让孩子们在赶集游戏中通过以物易物学习货币知识；在收稻谷、挖红薯等农业劳作中感悟节约美德；在"狮子国""野狼国"的模拟贸易游戏、汇率计算的数学题中体会汇率奥秘；在"魔法集市"中通过货物交换领悟货币真谛。此外，为了让教育之光照亮特殊群体，公司开展了以"关爱星星的孩子"为主题的系列公益活动，通过货币知识讲解、点钞技能学习、草帽绘画制作、蛋糕分享等内容，让财商教育化为照进孩子们心底的那束光，护航孩子们的心灵成长。

（五）防非健康跑——防非健康深度融合投教宣贯入脑入心

公司于2022年9月与中国证券业协会、中国田径协会开展"跑遍中国·2022年中国证券业防范非法证券宣传线上健康跑·东方财富证券"公益活动，参与人数24 689人，3 527名参与者完成本次公益活动，参与者覆盖26个省市自治区，118个城市，总里程超过2万公里。活动期间，共发布34篇活动宣传稿和防非宣传材料，推送人次超过1 100万次，点击量共计52 354人次。

为了更好地开展此次防非健康跑活动，公司分支机构共承办线下宣传活动22场，其中17场与企业协会、跑团、学校等外联单位合作举办，组织近千人参与防非宣传公益活动。各地区立足当地自然资源禀赋，精选特色活动举办场地，严格把关活动举办流程，巧妙设计"防非"宣传融合方式，充分体现了趣味、探索、互动等特点，全面提升了群众"防非"知识接受度、满意度。在此次系列活动中，公司还荣获了由中国田协颁发的"优秀组织奖"。

（六）其他活动

除上述特色系列活动外,公司还持续开展线上直播课、投教沙龙、走进社区、走进企业等大量日常投教活动,根据对投资者的区位分布、群体构成、年龄文化结构、投资心理、投资手法等系统分析,找准培训内容与投资者分类的契合点,将投资者按照不同维度分类施教,量身打造专业培训课程体系。例如按照行业分类,公司针对物流、出行、新能源等新兴领域行业人员开展针对性投教宣传,让投教工作有的放矢。

以上投教活动进一步提高了国民的风险防范意识,提升了投资者的金融素养,加强了投资者教育工作的社会影响力及渗透度,同时,公司分支机构投教工作也获得了各地监管部门、行业协会的支持,公司网点、员工屡次获得各地颁发的"杰出投资者教育奖""金融机构稳定奖""热心公益奖""最佳风采奖""最美投教人"等表彰。

四、全面激发创作活力,打造多元投教精品

公司分支机构积极发挥主观能动性,立足地方特色,丰富投资者教育形式。以往投教工作均是总部带头制定标准化流程,分支机构按部就班执行,其结果往往流于形式,无法真正将投教价值发挥到最大。自转型发展以来,各分支机构能主动思考,立足自身需求,开拓创新投教形式,部分分支机构已形成具有自身特色的创新投教方式,坚持适当性、专业性、娱乐性原则,制作走心原创投教作品,寓教于乐,提升了投资者的参与度、获得感和满意度,形成投教宣传新特色。

目前公司分支机构投教工作已形成以投资者为视角,立足年龄、区域、知识储备、投资经验等各种维度,对投资者进行精准细分,构建差异化投教知识体系。

（一）多维分析客群画像,分层分群因材施教

1. 青少年群体——财商教育、非法校园贷

在青少年群体投教方面,公司针对投教课程进行了系统性、阶段性、针对性的设计,针对不同年龄、不同认知水平和不同区域的学生群体研发了具有高针对性的个性化课程。面向中小学生群体主要以财商教育为主,通过风趣幽默的动画、漫画、儿歌等形式,普及金融基础概念,助其树立正确的金钱观和价值观;面向大学生群体的投教产品,除结合实例普及各类金融知识外,还会着重普及防范非法校园贷相关内容。

2. 中年群体——业务规则、风险提示

从年龄层次分布来看,中年群体可支配收入较高,具备一定的抗风险能力,投资消费风格偏理性,对于资产多元化配置、风险资产管理等方面存在一定的学习需求。公司分支机构结合该类群体的投资经验、风险偏好以及投教需求,通过短视频、海报、图文等喜闻乐见的投教形式,加强各类投资产品的知识普及,主题涵盖行业热点分析、财富规划、资产配置等多个方面。

3. 老年群体——打非防非防诈骗适老化服务

60周岁以上的老年群体多有一定积蓄,但学习投资知识的精力与能力往往不足,同时风险承受能力偏低,容易成为金融诈骗、非法证券活动的受害者。为帮助老年人学习财经知识,了解基础理财工具,增强识别、抵制非法金融活动能力,公司在面向此类人群制作投教产品时,设计主题包含防范非法证券活动、反洗钱、防诈骗等相关知识,通过一些发生在身边的真实事件为切入点,宣讲网络诈骗、非法集资的危害,同时普及金融投资知识,凝聚"人人知晓、个个参与、时时防范"的力量,帮助老年人远离非法活动、安享幸福晚年。

4. 西藏地区——制作双语投教产品

我国拥有源远流长、各具特色的地域文化,一些特色文化艺术深受当地人喜爱。在投教产品中融入深入人心的地方文化元素,成为各分公司不约而同的选择。公司起源于西藏,公司西藏分公司立足西藏自治区地方特色制作了《拒绝高利诱惑远离非法集资》藏汉双语投教作品,旨在以浅显易懂的方式为藏区投资者传达非法集资的本质和危害,提高识别和抗风险能力,提升理性投资意识。

(二)特色产品层出不穷,投教工作初显成效

2022年度,公司分支机构原创制作投教产品1 343件,包括动画视频、真人视频、海报、漫画、书法、沙画、实物宣传品等多种产品形式,涉及打非防非、适老化服务、财商教育等公益性主题和融资融券、股票期权、财富管理、结构化产品等业务类主题,并积极通过公司各宣传渠道择优进行二次宣传。

此外,公司还组织分支机构每月根据监管工作要求及市场热点主题,按辖区协作开发高质量原创投教课件及配套视频课,逐步形成投教课件资源共享库,进一步加强投教活动质量和效果,提升投教工作效率。目前已开发完成原创投教课件162套、配套原创投教视频课200余件,涉及20大主题,40多个细分主题,已基本覆盖历年专项活动、市场热点话题、投资者高频需求等,为分支机构落实投教工作提供资源支持。

分支机构原创投教产品不仅实现了从无到有的重大突破,许多优秀产品还在各类投教比赛中夺得奖项:在中国证监会投保局主办的"我与资本市场的非凡十年"主题活动中,公司鞍山南胜利路证券营业部、深圳深南东路证券营业部制作的《我与资本市场的非凡十年》《我的资本印象》分别荣获"银奖";由公司西宁证券营业部利用手工黏土制作人物形象,通过定格拍摄近千张图片,最终剪辑制作而成的动画视频《放羊娃日常之单利复利》,在由上海证监局指导、"第一财经"频道主办的投教作品比赛中获得"最佳动漫奖",由公司许昌证券营业部、南京兴隆大街证券营业部制作的投教短视频《三句半-反洗钱宣传》《财富管理与理财区别是什么》也分别取得了"金奖""优秀奖"的好成绩。

五、深化投教人才培养加快投教品牌输出

如何推动投资者教育工作做广、做实、做精、做深,是公司长期深研和实践的话题。为确保投教工作质量,持续精进分支机构的投教技能,提升投教工作效率,公司始终坚持打好总分"协作牌",下好"联动棋",协同建立并培养投教专业人才团队。

(一) 着眼长远,培育投教专业人才队伍

专业的投教队伍是公司投教工作开展的基础,更是增进服务、树立品牌、永续发展的保障。为提升投教活动授课质量,公司从总部和分支机构选拔了 90 余名业务骨干成立投教讲师团。各成员各骋所长,针对不同年龄段、不同社会身份的投资者群体,精准开展相适应的主题课程。另外讲师团柔性参与编写公司层面财商教育教材、宣传手册等资料,录制"云上课堂"系列投教课程等,进一步发挥讲师团队的专业性。讲师团的成立旨在通过充分发挥讲师在专业领域的优势作用,促进宣讲资源和投资者群体投教需求精准对接。

(二) 选拔优才,成立投教产品专业技能小组

为挖掘产品制作专才,公司成立了投教产品专业技能小组,根据产品制作需求和技能盘点结果细分为视频组和图文组。转型期间,为了充分掌握分支机构员工投教技能,了解员工特长,公司对分支机构全体员工进行了投教技能的全面梳理,通过文案撰写、前期拍摄、动画剪辑、剧本表演、素材手绘等制作环节进行多维度了解,根据摸排结果最终组建了 34 人的专业技能小组。专业技能小组的成立旨在凝聚分支机构产品专业能力,创作输出优质投教精品产品。

六、深度聚焦投教工作发展

（一）锚定业务协同增效，优化投教考核体系

为持续调整优化分支机构投教工作结构，将投教内容渗透至各宣传渠道，公司总部将 APP 投教园地、财富号等投教渠道宣传情况纳入分支机构投教考核体系，进一步提升投教内容覆盖范围。

（二）打造投教特色名片，拓宽活动类型外延

公司将积极打造总部及分支各系列投教品牌活动，优秀投教活动案例在各国范围内进行复刻、创新，以期形成规模效应，提升投教活动的影响力和传播力。

（三）夯实投教发展根基，精进人才队伍培养

通过内部培训、项目锻炼等方式持续提升投教人才相关技能，各类型人才结合自身特点，聚焦重点领域、重点人群高效率开展高质量投教工作。

七、深化多方合作之展望

第一，依托公司研究所专业投研能力，联合开设"投教大讲堂"线上直播系列活动，面向成熟投资者解读行业资讯等。

第二，拓展更广的校园合作渠道，共同走进优质高校开展投教宣讲，面向高校学生介绍金融市场建设、投资者权益保护等相关知识。

第三，响应国家金融知识普惠与防范电信诈骗企业社会责任之要求，联合共同打造公益投教品牌，推动全国分支机构投教力量走进农村、牧区等基层一线，开展公益投教活动，面向偏远地区投资者科普金融基础知识、防诈骗知识等。

第四，积极响应投资者教育纳入国民教育体系号召，整合投教知识资源，联合编制、出版财商教育教材，进一步更新优化线上投教服务平台。

第五，围绕投资者关注的问题、市场热点联合合作方开展市场及群体调查，深度研究投教工作相关课题，产出优质的投教研究报告。

案例探析

信用债违约风险处置中产品管理人的责任认定逻辑

——基于法院对管理人尽职调查义务裁判的实证研究[*]

牛　强[**]　傅福兴[***]

摘要： 近年来我国信用债违约事件频发，由此引发的债券产品兑付风险导致投资者经济损失，主因之一是产品管理人未能充分履行尽职调查义务，监管机构常以"未能遵守审慎经营规则"责令整改，但尚未形成清晰的产品管理人追责路径。文章将以尽职调查规则及法理为起点，分析尽职调查义务在法院审判中的认定标准，探究产品管理人此项义务的合理要求程度，为监管认定产品管理人责任提供规制建议。

关键词： 信用债违约　债券产品　尽职调查　监管认定　司法裁判

　　近年来，我国发生数起城投债项目违约事件，导致投向这类债券的资产管理计划或基金产品无法按期兑付，令投资者蒙受损失。[①] 此类产品管理人多为小型券商或期货资管，未能履行尽职调查义务成为其"踩雷"的主要原因。该类产品所谓的"投资经理"变动频繁，行政、业务等岗位人员转任、挂名屡见不鲜，人员胜任能力不足。以目前监管措施文书来看，在出现兑付风险后，监管部门通常以"未能遵守审慎经营规则"责令公司整改。[②] 但在产品管理人的具体责任上，监管尚未形成清晰的认定路径。

　　在民事法律层面，尚无直接规定明确产品管理人需要履行尽职调查义务。在司法实践中，"尽职调查"是一项重要合同义务，产品管理人未切实履行或可构成违约。

---

　　*　本文仅为作者个人观点，不代表所在单位立场与观点，不作为针对任何案件或问题的意见或建议。

　　**　杭州市中级人民法院法官助理。

　　***　新加坡国立大学硕士研究生。

　　①　惠凯：《债务风暴席卷黔南州独山县逾期资管产品或达 10 亿元》，载证券市场红周刊网，http://news.hongzhoukan.com/19/0614/cyc235537.html，2022 年 3 月 6 日访问。

　　②　陕西证监局：《关于对迈科期货股份有限公司采取责令改正措施的决定》(陕证监措施字〔2019〕16 号)，载陕西证监局网，http://www.csrc.gov.cn/shaanxi/c104621/c1143654/content.shtml，2022 年 3 月 6 日访问。

在行政监管层面,可从尽职调查义务切入,对产品管理人责任加以认定。面临的问题是,如何界定产品管理人是否已经充分履行尽职调查义务,既要做到督促产品管理人切实履责,又要保证监管规则有"期待可能性"[1],要平衡"不任人违法"和"法不强人所难"。"尽职调查"既是民事合同中相对方的义务,也是金融监管对产品管理人的要求,行政监管就"尽职调查"程度的认定参考借鉴司法实践有重大意义。

在必要性方面,当前监管对尽职调查尚未有明确的界定,无法在规则层面严格约束单只产品管理人及其投资经理,通道业务更是大行其道;在合规性方面,监管机构对产品管理人责任的认定路径若能与司法裁判保持相当的同向性,或将能提高广大投资者及产品管理人对监管规则的认同程度。在此,本文将以尽职调查的法理及规则为起点,重点分析尽职调查义务在法院审判实践中的认定标准,探究产品管理人尽职调查义务的合理要求程度,并进一步辨析义务豁免的情形。对立法部门的建议为:一是健全产品管理人制度,明确产品管理人的资格条件、权利义务,制定相应的履职激励机制,加强与债券持有人会议制度、债券受托管理人制度的衔接。二是完善产品管理人尽职调查、信息披露、风险提示与防范制度,细化尽职调查与信息披露的具体事项及量化标准,明确时效性要求。

一、文 献 综 述

(一)问题的提出

公司信用类债券是企业直接融资的重要渠道,在服务实体经济、优化资源配置等方面发挥着重要作用。截至 2022 年末,我国债券市场托管余额 144.8 万亿元,已成为全球第二大债券市场。但是,近年来债券违约事件频发,规模快速增长,案件数量大幅上涨。少数债券发行人因经营不善、盲目扩张、违规担保等原因而不能按期还本付息,欺诈发行、虚假陈述等违法违规事件时有发生,部分债券市场中介机构未能履职尽责,损害了债券投资者的合法权益,破坏了债券市场的公信力,影响了金融市场平稳有序运行。本文所讨论的信用类债券包括企业债券、公司债券和非金融企业债务融资工具。信用债违约是指信用债的发行方无法如期兑付本息,或者不能兑付本息,包括彻底不能和按期不能。2022 年,信用债违约金额达 498.59 亿元,2021 年达 1 603.46 亿元。[2]

---

[1] 期待可能性,是指从行为时的具体情况看,可以期待行为人做出合法行为。
[2] 陈燕青:《信用债违约金额创近五年最低》,载《深圳商报》2022 年 12 月 26 日。

我国信用债违约情况在 2017 年后大幅增加,经过 4 年高位运行后境内债券违约情况在 2022 年大幅改善。信用债违约危害巨大:首先,投资者可能面临本金与预期收益的损失;其次,单一或多只债券产品"爆雷"都可能影响到普通投资者的信心,导致资管产品的大量赎回,并传导至债券市场,引发恐慌情绪,危害正常的金融秩序。债券违约的原因主要包括:在宏观层面,经济不景气,流动性收紧,债市利率快速大幅调整,货币政策的力度与边际减弱、产业政策调整导致行业景气度下降等都会影响债券产品净值波动、亏损甚至兑付不能。在微观层面,发行人经营不善导致盈利能力与偿债能力大幅下降,或出现欺诈发行、虚假信息披露,以及恶意转移资产、挪用发行资金等"逃废债"行为,也有可能导致人为的债券违约。此外,债券产品管理人未能尽到勤勉尽责、诚实守信的义务,也将扩大投资者所面临的风险。

我国现行立法关于债券产品管理人尽职调查义务的内涵与外延并无直接规定,多以部门规章与行业规范为主。《证券投资基金法》《信托法》对基金管理人提出了诚实信用、谨慎勤勉的义务和审慎经营规则要求,是产品管理人尽职调查职责的间接法律依据。[①]《公开募集证券投资基金管理人监督管理办法》[②]《证券期货经营机构私募资产管理业务管理办法》[③]《信托基金集合资金信托计划管理办法》也规定了公募基金管理人和信托公司管理、运用财产时应当遵循诚实信用、谨慎勤勉的义务要求。《证券公司及基金管理公司子公司资产证券化业务尽职调查工作指引》对管理人尽职调查义务的内容与要求做出具体规定,是行政监管机构做出监管措施或行政处罚的直接依据,但其效力位阶较低。对此,司法实践往往会通过具体案件的裁判加以完善。暂以"管理人""尽职调查""谨慎勤勉"为关键词在裁判文书网检索,可以得到相关民事裁判 224 件,分析可知:法院一般援引信义义务作为产品管理人尽职调查的法理依据,以"诚实信用、谨慎勤勉"为直接规定。产品管理人未履行尽职调查职责,造成投资人损失,应当承担相应法律责任。

(二) 研究现状

尽职调查义务是债券产品管理人负有的对发行人的经营状况、财务状况和偿债能力,以及对投资者决策有重大影响的其他事项进行调查、核实与报告的行为负担。尽职调查义务包括必要的调查核实义务和充分的报告义务,而贯穿这两项义务始终

---

① 参见《证券投资基金法》第 9 条。
② 参见《公开募集证券投资基金管理人监督管理办法》第 9 条。
③ 参见《证券期货经营机构私募资产管理业务管理办法》第 9 条。

的是注意义务。关于尽职调查义务的理论依据，主流观点认为是信义义务的要求。如肖宇、许可认为管理人信义义务产生的根源在于受托财产控制权的分离，投资人转移了资金的所有权，获得了份额持有权和预期的获益权，而管理人获得了受托财产的管理和处分权利，"投资人基于对管理人业务能力和职业操守的信任，将财产和权利全部交给管理人，对财产不再享有控制权；管理人提供专业的资产管理服务，享有对财产的全部控制权，但管理人可能滥用权利和怠于提供服务，为自己牟利和损害投资者利益；投资人很难完全通过约定和市场的方式来规避这种风险和保护自己的利益，需要通过具有强制力的私法规则来约束基金管理人的行为"；[1]许多奇认为信义义务贯穿资产管理的全过程，包括客观募集、审慎投资、适恰管理和有效投资，对应的，管理人违反信义义务的表现形式多种多样，包括"管理人对投资者风险承受能力评级、风险评估过程中未全面审慎评估或评估程序不合规，管理人未对产品风险等级进行有效评级、未对推介材料的合规性做合理审查、未对代销机构资质和能力进行充分审查而选任不具有相应资质的代销机构等"。[2] 李勇认为信义义务包括忠实义务和注意义务，忠实义务包括避免利益冲突和不牟利两条规则，信义义务的一个核心必要性就是管理人具有强烈的个人牟利倾向。[3]

关于产品管理人尽职调查义务纠纷的整体概况：债券违约纠纷以债券持有人自行起诉为主。债券纠纷的被告主要涵盖产品管理人、债券发行人、担保人、其他中介机构等四类。债券纠纷案件涉及债券发行、交易、偿付等各个阶段，其中偿付阶段占比为主。案由分布较为集中，公司债券交易纠纷占大多数，案件类型以债券违约为主。违约债券种类多样，违约情形以到期违约为主。涉案债券包括在沪深交易所挂牌的一般公司债、可交换公司债，在银行间市场挂牌的中期票据、短期融资券、超短期融资券，以及在地方交易所挂牌的债券融资计划、私募债券、定向债务融资工具等。违约情形以到期出现实质性违约居多，包括未能按约兑付本息、债券回售款等。其中，债券产品管理人未履职尽责或利用其信息优势从事内幕交易，主承销商与产品管理人身份重合时未采取合理措施防范利益冲突等，都可能导致产品管理人需对投资者承担相应赔偿责任。产品管理人应当识别和评估利益冲突风险，持续关注发行人和担保人的资信状况、担保物状况、增信措施及偿债保障措施的实施情况，并做好定

---

① 肖宇、许可：《私募股权基金管理人信义义务研究》，载《现代法学》2015 年第 6 期。
② 许多奇：《论全周期视野下私募基金管理人的信义义务》，载《武汉大学学报（哲学社会科学版）》2022 年第 5 期。
③ 李勇：《从基金管理人信义义务看私募基金风险防控》，载《检察日报》2020 年 3 月 30 日。

期及临时报告,按照规定有效监督发行人募集资金使用及信息披露。

二、尽职调查的规则及法理依据概述

（一）现有规则及监管实践的要求

1. 产品管理人尽职调查义务的现有规则

一方面,上位法对公司信用类债券进行了原则性规范。《公司法》和《证券法》是公司信用类债券市场的基础法律,《公司法》《证券法》《企业破产法》和《银行法》是公司信用类债券的上位法基础。《公司法》对公司债券的内涵进行界定,是指公司依照法定程序发行,约定在一定期限还本付息的有价证券。《证券法》立法宗旨首先在于规范证券发行和交易,进而保护投资者合法权益与社会公共利益,促进社会主义市场经济的良好发展。对投资者合法权益的保护,就蕴含了对债券产品管理人诚实信用、谨慎勤勉的要求。另一方面,下位阶的部门规章、行业规范对产品管理人尽职调查的具体内容和要求进行明确。《证券公司及基金管理公司子公司资产证券化业务管理规定》首先对产品管理人进行了界定,其是指为债券份额持有人的利益,依照法律规定和合同约定对专项计划资产进行管理、运用、处分的专业机构。其次对职责进行了明确,包括对相关交易主体和基础资产进行全面的尽职调查。[1]《证券期货经营机构私募资产管理业务管理办法》细化了尽职调查义务的内涵与外延,包括调查范围即证券发行人、融资主体和交易对手的资信状况,以及担保物状况、增信措施和其他保障措施的有效性;调查要求即进行充分尽职调查并制作书面报告,投后管理、信息披露、风险检测与控制。[2]《证券公司及基金管理公司子公司资产证券化业务尽职调查工作指引》则对产品管理人尽职调查的内容和要求做出了更为细致的规定。具体而言,尽职调查的对象包括业务参与人以及拟证券化的基础资产两大方面;方法包括查阅、访谈、列席会议、实地调查等四种手段;范围包括对投资者作出投资决策有重大影响的事项,比如业务参与人的法律存续状态、业务资质及相关业务经营情况,基础资产的法律权属、转让的合法性、基础资产的运营情况或现金流历史记录。[3] 另外,在公司债券发行中,除了产品管理人,还涉及承销机构、保荐人、受托管理人以及资信评

---

[1] 参见《证券公司及基金管理公司子公司资产证券化业务管理规定》第 3 条、第 13 条。

[2] 参见《证券期货经营机构私募资产管理业务管理办法》第 61 条、第 62 条。

[3] 参见《证券公司及基金管理公司子公司资产证券化业务尽职调查工作指引》第 6 条、第 13 条。

级机构、会计师事务所、资产评估机构、律师事务所等专业机构,后者亦须履行勤勉尽责义务和尽职调查职责,尤其是在产品管理人和受托管理人的职责中,存在大量竞合情形。

2. 产品管理人尽职调查义务的具体行政监管规则

产品管理人尽职调查的对象包括发行人(含发行人的控股股东及实际控制人)、关联方、重要债务人、担保人、原始权益人、托管人等。范围包括发行人的收入确认、核心技术、研发费用核算、债务情况、担保情况、偿债能力、关联交易情况(比如审核有关大额关联交易的审批程序及定价公允性关键问题)、重大仲裁、诉讼和其他重大事项及或有事项、资信水平、基础资产现金流等[①];发行人的重大合同、控股股东资金占用、应收账款回款等[②];原始权益人的对外担保核查[③];公司治理及内部控制、财务会计信息等[④]。形式要求是形成《尽职调查报告》,并且须有调查人签字,尽职调查应当形成工作底稿,真实、准确、完整反映尽职调查工作。[⑤] 实质要求是综合分析、独立判断、审慎论证、前后一致、明确报告。[⑥] 另外,尽职调查是一项持续性义务,贯穿债券产品存续期间,应对发行人持续跟踪与监测,对发行人募集资金使用、还本付息安排及时监督、充分核查,有效督导发行人履行有关信息披露义务。产品管理人违反尽职调查义务的具体表现是未履行或履行不到位,比如未能及时发现、披露发行人的严重失信行为[⑦];未能发现项目担保承诺函所用印章系伪造[⑧];依赖发行人、第三人提供资料[⑨];尽职调查报告存在调查分析前后不一、报告结论缺乏充分证据支撑等情形,未能全面反映重要债务人偿付能力和资信水平[⑩]。另外,有证监局针对期货公司的资产管理计划未实地调研、多份尽调报告内容雷同等未履行尽职调查义务的情况采取

---

① 深圳证监局:《关于对招商证券股份有限公司采取出具警示函措施的决定》,行政监管措施决定书(2022)123 号。

② 深圳证监局:《关于对万和证券股份有限公司、杜承彪、周耿明采取出具警示函措施的决定》,行政监管措施决定书(2022)228 号。

③ 深圳证监局:《关于对中山证券有限责任公司采取出具警示函措施的决定》,行政监管措施决定书(2022)124 号。

④ 深圳证监局:《关于对英大证券有限责任公司采取出具警示函措施的决定》,行政监管措施决定书〔2018〕64 号。

⑤ 参见《保荐人尽职调查工作准则》第 7 条。

⑥ 深圳证监局:《关于对中山证券有限责任公司采取责令改正措施的决定》,http://www.csrc.gov.cn/shenzhen/c104320/c1591889/content.shtml,访问时间 2023 年 3 月 14 日。

⑦ 上海证监局:《关于对民生证券股份有限公司采取出具警示函措施的决定》,沪证监决〔2023〕22 号。

⑧ 上海证监局:《关于对张明炜采取出具警示函措施的决定》,沪证监决〔2018〕123 号。

⑨ 深圳证监局:《关于对银河金汇证券资产管理有限公司采取出具警示函措施的决定》,行政监管措施决定书(2022)61 号。

⑩ 上海证监局:《关于对申万宏源证券有限公司采取出具警示函措施的决定》,沪证监决〔2017〕6 号。

了监管措施。①

3. 产品管理人尽职调查义务的具体司法裁判规则

判定产品管理人履行尽职调查职责是否充分,实质要件包括是否对债券产品所投资产(即目标项目)进行全面实质调查,形式要件包括是否出具符合法定及约定要求的《尽职调查报告》《法律意见书》等。② 申言之,全面实质审查的范围包括对发行人偿债能力或投资人权益有重大影响的事项,环节包括信息验证与披露、风险提示与防范。比如在华溢之星资产管理(北京)有限公司与无锡五洲国际装饰城有限公司的公司债券交易纠纷一案中,案件的争议焦点之一是产品管理人是否尽到勤勉尽责义务,法院的裁判观点是产品管理人在债券存续期间持续对发行人的偿债能力进行全面调查与及时报告,尽到勤勉尽责义务。该案中,产品管理人举证证明其对发行人受处罚及失信情况,包括发行人被列为失信被执行人名单、发行人的实际控制人被列入失信被执行名单,以及发行人资产被查封、扣押、冻结,债务重组,涉及的重大诉讼进行全面及时的信息披露与风险提示。法院对上述事实予以确认,并据此认定产品管理人尽到了勤勉尽责义务③。又比如在曾环与联储证券有限责任公司等财产损害赔偿纠纷中,案件的争议焦点之一是联储证券作为案涉资产管理计划的管理人,履职过程中是否尽到谨慎勤勉的管理义务,是否存在侵权行为。法院认为产品管理人勤勉尽责义务不仅包括信息披露、风险提示,还包括风险防范,即在发行人偿债能力下降(本案表现为担保人担保能力显著下降)的情况下,产品管理人应当及时将相关信息披露给投资人,并采取必要的风险控制措施。该案中,担保人担保能力明显下降,联储证券没有及时披露和控制相应的风险,亦未采取积极有效的措施履行《回购合同》项下的义务,未能充分维护投资人在《资管合同》项下的合法利益。另外,该案还明确了管理人忠实义务和勤勉义务的法理依据是信义义务,勤勉义务的主要内容是管理人应当为投资者最大利益受托事务,恪尽职守,履行诚实、信用、谨慎、有效管理的义务。关于管理人是否充分履行尽职调查义务,法院直接采信行政机关的认定事实。④

如果产品管理人未采取风控措施且未向投资人进行风险披露则构成违约,由此造成投资人损失的应当承担赔偿责任。[1] 对于风险性显著较大的投资标的,产品管理人应当尽到审慎义务,比如在广东粤财信托有限公司营业信托纠纷系列案件中,该案的争议焦点仍是产品管理人是否尽到谨慎勤勉义务,法院认为广东粤财信托有限公司在中国证券监督管理委员会决定对发行人立案调查,发行人披露可能暂停上市的风险提示后,仍然大量买入发行人公司股票,违反了"在有效控制投资风险前提下""所有参与行为均应在保护委托人利益的前提下进行"的约定,造成投资者财产损失,产品管理人在履行合同过程中有过错,应承担赔偿责任。该案中,产品管理人明知风险而继续投资存在欺诈发行或虚假陈述风险的上市公司股票,属严重违反注意义务,并由此造成投资人损失,产品管理人违反谨慎勤勉义务与投资人受损具有直接因果关系,应当承担赔偿责任。[2] 有些情况下,产品管理人对投资标的的风险审查充分,但是在约定的资金监管措施未落实的情况下径行划款,亦属违反勤勉义务。[3] 此外,尽职调查中所涉风险信息的披露,是一个持续的动态过程,贯穿产品财产投资的始末。但是,在通道类业务中,产品管理人按照合同约定并依照投资人指示,将产品财产投资于目标项目,即视为履行诚实信用、谨慎勤勉的义务;而针对投资对象以及担保人的资产状况、信用情况、抵押财产等的实质性尽职调查则由投资人自行承担,投资人与管理人的权利义务由双方之间的投资合同约定。[4]

(二) 尽职调查义务的法理依据

首先,尽职调查义务是信义义务履行的要求。信义义务,包括忠实义务和注意义务。前者是指受信人在处理受托事务时得以投资人的利益为唯一依据,不得将自己的利益置于投资人利益之上为自己或他人谋利,应当避免利益冲突。后者是指受信人在处理受托事务时应当审慎、勤勉,运用专业知识为投资人整体利益和长远利益服务。具体而言,债券产品投资是投资人将财产和权利全部交给管理人,管理人对财产提供管理和处分服务的投资活动。投资人财产变为了产品份额,失去了对财产的控制权利,管理人获得了对财产的控制权利。投资人需要通过某种方式防止管理人滥

① 北京金融法院:信泉和业(济南)私募基金管理有限公司等与周凤新合同纠纷二审民事判决书,案号(2022)京 74 民终 671 号,2022 年 7 月 8 日。

② 广州市中级人民法院:广东粤财信托有限公司营业信托纠纷二审民事判决书,案号(2021)粤 01 民终 416 号。

③ 上海市高级人民法院:万家共赢资产管理有限公司、深圳景泰基金管理有限公司等其他侵权责任纠纷二审民事判决书,案号(2018)沪民终 132 号。

④ 湖北省高级人民法院:湖北银行股份有限公司、中国农业发展银行根河市支行合同纠纷二审民事判决书,案号(2017)鄂民终 2301 号,2018 年 1 月 19 日。

用权利或怠于履行职责,对管理人进行制约与约束,即主观上不得将管理人自身的利益置于投资人的利益之上(忠实义务),客观上审慎、勤勉、专业地管理和处置产品财产(注意义务)。我国法律并未对信义义务作出明确规定,但是存在其他类似规定,如《证券投资基金法》第九条规定的诚实信用、谨慎勤勉义务,其中诚实信用是指债券产品管理人作为债券产品财产的受托人,在与投资人订立合同与履行合同义务时,要讲信用、守承诺、无虚假、不欺诈。[①] 谨慎勤勉是指债券产品管理人处理产品事务,要像处理自己的事务一样认真负责,不得将自己的利益持有置于持有人利益之上,不得用产品财产为自己或者第三人谋取利益。而尽职调查,就是对投资对象和交易对手涉及交易信息进行必要调查,本身就是勤勉义务的体现。此外,管理人运用债券产品财产进行投资,应当遵循审慎经营规则,制定科学合理的投资策略和风险管理制度,有效地防范和控制风险。管理人必须对产品资产以及产品受益人基于产品资产可获得的利益负责,对产品资产的安全和稳定收益尽到合理的注意。尽职调查是对投资对象和交易对手投资价值的挖掘和利用,投资风险的暴露与排除,最终筛选、确定投资对象和交易对手,并作为下一步投资范围、投资比例和投资策略的参考,是注意义务的内在要求,是审慎经营规则的具体体现。"如何防止管理人权利滥用、保护投资人利益,是法律规制的核心,信义义务提供了最为合适的框架。"[②]

其次,尽职调查义务是信赖利益保护的要求。信赖利益是在当事人依据信赖而行为的过程中产生,抽象地表现为当事人信赖合同得以有效成立进而可能带来的利益,在缔约过程中则具体表现为由此产生的费用支出或机会错失。[③] 但是,传统的信赖利益保护聚焦的是合同一方当事人因为合同不成立或无效而遭受的可得利益损失保护,在债券产品投资关系中,信赖利益保护的投资人因信息不对称而签订于己不利的合同并因此而蒙受损失。信用债强调"卖者尽责"与"买者自负",本质是一种资产管理业务,核心是为投资者及相关当事人创造合法利润。一般而言,投资人基于对管理人的信赖签订合同,此种信赖既有对管理人职业道德、专业能力、过往业绩等的评估,也有对管理人尽职调查后所获得的投资信息的评估,从而决定自己投不投、投什么的问题。信息对称,包括管理人与投资对象和交易对手之间的信息对称,和管理人与投资人之间的信息对称双重含义。对于前者,债券投资是管理人利用产品财产参

---

① 李飞:《〈中华人民共和国证券投资基金法〉释义及实用指南》,法律出版社 2013 版。

② 肖宇、许可:《私募股权基金管理人信义义务研究》,载《现代法学》2015 年第 6 期。

③ 胡改蓉:《投资者适当性管理制度中金融机构的免责机制——以"信赖利益"判断为核心》,载《证券市场导报》2021 年第 10 期。

与到投资对象提供的投资品种与项目之中,并与投资对象、交易对手发生经济收益分享与风险分担的经济活动。管理人进行财产管理与处分时,需要借助一定信息来制定投资策略与进行风险管控,因而需要进行尽职调查。对于后者而言,管理人在债券投资活动中处于主导地位,债券投资是专业性很强的活动,投资人需要借助于管理人的法律、会计等专业知识和工作经历,对投资对象和交易对手进行筛选,对投资品种和具体项目进行敲定,投资人需要管理人进行尽职调查发现与汇报影响交易的信息,并作为投资决策和风险管控的依据。

最后,尽职调查义务是权利义务相对称原则的要求。管理人通过公开或非公开的方式向资产管理产品的投资者发出邀约,投资者进行承诺,从而实现募集资金并投资与管理。无论是管理人信义义务的履行,还是投资人信赖利益的保护,最终都体现为合同当事人权利义务相对称原则的要求。信用债具有投资风险,产品管理人履行尽职调查义务,是恪尽职守、谨慎勤勉、审慎经营的具体表现。债券产品管理人基于法律和合同的约定,履行受托职责,是债券产品财产的受托人,基于投资人的信任取得对债券产品财产的管理、处分权利,应当恪尽职守,履行诚实信用、谨慎勤勉的义务,为产品持有人的利益管好、用好产品财产,此为"委托-受托"法律关系存在的信用基础,也是债券产品发行赖以生存和发展的保障。但是,单个投资人与管理人之间的交易地位实质不对等,除了专业知识、掌握信息之间的差距,还有经济优势和交易地位之差,以及一些产品本身的规定带来的不对等,比如持有期限、信息披露时间周期。不对称的实际交易地位往往容易引发不对称的实际权利义务,并最终导致管理人滥用权利的结果,因此需要事先预防。

三、尽职调查的监管适用构建

尽职调查的目的在于暴露隐患、排除风险,筛选并确定能够带来潜在回报的投资对象和交易对手。考虑到普通投资人较之于管理人、投资对象和交易对手,往往只是单纯的货币持有者,缺乏足够的专业知识、辨别能力、谈判能力和信息渠道。因此,尽职调查的归责应当围绕"防止管理人滥用权利和财产,降低投资人风险"这一核心。[1]

---

[1]　宋禹君:《银行理财产品的法律规制》,西南政法大学 2018 年博士学位论文,第 73 页。

首先,尽职调查的主体应当为管理人自身,其不得通过委托人或指定第三方实施尽职调查。[①] 因为资产管理业务是管理人接受投资人委托,对受托的投资人财产进行投资和管理的金融服务,投资人自担风险并获得收益,投资人选定管理人主要基于对后者的专业知识、行业经验、管理能力、职业道德、风控机制等的信任,而尽职调查又是管理人制定投资策略和风险管理制度的重要依据,故而不得指定第三方实施。其次,尽职调查的对象包括业务参与人和基础资产两个范畴,业务参与人应当包括投资对象和交易对手,具体内容为"与订立合同相关的重要事项",涵盖有债券发行人的资信情况、生产能力、财务状况、担保抵押及履约能力、增信措施等可能影响投资者参与投资、收益获取、财产退出等的事项。但是,债券产品还可能存在再投资一层资产管理产品(即公募证券投资基金)的情况,此时尽职调查的对象还包括受托机构。[②]

其次,尽职调查的具体行为上,尽职调查的义务内涵应包括调查与报告两个阶段。[③] 尽职调查义务可分解为调查核实义务与如实报告义务。调查核实强调管理人的过程行为,包括信息验证与风险审查;如实报告则是对客观情况的呈现结果。两项义务的结合要求管理人既要披露已有的信息,又要主动搜集核查其他信息,以切实保障投资者的利益。另外,尽职调查是一种持续性义务,贯穿于资产管理产品发行、销售、投资、管理、退出的全过程。

最后,违反尽职调查义务的法律后果,《关于信用类债券违约处置有关事项的通知》中也进一步明确各方尽职尽责原则,各方要切实履行义务,勤勉尽责,维护投资者合法权益。产品管理人未能勤勉尽责,因怠于履行职责给债券持有人造成损失的,应当承担相应赔偿责任。

(一)调查核实内容的构建

资管业务中尽职调查职责产生的一个重要原因在于,投资者对受托金融机构新投资项目不了解,为了保护投资者权益,需要受托金融机构承担对目标项目信息的详细调查。[④] 资产管理计划可以投资的资产包括债权类资产、股权类资产、标准化商品

---

① 参见《证券期货经营机构私募资产管理业务管理办法》第47条。

② 《关于规范金融机构资产管理业务的指导意见》第22条:"资产管理产品可以再投资一层资产管理产品,但所投资的资产管理产品不得再投资公募证券投资基金以外的资产管理产品……委托机构应当对受托机构开展尽职调查……"

③ 《证券期货经营机构私募资产管理业务管理办法》第62条:"资产管理计划投资于本办法第38条第(五)项规定资产的,证券期货经营机构应当建立专门的质量控制制度,进行充分尽职调查并制作书面报告,设置专岗负责投后管理、信息披露等事宜,动态监测风险。"

④ 郭金良:《资产管理业务中受托管理人义务的界定与法律构造》,载《政法论丛》2019年第2期。

及金融衍生品类资产等,不同投资资产的尽职调查内容、程度、程序存在差异。在债券产品的尽职调查中,形式审核指管理人应当尽到最低程度的注意义务,即主动获取发行人的执照等证明文件并进行形式上的审查,且告知投资者所售产品的基本信息。发行人的基本情况包括工商登记情况、业务经营许可情况、组织结构情况、财产权属和权益投资情况、关联企业情况,以及董监高基本情况等。产品基本信息包括募集资金的用途、资金使用计划、专项账户管理安排等。① 司法实践中,有法院明确指出管理人应当向投资者告知说明投资对象和金融产品具体情况,未充分履行告知说明义务,将构成虚假宣传、误导性陈述。② 该案中,发行人的基本情况可能构成影响交易的重要因素,如合伙企业中一方合伙人为国有企业,因为合伙企业具有高度的人合性,投资人看中国有企业背后的良好经济状况与"隐性政府担保与支持暗示"而决定参与项目投资,此种情况下形式审核对于投资人订立资产管理合同具有重大影响。若管理人在工商登记信息与合伙协议发生冲突时(前者包含该国有企业而后者没有)未充分调查与说明,构成尽职调查义务未充分履行。若管理人仅以网络公开渠道查询的方式对相关信息进行确认,而缺乏进一步的核查措施,法院可能对此不予支持。③

实质审核则需要就特定的交易情形,结合具体项目和交易惯例等加以判断,实践中管理人通常将相应调查内容以"尽职调查报告"的方式呈现予投资者,并在报告中对项目背景、项目方案、交易对手情况调查、风险评估及风控措施等进行陈述。形式审核更侧重于信息验证,实质审核更侧重于风险审查,具体包括发行人资产与信用情况的审查,如会计信息、内部决策、利害关系、偿债能力等;募集资金运用和增信情况,如债券资信、偿债计划和保障情况等。④ 司法实践中,尽职调查义务要求管理人对风控措施予以落实,对于股权质押登记、应收账款质押登记、实际办理抵押的不动产抵押

① 深圳证券交易所创业企业培训中心:《公司债券和资产证券化产品发行问答》,中国财政经济出版社 2021年版。

② 上海金融法院:上海钜派投资集团有限公司等与程军委托理财合同纠纷二审民事判决书,案号(2021)沪 74民终 1626 号,2021 年 12 月 24 日。

③ 北京金融法院:信文资产管理(江苏)有限公司等与洪平云合同纠纷二审民事判决书,案号(2022)京 74 民终 674 号,2022 年 6 月 30 日。

④ 中国证券业协会《公司债券承销业务尽职调查指引》第 9 条:"发行公司债券的,尽职调查内容包括但不限于:(一)发行人基本情况;(二)财务会计信息;(三)发行人及本期债券的资信情况;(四)募集资金运用;(五)增信机制、偿债计划及其他保障措施;(六)重大利害关系;(七)发行人履行规定的内部决策程序情况;(八)发行文件中与发行条件相关的内容;(九)发行人存在的主要风险;(十)在承销业务中涉及的、可能影响发行人偿债能力的其他重大事项。"

物与计划不符且价值偏低等情形需要特别关注。[①] 同时,管理人不能因其对第三方的行为而免除自身义务。[②] 有法院认为基金管理人应当根据约定勤勉尽责管理基金财产,对投资范围内的投资标的进行详细调查,结合多方材料和渠道,谨慎核查交易对手提供的文件内容,否则将被判定为存在严重过错。[③]

（二）如实报告的要求

如实报告义务,包含了对报告内容的全面性和规范性的要求。在全面性方面,要求报告内容包含投资对象、交易对手、投资标的等基本信息,须囊括有利信息和不利信息;报告内容的规范性,则是指调查报告的形式要求(一般是《尽职调查报告》)、法律要求(一般要求出具《法律意见书》)、程序要求(如通过网络平台、电子邮件、书面文件等进行告知)和时限要求(节点报告与持续追踪)。司法实践中,除了前述对发行人基本信息的调查内容外,实质性的风险提示也应当是如实报告的重要组成部分。如仅以形式上的《风险揭示书》告知资金存在损失的风险,却在基金合同、推介材料等文件中做出"风险可控"以及固定收益的表述,则概括式、格式化的风险揭示不足以消除投资人的低风险预期。[④] 此外,管理人对于募集资金的重大投资活动,尤其是单一项目型基金要予以严格的关注,项目型基金应当关注底层资产的资金交割情况,确保项目型基金切实获取有足够法律保障的权益,设计合理的交易结构。对于发现的风险应当及时提醒投资人,而非为了推进交易而选择性忽视。

同时,对于高风险的产品可以适当扩大尽职调查的射程限度。如对于频发债券违约及财政状况不良的地区产品,可要求管理人如实报告潜在交易对象的履约情况、人员管理、市场舆情评价等。同时,我们应当认识到,尽职调查不仅是时点义务,如尽调报告期后管理人知晓的足以影响投资者决策的重大信息,仍应纳入尽职调查的内容并及时向投资者报告。

如实报告的要求保障投资者作为委托人的知情权,其作用在于使委托人了解足够的信息后自行做出投资决策。须知委托人知情权行使的范围并非是无限扩张的,

---

① 北京金融法院:信文资产管理(江苏)有限公司等与洪平云合同纠纷二审民事判决书,案号(2022)京74民终674号,2022年6月30日。

② 北京金融法院:信文资产管理(江苏)有限公司等与陆亚芳合同纠纷二审民事判决书,(2022)京74民终686号,2022年6月30日。

③ 上海金融法院:上海钜派投资集团有限公司等与李桁其他合同纠纷民事二审案件民事判决书,(2021)沪74民终1250号,2021年12月6日。

④ 北京金融法院:信文资产管理(江苏)有限公司等与巫春霞合同纠纷二审民事判决书,(2022)京74民终682号,2022年6月30日。

因而如实报告的范围应当结合委托人本人的财产权益是否会受到影响、已披露文件是否足以满足委托人的知情权、管理人的经营管理成本是否足以覆盖、披露告知是否影响他人合法权益等因素综合进行判断。[①] 实践中，限定投资者知情权的范围与投资者适格程度具有密切关系。

（三）其他要素的划定与区分

就构成要件而言，首先，要在主观上对故意与过失的区分规制进行讨论。有观点认为，监管认定管理人责任的要件应是管理人存在故意隐瞒或虚假陈述。但若将管理人的尽职调查责任限定在故意情形，对管理人的要求过于宽松，且在举证方面较难实现。

其次，需明确经济损失结果是否为必要构成因素。从现有的监管实践来看，管理人被采取行政监管措施或处罚主要仍以其未充分履职的行为给委托人造成经济损失为前提。在此，民事责任与行政监管应当做出区分。在民事方面，若判决管理人承担赔偿责任，其功能在于对投资者经济损失的填补；在行政监管方面，则是通过惩戒管理人以实现督促其履行尽职调查义务的目的，投资者是否存在经济损失与此并无直接关联。因此，只要管理人未充分履行尽职调查义务，损害了委托人的知情权，即使未发生实际的经济损失，也应当予以惩戒。同时，在司法实践中有法院认可，管理人不保证最低收益的约定，并未排除产品合同中约定的因管理人违反管理职责所应承担的相应赔偿责任。[②]

最后，债券产品合同必然会涉及到委托人、管理人与债券发行人等三方主体，责任认定更具复杂性。如发行人并无隐瞒或虚假陈述行为，仅存在管理人对尽职调查义务的违反，则由管理人单独承担责任即可。然而，实践中多数情况均与发行人有关，则需分别追究多方的责任。此外，在管理人是一人有限责任公司的情景中，经常存在管理人与股东业务混同、人员混同的状况，若其股东不能证明公司财产独立于股东财产的，也应当承担连带责任，此亦符合当前监管对金融机构控股股东、实际控制人的追责要求。

（四）尽职调查的豁免情形辨析

在责任豁免情形中，通道业务理当首先被提及。通道信托在权利义务的设置中

[①] 北京金融法院：孙立聪与中融国际信托有限公司营业信托纠纷二审民事判决书，案号(2021)京 74 民终 686 号，2022 年 3 月 17 日。

[②] 上海金融法院：俞波与联储证券有限责任公司委托理财合同纠纷二审案件民事判决书，案号(2021)沪 74 民终 775 号，2021 年 12 月 1 日。

有别于常规法律关系,其合规性一直存在争议。在监管对管理人的责任认定中,同样亟需明确通道业务中金融机构对外部投资者的责任边界。以信托通道为例,最高人民法院在《全国法院民商事审判工作纪要》中明确"通道类信托业务中,委托人和受托人之间的权利义务关系,应当依据信托文件的约定加以确定",因而有法院将通道类信托业务归入事务管理类信托的类型,认定信托公司的义务仅为提供必要的事务协助或服务,不承担主要管理职责,但认为其仍应秉持审慎原则开展经营,并履行必要的注意义务。[①] 据此,监管机构在对通道产品管理人的责任认定中或可加以借鉴,不能放任该类金融机构的监管套利行为,应根据过错情况对此类管理人进行严格追责。

此外,若投资者明知发行人存在履约障碍或担保标的瑕疵,则法院可能对委托人的诉请不予支持。相较于明知,常见的状况为投资者"应知而未知",即按照交易惯例,未能尽到交易上必要的注意义务。在司法实践中,往往按照双方的过错程度分配责任。依据风险与收益相对等的原理,不宜苛求管理人承担全部责任。

四、结　语

债券违约突发性强、外溢性高、波及范围广,处理不慎极易导致群体性事件风险。从近年信用债违约导致的风险来看,除了发行人自身问题外,产品管理人未充分履行尽职调查义务,内控混乱、夸大宣传等行为也是当前广大投资者受损的主要原因。因而,有必要充分发挥监管功能,严格落实各方责任,对违法违规行为强化责任追究。借鉴参考司法裁判的经验,形成司法与金融监管的协同,亦符合当前金融监管法治化的建设趋向。

[①] 上海金融法院:吴某诉华澳国际信托有限公司财产损害赔偿纠纷二审民事判决书,案号(2020)沪74民终29号,2020年6月10日。

境外视野

比利时新公司法要论[*]

克里斯托弗·范·德·埃尔斯特(Christoph Van der Elst)　著^{**}

陆　梦　马文韬　王清阳　余潞晴　赵　温　译^{***}

摘要: 2019年比利时对公司法进行了重大改革。新公司法减少了公司的类型并引入了限制董事责任的规则。比利时有关公司的国际私法制度也由实际本座主义转变为法定本座主义。立法者将新型私人有限责任公司(BV)作为最重要的公司形式。公司法不再要求BV设定"资本"而只需要具有资产,设立人可以根据其意愿灵活调整BV的结构。此外,公司可以选择单层治理结构或双层治理结构,还可以调整股东的表决权。但是,上市公司仅能对长期持股的忠实股东设置双倍表决权。比利时新公司法的现代化值得欢迎,但法律的出台较为仓促,因而需要大量的法律技术修正,这也是当下比利时议会正在准备的工作。

关键词: 公司法　比利时　资本与资产　董事责任　表决权　公司治理　法定本座主义　私人有限责任公司

2019年3月23日修订的比利时公司与社团法典(Belgian Code of Companies and Associations, BCCA)于同年4月4日在官方公报上公布,并于当年5月1日起生效实施。[①] 本文[②]将对该法典在结构上的变化、基本的概念以及适用于所有法律实体的重

　＊　本文由中国政法大学公司法与投资保护研究所副所长王军审校。翻译说明:译文脚注,除注为"译者注"的以外,均为作者原注。本文原文标题为 The New Belgian Companies Code: A Primer,电子版发布于: https://ssrn.com/abstract=3586278

　＊＊　比利时人,在荷兰蒂尔堡大学任教。

　＊＊＊　译者均为中国政法大学2022级硕士研究生。

　①　详见本文第八节。

　②　本文基于 K. Maresceau and C. Van der Elst, "Het Belgische Wetboek van Vennootschappen en Verenigingen: Een Verkenning", TVOB 2020, in press.

要修订予以概括介绍。其中包括董事责任的限制规则和从实际本座(real seat)主义到法定本座(statutory seat)主义的转变。第三节讨论了新型私人有限责任公司(BV)的相关规则,尤其值得注意的是,法律不再要求这类公司设置资本。第四到六节讨论了有关股票和其他证券(的发行)、公司治理以及公司解散和清算规则的变化。最后一节介绍了该法的生效规则,并对全文做了一个简短的结论。

一、法典结构和主要概念

BCCA 由五部分组成,每一部分又分为若干编。第一部分(从第一编到第三编)包括适用于公司、社团和基金会的一般规定。第二部分是适用于不同类型公司的规则。第三部分是适用于社团和基金会的规定。第四部分规定不同法律形式的实体之间如何重组和变更。最后也即第五部分对欧洲法上的企业法律形式作出规定。

新法典中的公司类型(组织形式)显著减少。现有公司类型(尤其是私人公司)所具有的灵活性,足以保证公司章程可以将被废除的几种公司类型的具体特征纳入其中。新公司法主要规定了四种基本的公司形式:合伙(partnership)、私人公司(BV)、公众有限公司(NV)和合作公司(cooperative company, CV),此外,欧洲法上还有 SE、SCE、EEIG 等公司形式。[①]

BCCA 开篇便重新定义了"公司"一词:"公司由一人或多人(称为投资人[②])出资,通过法律行为设立。公司具有所有者权益(equity),须开展一项或多项具体的经营活动。公司的目标之一是直接或间接地为其投资人提供投资收益。"[③]这一新定义首先明确了一点,公司可以由一人设立,该人可以是自然人也可以是法人。不过有两个例外:合伙至少应有两个合伙人;合作公司,考虑到合作的理念,则要求至少三名设立人(founders)。因此,一人设立实际上只适用于私人公司或公众有限责任公司。对这一变化,公司集团尤为欢迎,因为以前公司集团内的每家公司都至少应有两个以上股东。

其次,公司定义还表明,投资人应当以现金或实物形式出资。但是私人公司的最低资本要求已经取消。

---

① SE(Societas Europaea)是指 European Company(欧洲公司);SCE 是指 European Cooperative Society(欧洲合作社);EEIG 是指 European Economic Interest Grouping(欧洲经济利益集团)。——译者注。

② 原文为 partners——译者注。

③ BCCA 第1:1条。

再次,公司应以为投资人创造收益为其目标之一。这是区分比利时法上的公司和社团的重要标准。社团可以营利,但不能直接或间接地将利益分配给社团成员。所谓"间接分配利益",是指"导致社团或基金会资产减少或负债增加,而没有取得任何对价或者对价明显低于其给付价值的任何交易"[1]。一个典型的例子是,在租赁协议中,社团作为承租人以高于市场价的租金从其成员处租赁了一栋大楼。

最后,区分民事行为与商事行为,进而区分民事公司和商事公司的做法已经过时,例如律师的行为就很难区分哪些是民事行为,哪些是商事行为,因此,在公司的定义中不再体现这一区分。

合作公司仅适用于特殊情形。BCCA 第 350 条将合作公司定义为"由若干投资人以不同形式出资而组成的公司",其主要目的须为满足股东的各种需求。以前,由于成员加入和退出比较便利,还有包括多倍投票权在内的一系列灵活规则,不仅很多有合作传统的行业采取了合作公司的形式,诸如会计师、审计师、律师等所谓自由职业群体也对合作公司颇为青睐。BCCA 要求合作公司必须用于满足股东需求,试图以此终止对这种公司形式的"不当"使用。尽管这项新要求实际增加了什么内容仍有疑问,但立法者视此目的至关重要:合作公司如未遵守该目的要求,它们甚至可以被解散。[2]

二、适用于各种法律实体的共同规则

(一) 现代通信手段的运用

BCCA 引导比利时公司迈向 21 世纪的一个表现是,它允许在公司经营管理中运用现代通信手段。BCCA 允许法人在其章程中载明官方电子邮件地址和官方网站地址。公司股东、成员或者有价证券持有人可以通过向该电子邮件地址发送邮件的方式向公司致函,邮件发送即可推定法人已收到信息。另外,法律实体的股东或成员或其他任职者(如董事)可以提供他们的电子邮件地址,并要求所有通信都通过该电子邮件地址进行。BCCA 还允许法律实体通过其官方网站披露某些类型的信息。

(二) 法律实体的常驻代表

比利时原公司法第 61 条第 2 节规定,如果法人被任命为公司董事、经理或管理委员会(management committee)、管理理事会(management board)或监督理事会

---

① BCCA 第 1:4 条。
② 参见公司与社团立法相关的释义备忘录:Parl. St. Kamer 2017 - 18, no. 3119/1, 15.

(supervisory board)的成员,则该法人须任命一名自然人作为常驻代表(permanent representative)。① 被指定的自然人以法人的名义,代表法人的利益履行职责。BCCA 延续了这种代表制度,并将其适用范围扩大到所有的法律实体,同时,该规则也适用于非营利组织和基金会的非执行董事。作为常驻代表的自然人受到与作为董事的法人相同条件的约束,并且对其职务行为承担连带责任,就如同他以自己的名义,为自己的利益履职。这被称为董事法人的透明原则。例如,基于该原则,如果法人有资格成为独立董事,那么其常驻代表也必须满足独立性的要求。

（三）董事责任与责任人的范围

沿袭原公司法第 527 和 528 条的规定,BCCA 包含一条关于董事履职不当的一般责任规则。BCCA 规定,董事、经理、日常事务董事(daily directors)、管理理事会或监督理事会成员只对“明显超出通常谨慎尽职的董事在相同情况下理应反对之事项范围的决定、行动或行为”负责。显然,这一责任规则将会引起大量的讨论,特别是关于“明显超出”通常事项范围的含义。②

该责任不仅适用于包括日常事务董事在内的管理机构的所有成员,根据 BCCA 第 2：56 条,该规则也适用于事实上的董事,即表现出对法人有管理权的人。

（四）个人责任与连带责任

BCCA 还在法人拥有多名董事的假定下,明确了董事个人责任与连带责任的问题。法人管理机构是否构成一个决策或行动集体(college),是区分不同责任的关键：

• 如果管理机构构成一个决策或行动集体,那么该管理机构的成员对决议或错误都须承担连带责任。此时,不论不当行为是通常的管理失误还是违反公司法或公司章程的行为,集体成员都应当承担连带责任。

• 如果管理机构不构成一个决策或行动集体,那么每一个成员只对可归责于他的错误行为负责。然而,如果错误行为是违反 BCCA 条款或者违反公司章程的行为,那么,管理机构的所有成员都须对此行为导致的损失承担连带责任。

在发生连带责任的情形下,一名董事如满足下列条件即可免除个人责任：首先,他没有亲自参与错误行为(比如他基于正当理由缺席了作出相关决议的会议)；其次,

---

① H. Braeckmans and R. Houben, Handboek Vennootschapsrecht, Antwerpen, Intersentia, 2012, 375 – 381 (met verdere verwijzingen); M. Wauters, "De bestuurder-rechtspersoon en zijn vaste vertegenwoordiger" in Nieuw vennootschapsrecht 2002 – De wet corporate governance, Kalmthout, Biblo, 2003, 13 – 105.
② 对此可以参考荷兰的类似情况,如：B. Assink, Compendium Ondernemingsrecht, Deventer, Kluwer, 2013, 1052 – 1093.

该董事必须向其他董事报告了这项错误。

（五）对董事最高责任的限制

BCCA 的一个重要创新是对董事承担责任的金额做了限制。据了解这在董事责任领域是非常独特的做法。责任限制适用于每个（日常事务）董事、经理、管理理事会或监督理事会成员，原则上适用于各种不同类型的责任：无论是对第三人或公司的责任，还是合同责任抑或非合同责任。

董事责任上限取决于董事所控制的法律实体的规模，而规模是由该法律实体的营业额和资产负债表总额决定的。[①] 被控制法律实体的规模越大，董事的潜在责任就越大。具体的区分指标如下（不过，其理论依据至今尚无解释）：

• 法律实体在三个会计年度内平均营业额低于（按指数化调整的[②]）35 万欧元（不含增值税），且同期平均资产负债表总额不超过（按指数化调整的）17.5 万欧元，董事责任上限为 12.5 万欧元；

• 第一类以外的法律实体在三个会计年度内平均营业额低于（按指数化调整的）70 万欧元（不含增值税），且同期平均资产负债表总额不超过（按指数化调整的）35 万欧元，董事责任上限为 25 万欧元；

• 前两类以外的法律实体在三个会计年度内不超过以下标准之一，董事责任上限为 100 万欧元：① 平均年营业额（不含增值税）为（按指数化调整的）900 万欧元；② 平均资产负债表总额为（按指数化调整的）450 万欧元；

• 前三类以外的法律实体，且不超过下一类标准的，董事责任上限为 300 万欧元；

• 公共利益实体和法律实体在任意三个会计年度内超过下列标准的，董事责任上限为 1 200 万欧元：① 平均资产负债表总额（按指数化调整的）4 300 万欧元；② 平均年度营业额（不含增值税）（按指数化调整的）5 000 万欧元。

上述最高限额由所有董事共同分担。因此，如果几个董事对同一错误承担责任，他们将从责任限制中相互受益。此外，无论有多少位索赔人，也无论有多少个索赔诉求，最高赔偿金额适用于可以引起责任的单个事实或全部事实。如果有几个索赔人就同一事实共同或分别提出索赔要求，他们的索赔总额将受制于上述责任限额。

责任限额存在一些（重要的）例外，在这些例外情况下，董事须对全部损害负责。

---

① BCCA 第 2：57 条。

② 关于"按指数化调整"（indexed）的含义，参见 BCCA 第 2：57 条。该条第一节最后一段规定："当消费价格指数在下一年 1 月 1 日上升或下降 5% 或以上时，上述与资产负债表总额和营业额有关的金额应从同一天起按相同的百分比增加或减少。这些调整应在比利时官方公报上公布。2017 年 12 月的指数应作为基础。"——译者注。

最重要的例外有:引起损害的错误经常而非偶然发生;错误是严重的;行为人具有欺诈意图或损害意图;迟缴或不缴税款;迟缴或不缴社会保障金等类似情况。[1]

这些例外导致董事责任限制在许多情况下变得徒有其名,尤其是以下两种情形: ① 错误虽小但属于经常发生而非偶然发生的错误;② 错误是严重的。这两个概念来自比利时雇员责任法,但是以之处理公司管理层的责任是不合适的。如前所述,董事只有在犯了同等情况下通常谨慎小心的董事不会犯的错误时,他们才会被追究责任。法院借助"边际审查"(marginal review)概念来判断董事的责任,实质上暗示了错误行为需要达到一定程度的严重性,所以在许多情况下,只有错误必须被认为是"严重错误"才追究董事责任。而这必定意味着排除了责任限制。同理,反复发生的小错误也可能排除董事责任限制。

任何通过合同方式对董事责任的限制都是无效的。据此,目前主要存在于上市公司的董事"免责协议"(hold harmless arrangements)也都是无效的。不过,法律实体仍然可以付费为其董事购买保险。该保险并不剥夺股东或第三人在发生管理错误事件时获得经济赔偿的选择权。

(六)国际公司法

BCCA 放弃了一直奉行的"实际本座主义",[2]转向依据公司登记注册的办事机构所在地来确定所应适用的国家公司法。而且,公司股东可以通过修改公司章程的方式,以 80%的超级多数表决权来变更注册的办事机构所在地,进而变更公司应适用的国家公司法。如果股东做出这一决议,还须考虑债权人的利益。"变更住所公司(moving company)"的债权人有权提出类似公司减资时可以要求的特定保证和担保。因此,比利时关于公司的国际私法制度在公司设立自由方面与欧洲法院的判例法是一致的。

不过,必须指出,公司设立上的选择自由对其他法律领域并未产生影响。例如,税法和破产法在确定法律适用时仍须依据实际本座[3]的位置,社会法(依受雇地点)和环境法(依工厂地点)也是如此。选择自由只涉及公司组织方面的法律规则,例如:公司将如何成立和解散,在法律交易中公司如何被代表,应该采取何种组织法措施保护债权人等利益相关方。

---

[1] 例外情况完整列举见 BBCA 第 2:57 条第 2 节。
[2] 关于"实际本座学说"的内容,参见邢钢,《公司属人法的确定:真实本座主义的未来》,《法学研究》2018 年第 1 期。——译者注。
[3] 即公司的真实营业地——译者注。

三、私人有限责任公司

(一) 从资本到净资产(from capital to equity)

如上所述,私人有限责任公司(BV)是比利时此次公司法改革的中心议题。立法机构不再要求 BV 设定"资本"。公司法所谓的"资本"实质上是一个记载在资产负债表的右侧的金额,它表示公司一定金额资产非经减资程序不得分配。最低资本要求则旨在为债权人提供一定的最低程度的担保缓冲。然而,这一要求对债权人的保护效果事实上微乎其微,因为最低资本的金额非常有限,资本无法对公司亏损提供任何保护,最低资本发挥的门槛作用也无法防止为欺诈目的设立公司的行为。

自 2019 年 5 月 1 日起,根据新公司法,BV 不必满足最低资本要求,但必须拥有足够的初始净资产(sufficient initial equity)以实现未来两年的营业计划。在评估公司净资产是否足够时,可以计入设立人向公司提供的债务融资。设立人必须制定一个财务计划,表明其投资足以支持公司业务。具体来说,该财务计划必须包含以下内容:① 对公司拟开展的业务活动的准确描述;② 对成立之日所有资金来源的整体说明;③ 期初资产负债表及 12 个月和 24 个月后的预计资产负债表;④ 12 个月和 24 个月后的预计收益表;⑤ 成立后至少两年内的预期收入和支出预算;⑥ 对估计预期销售和盈利能力的所用假设的说明。设立人可以聘请专家为顾问帮助制定财务计划,但这不是强制要求。如果外部专家参与了财务计划的制定,财务计划须注明该专家身份。设立财务计划的强制性要求早在 20 世纪 70 年代末就在比利时存在了,不过,公司的设立人可以自由决定在该计划中包含哪些信息(除了一种例外情况①)。现在,设立公众有限责任公司的设立人也要依照上述要求制定财务计划。财务计划不得对外公开,只能由协助成立公司的公证人存管。财务计划的内容只有在公司成立后三年内宣布破产的情况下才会发挥作用。如果法院认为公司成立时的初始净资产明显不足以支撑至少两年内正常开展拟定的营业活动,则可要求设立人对公司部分或全部的负债净额承担责任。

在比利时,似乎有一种公认的看法,即财务计划是防止人们轻率成立企业的有力措施,尽管几乎没有其他国家采用这种方法。法律大幅增加对财务计划的实体性要求可能

---

① 从 2010 年开始,对特定的一类私人有限责任公司,法律要求所有设立人都必须准备一份内容类似的财务计划。

实际提升了设立公司的成本,然而问题是这些成本并未超过防止轻率设企的预期收益。

公司法尽管去除了资本概念,但对设立人出资的要求基本没有改变。实物出资原则上必须进行价值评估和核验,现金出资必须存入以公司名义开立的账户。有变化的是,法律允许 BV(而不是 NV)的股东以未来提供某种服务作为出资。也就是说,BV 的股东可以以未来向公司提供服务作为自己的出资,从而换取公司股份。此外,BV 的设立人或股东向公司转让资产在一定条件下构成所谓准出资行为的规则也被废除。[①] 人们认为处理利益冲突交易的程序足以为 BV 的债权人提供保障。由于欧洲公司法指令的存在,上述出资规则的放宽并不适用于 NV。

(二)对股东的分配

BV 去除原有的资本规则对利润分配产生了重大影响。依照新法,任何分配(distribution)行为都必须通过两项测试:资产负债表测试(balance sheet test)和流动性测试(liquidity test)。这两种测试不仅适用于分派股息,也适用于偿还出资(即以前的减资)、购买库存股和提供财务资助的情况。在新的退股程序中,公司因退股而向股东支付也必须适用有关分配的限制。

1. 直接的资产分配

去除资本概念后,BCCA 规定,BV 的资产交易、股息分派和返还出资均适用相同规则。向股东返还出资不再需要修订公司章程(债权人因此也就无权提出异议),而仅被认为是一种只要满足资产负债表测试和流动性测试就可以实施的资产分配。

只有同时通过资产负债表测试(由股东会实施)和流动性测试(由管理层实施),BV 才可以进行分配。需要注意的是,即使股东会依据资产负债表测试决定进行分配,管理层仍有义务独立自主地审查公司按照股东提议分配后是否还具有合理能力继续偿还到期债务,这主要涉及流动性测试的问题。

资产负债表测试与原有的净资产测试非常相似。如果公司股东权益(equity)为负数,或者公司支付后会变为负数,则公司不得向股东支付。在这方面的一个重要创新是,分配当前财政年度股息不必等到上一个财政年度结束 6 个月后,而且每次中期股息之间也无需再间隔至少 3 个月的时间[②]。此项规则放宽也适用于 NV。

---

① 依照原公司法第 220 条至 222 条,如果设立人或股东在公司成立后的头两年内,向公司转让资产的金额超过公司资本额的 10%,则该资产转让行为须适用类似出资规则的特定程序。

② 对原有制度的讨论,参见 N. Cooremen(S. Claeys 作出更新), "Commentaar bij artikel 618 W. Venn." in D. Bruloot, K. Byttebier, J. Cerfontaine, H. De Wulf, and K. Maresceau (eds.), Duiding Vennootschappen 2017, Brussel, Larcier, 2017, 1003 - 1006.

资产负债表测试与流动性测试关系密切。BCCA 规定,只有在管理层确定,公司分配后仍有能力偿还未来(至少)12 个月内到期和应付的债务后,股东会基于资产负债表测试而通过的股息分派决议才会生效。12 个月的期限是一个最低期限,这恰巧与董事会测试持续经营假设(continuity hypothesis)时必须考虑的时间范围一致。由于这是一个最低期限要求,因此,董事会在进行测试时必须将其已经知悉且可能会对公司未来流动性产生重大影响的所有事件纳入考虑。例如,如果公司实施分配的 18 个月后将有一笔大额贷款届至偿还期,那么,该事件是应当加以考虑的。

管理层应当就依流动性测试所做的决议制作一份论证报告,该报告不得公开,也不必经过任何机构的批准。论证报告的目的有三:① 鼓励管理层在做流动性测试时勤勉尽责;② 有助于公司放贷人确信公司流动性未受损害;③ 使管理层有机会预备一定证据,以应对日后可能有人对分配合法性提出挑战。

法律未对董事会报告的内容做强制性规定。具体如何测试流动性,由管理层自行决定。在流动性较高的公司,流动性测试可以很简单。只需简单比较公司的流动资产(减去存货)与短期负债就足够了。相反,如果公司流动性较低,董事测试流动性的谨慎程度就应当较高,对现金流的分析也必须更为详备。BCCA 要求,在已任命外部审计师的公司中,董事会报告所依据的会计和财务数据须经审计师审核,但审计师没有义务就流动性测试(的充分性)提供意见。

初看起来,流动性测试似乎是 BCCA 中的一项重要创新。实际上,这一测试标准早已是英美法律文化的一部分,在比利时也不是新鲜事:根据一般注意义务和一般合同管理义务,管理层必须根据公司的资产状况来评估分配的合法性。[①] 当然,作为废除资本后的一项补充措施,新立法的适用范围仅限于 BV。也即,只有 BV 的管理层才负有在管理报告中详细说明流动性测试的法律义务。

BCCA 的一项重要创新是:BV 有权收回那些违反资产负债表或流动性测试而作出的分配,即便获得分配的股东是善意的(in good faith)。这在观念上是对旧公司法的一个重大改变。按照旧公司法,公司收回分配仅适用于股东具有恶意(bad faith)的情形。[②] 不过,这一变化在实践中的影响是有限的,因为私人有限公司的受益股东往往对于分配的性质是知情的(受益股东很可能作为主要股东或董事直接参与了分配决策过程)。此外,董事如果违反流动性测试决定进行分配,且在做出分配决议时是

---

① R. Tas, Winstuitkering, kapitaalvermindering en-verlies in NV en BVBA, Kalmthout, Biblo, 2003, 296-297.
② 根据欧盟指令 2012/30/EU 第 18 条的规定,NV 公司向股东追回分配需要股东符合恶意要件。

知情(恶意)的或根据当时情况是应当知情的,那么,他们须对公司以及第三人的损害承担赔偿责任。

2. 间接的资产分配

资产负债表测试和流动性测试也会影响公司资产的间接分配,特别是在回购库存股、提供财务资助和股东退出的情形中。毕竟,这些交易都会产生将资产从公司转移给股东的效果(或者有转移的可能性,例如在发生财务资助的情况下)。

废除资本概念后,股份回购规则进行了调整。回购过程已被简化,但很大程度上仍延续了旧公司法的规定。回购必须满足以下条件:① 用于回购的资金额必须符合资产负债表测试和流动性测试所要求的支付条件;② 拟回购的股份只能是已经缴足股款的股份;③ 回购须遵循平等对待所有股东的原则,除非全体股东另有约定;④ 公司如将已回购股份列入公司股权投资形成的资产(portfolio),则公司须在资产负债表的负债端设立同等金额的不可分配准备金。①

BCCA 回购规则的新颖之处在于,取消了原来的只允许回购股份总数 20% 的规定,这一变化同样适用于 NV。这样,限制回购的唯一因素就在于公司的融资能力了。

为了保护债权人的利益,BCCA 保留了对财务资助的规制:原则上,允许公司向希望接管公司或其他收购公司股份的人提供财务资助。财务资助规则遵循的标准与分配规则是一致的。最重要的限制是,财务资助使用的资金必须是通过资产负债表测试和流动性测试检验的合格资金。

限制质押自有股份的规定因其效果不彰已被删除,因此,自有股份质押现在仅受利益冲突规则和财务资助规则的约束。

3. 退出公司

依照旧公司法,只有合作公司的股东才可能在退出公司时取回所有者权益,且其退出须受制于相关的公司资本规则。新的 BCCA 规定,只要 BV 的公司章程做了相应规定,股东就可以享受这一颇具吸引力的便利。这一股东退出机制也可以作为公司解决内部争议的一种途径,替代由法院介入的纠纷解决方式。

BV 的公司章程可以自由决定股东的退出方式。如果公司章程没有其他规定,将会适用下列补充规则:① 股东只能在会计年度的前六个月退出;② 退出股东原持有的股份必须注销;③ 退出仅在会计年度第六个月的最后一天生效;④ 退股价

---

① 此处的第(4)项规则沿用了欧盟指令 2012/30/EU 第 24 条的(1)(b)款。——译者注。

款须在此后的一个月内支付。关于股份价值的确定,BCCA 遵循的基本原则是:股份价值应等于实缴出资金额,最高不超过上一年度经批准的财务报表所显示的股份净值。

由于向退出股东支付的资金出自公司资产,因此 BCCA 规定,该项支付必须通过资产负债表测试和流动性测试。如果公司没有足够的净资产(equity)用于支付,则该笔支付应当延期进行。不过,公司在完成这笔延期付款前,不得向剩余股东支付任何其他款项。公司因股东退出而取得的股份必须注销。由于股份注销总是意味着章程的修改,因此股东退出和随后的章程修改须经公证并制作公证文书(authentic deed)。这其中并不需要股东会决议,只需要管理层在公证人的见证下对相关事项予以认可。法律允许公司管理层在一个财政年度结束时将本年度的所有股东退出事项一并在一个公证文书中完成,以此降低公司成本。

除了股东主动退出外,BV 的章程还可以自主设定股东除名规则,据此,公司可基于法律原因或章程规定的其他原因对股东予以除名。该除名规则是在先前的合作公司的相关规定基础上制定的。

简要言之,除名规则主要有以下几点:① 只有股东会才有权做出股东除名决议。股东会须将附带理由的除名动议告知相关股东,相关股东有权在动议宣布后一个月内向股东会提交书面意见。② 如果被除名股东提出召开股东会会议就除名事宜予以听证,则股东会必须开会进行听证。③ 股东会如决定将该股东除名,则必须说明除名理由。该决议须在股东会作出决议后 15 天内送达被除名股东。④ 除非公司章程另有规定,被除名股东有权依 BCCA 规则确定股份价值,获得股份退款。应当指出的是,公司在成立后的头两年内也可以对股东除名。

最后,BCCA 还规定了一种当然除名制度。具体来说,BV 的公司章程可以规定,如果股东死亡、破产、明显失去行为能力、清算或宣布失去行为能力,则股东将被视为离开公司。在这种情况下,股东或(如有)其继承人、债权人或代理人有权获得该股东所持股份的价值,具体计算方式与普通退股时的计算方式相同。

4. 净资产损失(loss of equity)

"资本"概念的消失不仅对公司资产的直接和间接分配产生影响,而且还导致对 BV 公司的资本损失程序(loss of capital procedure)的重新解释。原公司法第 332 条和第 333 条以股本(share capital)为标尺确定了启动资本损失程序的条件,BCCA 则通过资产负债表测试和流动性测试判断是否存在财务困境,进而确定管理层是否必须召集股东会审议公司的未来。具体来说,管理层必须在确定或应当确定公司净资产可能或已经变为负值(资产负债表测试)后召集股东会。同样,如果管理层确定,根据可合理预期的发展态势,公司将无法在未来 12 个月内偿还到期债务(流动性测试),此时也必须召集股东会。

除了对某些标准重新定义外,净资产损失程序在内容上其实与以往的资本损失程序类似。[①] 例如,管理层必须提供一份特别报告,以供股东会审议并对公司解散或采取保障持续经营的措施作出决议。管理层如违反上述规则可能会被追究责任,在相关的追责过程中,公司损失将采取推定因果关系的方式认定。最后,第三人不再享有原公司法第 333 条所规定的因资本损失而提起公司解散程序的权利。

四、BV 和 NV 的股份与其他证券

(一) 一股一权与多倍表决权

BCCA 赋予包括 BV 在内的所有公司近乎无限的自由度来创制新型证券,只要这些证券的特征不与强制性法律规范相抵触。在 NV 公司中,现代化发展的表现是引入了多倍表决权(multiple voting rights)和取消了发行无表决权股的限制。对于无表决权股,法律不再强制要求其附带优先分红权作为补偿,并且限制了无表决权股份强制获得表决权的情形。

由于在 BV 中资本概念已经取消,因此股东出资的价值与其股份所附权利之间的关联性也消失了。因此,BV 取消了所有股份都享有同等权利的规定。现在,每一股股份拥有多少表决权取决于公司章程的规定。不过,默认规则仍是每一股均有一票表决权,每一股在利润分配和剩余财产分配中享有同等权利。此外,公司至少须发行一股股份且至少有一股股份享有表决权,以免出现"无股东"或者"无表决权"因而股东会无法约束董事会的公司。除此之外,公司可任意创设各种形式的多倍表决权(不限表决权数),创设不同形式的优先分红权,没有表决权的股份也并不一定拥有优先分红权。法律不必再对 BV 的利润分配凭证(profit-sharing certificates)做特别规定,BV 可以根据需要将此类证券作为股份创设出来。

尽管原则上仍然遵循同等价值的股份享有相同表决权,但公司章程可以偏离这

---

① K. Maresceau, "Commentaar bij artikel 332 W. Venn." in D. Bruloot, K. Byttebier, J. Cerfontaine, H. De Wulf, and K. Maresceau (eds.), Duiding Vennootschappen 2017, Brussel, Larcier, 2017, 367 – 371.

一默认规则另作规定。公司可以发行具有多倍表决权的股票。任何倍数都是可能的,在先前允许多倍表决权股份的合作公司中实际上并未发现滥用表决权的现象。与传统的多倍表决权不同,股份还可以享有针对某些类别决议的一票否决权。总之,人们在创设多样化的股份权利上可以展现出充分的想象力。

不过,在上市公司中,法律只允许有双倍表决权的股份,且这种双倍表决权只能赋予不间断持股超过两年的股东。此外,这些股份必须是已缴足股款的记名股份。引入双倍表决权需要修改公司章程。这种仅赋予长期持股的忠实股东的表决权(loyalty voting right)依附于股东而不是股份。这种规则与法国以前的制度类似①,但不同于法国当前的规则:在比利时,股东会有权修改章程引入双倍表决权(选入规则),而自 2014 年以来,法国上市公司的忠实股东自动获得双倍表决权,除非公司章程约定排除双倍表决权(选出规则)。目前的实证研究没有提供令人信服的证据证明偏离"一股一票"原则是好是坏②,但奇怪的是,BCCA 为 BV 和未上市 NV 提供了许多选择,规定上市 NV 有权发行不限数量的无表决权股份,但对上市公司忠实股东享有双倍表决权股份却持限制立场。

(二) 债券和认购权

比利时法中历来有债券持有人会议的设置。组织召开债券持有人会议仍是可能的,但 BCCA 规定了其他替代方案。BCCA 允许债券持有人在持有人会议之外进行私下磋商,而且持有人会议并不被认为是公司的组织机构。③

法律强制 BV 必须具有的封闭属性(the mandatory private nature)消失了,因此 BV 可以像 NV 一样发行可转换债券和带有认股权或认购权的债券(bonds with a warrant or subscription right)。此类认股权证或认购权也可以单独发行,而不与债券挂钩。原公司法中与债券相关的规则大部分在 BCCA 中得以保留。

(三) 新股发行

发行新股仍须由股东会作出决议,且须遵循修改章程的规则。但 BCCA 也允许 BV 引入"许可资本"(permitted capital)条款,据此股东会可授权董事会在最长五年的时间内增发股份。在这种情况下,董事会发行新股的权力受到股东会决议确定的发

---

① C. Adline Herbain, "Le droit de vote double comme instrument d'égalité des actionnaires, un paradoxe à la française", TRV-RPS 2017, 128.

② 一个概要讨论参见: http://www.ecgi.org/osov/final_report.php.

③ K. Maresceau and D. Roelens, "De algemene vergadering van obligatiehouders" in D. Bruloot and K. Maresceau (eds.), De obligatielening, Antwerpen, Intersentia, 2017, 221 – 306.

行限制的约束,公司设立人也可以在公司设立协议中对董事会此项权力加以限制。

原公司法对 NV 发行股份有如下规定:若本次股份发行的价格低于现有股份的资本价值(capital value),董事必须在报告中说明此次股份发行的正当性。该报告必须予以披露(见原公司法第 582 条)。这一要求旨在保护现有股东的权益免遭稀释。但是,当股份发行价格高于股份的资本价值时,却没有类似规定。因此,BCCA 增设一条规则,要求 BV 和 NV 的管理层须在每次新股发行时针对认股人出资情况出具报告。对于已选聘注册审计师的公司,注册审计师应当报告上述管理层报告中的数据是否"可靠并足以为股东会表决提案提供充分信息"。

(四)股份转让

此前,原公司法对 BVBA[①] 的股份转让有非常严格的限制规定,且公司只能加强而不得弱化这些限制。在新公司法中,对于 BV 股份转让的限制仍然存在,但仅作为默认规则。新公司法甚至预设 BV 可能将股份在证券交易所挂牌交易。为此目的,法律允许 BV 发行无纸化股票以便利股份交易。

对于 NV,依然适用股份自由转让原则,规制约定或法定转让限制的规则也几乎保持不变。新公司法实施后,限制股份转让必须证明是以维护正当利益为目的,而笼统说"维护公司利益"已不足以构成正当理由。股份可以设定为永久(或无限期)不可转让,但该无限期设定可以在经过合理的通知期后随时被宣告终止。此外,违反法定转让限制的股份转让,对公司或第三人均无法律上的约束力。此规则适用于 BV 和 NV,有助于保护公司和股东的利益。

在以前的 BVBA 公司中,股份在缴清股款之前转让的,谁有义务缴清剩余股款是颇有争议的。BCCA 规定,当未缴清股款的股份发生转让,转让人和受让人都要对公司和第三人承担连带责任。在转让人与受让人的内部关系中,除非另有约定,转让人(卖方)缴清全部股款后可以向受让人(买方)追偿。

公司的注册办公地须置备记录每种证券的登记册。该登记册须提供比以往更多的信息。除了股东身份、现金出资缴付至银行的存款证明和已发生的股份转让外,从现在起,股份登记册还必须载明法定和约定的转让限制,以及每股股份所具有的表决权、收益权及其清算份额。这些要求是对新公司法在证券类型上增加灵活性的回应,目的是明确告知(未来的)股东某种股份所附带的权利及存在的转让限

---

① BVBA 即比利时原公司法规定的"besloten vennootschap met beperkte aansprakelijkheid",可直译为私人有限责任公司,比利时新公司法将此种公司形式改为 BV,即"besloten vennootschap",可直译为私人公司。——译者注。

制。证券登记册可以采取电子形式。政府可以对登记册设定具体条件并确定其置备和查阅方式。尚不清楚且颇有疑问的是,这是否提供了使用现代技术如分布式账本("区块链")保存登记册和交易不同类别证券的可能性。有学者建议借鉴法国的做法,建立法律框架推进分布式账本的使用。[①] 鉴于股份登记册越来越重要,这个建议值得重视。[②]

五、争 议 解 决

对律师来说,了解新法提供的争议解决规则(强制退出和除名)极有必要。新的争议解决制度适用于 BV 和 NV,但上市公司除外。这套机制有别于退出公司的法律规则(后者详见本文第3.2.3节)。启动该机制,需要法院发布命令,而且,退出一方所获得的股款由股份购买者而非由公司支付。

除了一系列细微的、技术性的改进之外,有两项较大的变化尤为重要。第一,有关基准日的争论借此得以解决。[③] 该基准日规定了以何日为准对拟转让股份进行估价。根据最高法院确立的判例法,基准日必须尽可能接近法院作出判决的日期,因为正是在法院作出判决时,强制某股东退出的正当理由才得以确立。然而,这种方法有一个严重缺陷,即它无法将纠纷发生后对股份价值产生影响的各种情形都考虑进来。因此,依上述基准日所做的价值评估往往对退出股东非常不利。BCCA 通过以下方式结束了这一争论:一方面维持原有规则(即在作出判决的日期进行估值),另一方面,赋予法院自由裁量权,对依上述办法评估出的明显不合理的价格予以调节。

第二个问题与所谓的相关诉求(related claims)有关。根据旧法,法院无权在处理股份收购的程序中审查当事人提出的其他相关诉求,因此,当事人常常不得不提起并行的诉讼。这样不仅效率低下,而且也导致有关基准日的争论越发激烈,因为法院无法在判决退出股东获得股份购买价格之外再获得其他损害赔偿(例如,因大股东滥用多数决造成的损害)。现在不同了,根据 BCCA 的规定,法院判决可以处理所有相关

① C. Van der Elst and A. Lafarre, "Blockchain and Smart Contracting for the Shareholder Community", European Business Organization, Law Review 2019, 111 – 137.

② Explanatory Memorandum to the Bill to introduce the Companies and Associations Code and containing various provisions, Parl. St. Kamer 2017 – 18, nr. 3119/1, 142.

③ R. Tas and W. Van Gaver, "De geschillenregeling: actuele highlights uit een evergreen", in Themis 89(Vennootschaps-enfinancieel recht), Brugge, Die Keure, 2014, 115 – 123.

诉求,只要这些诉求涉及当事人和公司或其关联公司之间的经济利益关系。此外,法院还可以就竞业禁止条款(或其他严格约束退出股东的条款)作出判决,这些条款可能对被强制退出公司的股东具有法律约束力,并部分地影响股份收购价格。

六、BV 和 NV 的管理机构

(一) 任命和罢免

BCCA 明确确认了股东会拥有任命和罢免管理层成员的权力,以及设定选任和罢免董事条件的权力。虽然这一条文是新增加的,但实际上只是确认了此前已经适用的做法。此外,股东会有权决定支付给董事会成员的薪酬(包括其数额)、公司支付的任何保险费(责任险、应计养老金、疾病险、事故险和死亡险)和非货币福利(交通、通讯方面的补贴)等。这些权力不得转授给公司的其他组织机构。当然,这是一般规则,并不影响 BCCA 的其他具体规定,例如对上市公司董事薪酬的特别规定。

上述规定的适用范围限于董事会成员的任命和罢免。其他委托给董事的特别职权,如日常管理和其他行政管理职责,不包括在内。根据董事会享有剩余权力的规则,董事会有权决定授予、行使和终止这些特别职权的方式,除非公司章程另有规定。

对于未记载于公司章程的经理或董事(non-statutory managers/directors),股东会的普通多数决就可以决定选任和罢免,除非公司章程规定了特别程序。如果管理层成员的任命在公司章程中明确记载或者公司章程规定了罢免这些成员的特别规则,那么,股东会除非以法定比例的多数决通过罢免决定,否则必须接受这些特别规则的约束。

BCCA 不再坚持原先的关于 NV 公司董事无因罢免的公共政策立场。无因罢免仍然是公司法的默认规则,但公司章程或公司与董事签订的协议可以另做规定。通过这种方式,公司可以规定董事任期的终止期限或在股东会罢免董事时为董事提供补偿。这一新的制度安排有可能使独立董事在那些存在大股东的公司中获得更加强有力、更加可靠的地位。

(二) 内部规章

BCCA 包含了一系列规则以使管理层"内部规章"(internal regulations)具有法律效力。这些内部规章通常确定了董事会和其他公司机构的运作规则,并就权力转授等事项的一般原则作出规定。这些内部规章是有效的,当然,必须符合某些限制,满足某些条件。董事会制定这些内部规章的权力应由公司章程授予。① 此外,BCCA 还规定,内部规章不得有以下情形:① 与 BCCA 的强制性规定或公司章程相抵触;② 内容涉及 BCCA 要求公司章程予以规定的事项;③ 内容涉及股东权利、机构或组织权力和股东会职能。

内部规章并无对外效力。只有在能够证明第三人知晓内部规章内容,且未善意行事的情况下,公司才能以内部规章对抗该第三人。为免争议,BCCA 的释义备忘录(explanatory memorandum)明确指出股东不能被视为第三人。②

(三) 治理模式

BV 的治理模式基本没有变化。同此前的 BVBA 一样,BV 可以选任人员担任记入章程或不记入章程的经理职位(statutory or non-statutory managers),从现在开始,这些经理也有资格担任董事,董事可以单独或集体行使职务。

BCCA 为 NV 的内部治理提供了更大的灵活性。主要创新之一是,允许 NV 仅设置一名独任董事。这种治理结构吸收了已经被废除的公司形式——股份有限合伙企业(Comm.VA)的一项基本特征。由此,BCCA 为 NV 提供了三种基本治理模式,即:① (纯)单层结构;② 独任董事模式;③ 包含监督理事会和管理理事会的(纯)双层结构。

单层结构是传统的治理结构。在这种结构中,NV 由一个至少三名成员组成的董事会管理。只要公司股东少于三名,董事会就可以同现在一样由两名董事组成。在后一种情况下,任何授予董事会特定成员决定性投票权的规定都将失去效力。BCCA 的一些小修改包括:董事可以无限期连选连任,一届董事任期延续到该财政年度股东会常会作出新的任命决议之时。一个重要的变化是取消了执行委员会(executive committee)制度。因此,公司如果希望将董事会的部分重要权力授权给特定委员会,它就只能恢复双层制结构。新法规定的双层结构与以前有两处不同:① 禁止一人同时担任管理理事会和监督理事会的成员;② 管理理事会拥有专属性的管理权(详见下文)。

应当注意的是,在有特别法规定的情况下,禁止兼任管理理事会和监督理事会成员的规定是不适用的。这方面主要的例子是银行法和有关保险和再保险的法律,这

---

① 公司章程也可以将此权力授予股东会。

② Explanatory Memorandum to the Bill to introduce the Companies and Associations Code and containing various provisions, Parl. St. Kamer 2017 - 18, nr. 3119/1, 75.

些法律强制规定执行委员会的成员同时也须为董事会成员。①

　　每个 NV 都可以选择独任董事制度。该独任董事可以是自然人,也可以是法律实体,法律实体出任董事时,必须指定一名常驻代表。关于选择自然人作为独任董事,有一个例外。在上市公司和法律要求董事会须由两名以上董事组成(a bipartite board)的公司(如金融机构)中,独任董事必须是自身设有董事会的公众有限公司。在这种情况下,有关董事会组成的特定规则须适用于该公众有限公司的董事会。除其他事项外,法律规定的上市公司的董事会性别配额以及关于委员会的要求也应适用于出任董事的法律实体自身的治理结构。

　　独任董事的任命可以记载于公司章程。公司章程还可规定独任董事的继任者。虽然独任董事制度借鉴了(已废除的)股份有限合伙的管理模式,但仍有一个重要区别。独任董事可以,但不是必须对公司行为承担无限责任。实践表明,在股份有限合伙中,独任董事的无限责任通常是徒有其名的,因为独任董事可以由有限责任法律实体出任,这就避免了相关个人的无限责任。

　　独任董事可以被授予广泛的权力。公司章程可以规定,对于公司章程修改、各种对股东的分配甚至独任董事的辞职都须得到独任董事的批准。不过,仍然有一个重要的限制。如果有罢免的合法事由,股东会只需满足与修改章程相同的出席数和多数决要求,就可以不经独任董事同意而解除其职务。此外,如果小股东面对一名受大股东保护的独任董事,法律为小股东提供了一种救济机制。拥有公司 10% 表决权(在上市公司为 3% 表决权)的股东,可以指定一名特别代理人(ad hoc proxy),该代理人可依据法定事由要求解任独任董事。这种特别规定的股东权利有利于对大股东的控制权予以制衡。

　　NV 也可以选择双层结构,即设置监督理事会和管理理事会。监督理事会是一个至少由三名成员组成的合议机构。监督理事会的成员可以是自然人或法人,但其成员不得同时兼任一家公司的两个理事会成员。监督理事会成员由股东会任命。监督理事会专门负责监督管理理事会,负责制定公司的总体政策和战略,并行使单层结构中专属董事会的各项职权,例如股东会的召集、会议议程的制定、年报编制、授权资本的使用、库存股买入卖出等。对管理理事会成员的解聘决定以及向管理理事会提出

① See more specifically Wet van 25 april 2014 op het statuut en het toezicht op kredietinstellingen en beursvennootschappen, BS7 mei 2014 en Wet van 13 maart 2016 op het statuut van en het toezicht op de verzekerings- of herverzekeringsondernemingen, BS 23 maart 2016 (ed.1), err. BS 8 april 2016.

公司索赔,也是监督理事会的专属权力。为行使这些专属权力,监督理事会还具有对外代表权,它也可以将这些权力授予该理事会的部分成员行使。

管理理事会必须是一个至少三名成员组成的合议机构。① 监督理事会负责任命管理理事会的成员并决定其薪酬。上市公司关于薪酬的特别规定,也适用于管理理事会成员。

管理理事会有权处理所有不专属于监督理事会职权的事务。因此,管理理事会全面负责公司的业务运营并拥有剩余权力。在公司选择双层制的情况下,管理理事会的权力来自法律规定,而非源于权力让渡或任何授权。公司章程对管理理事会权力的限制原则上不能对抗第三人,除非第三人知道或根据具体情况不可能不知道该限制。章程对管理理事会权力的限制即便予以公布,也不构成第三人知晓该限制的充分证据。

为了使监督理事会能够妥当履行监督职责、准确估计其应承担的责任并妥善编制年度报告,BCCA 明确规定管理理事会应当定期向监督理事会提供一系列信息。监督理事会也可以主动要求管理理事会提供信息。具体来说,管理理事会每年至少应向监督理事会就公司总体战略方针、整体的和财务上的比率以及公司的管理控制制度进行一次报告。② 管理理事会还须及时向监督理事会提供后者应定期在年报中披露的必要信息。

BCCA 还规定,承担日常管理职能的机构,其构成人员可以单独或集体履行日常管理职能。此前,关于日常管理职能的规定仅适用于 NV,BCCA 此次对 BV 也做了规定。在 NV 中,单层结构下的董事会或双层结构下的管理理事会负责任命日常管理人员。

（四）利益冲突

BCCA 沿用了原公司法中的利益冲突处理程序,但也有一些变化。例如,在设有合议制管理机构或有若干竞争性董事的 BV 以及在实行单层制董事会的 NV 中,如果董事自身利益与公司利益发生冲突,则他必须回避涉及利益冲突的决议或交易的审议决策。如果所有董事会成员都有利益冲突,则应由股东会负责批准这项决议或交易;该规则则也适用于 BV 或 NV 由独任董事管理的情形。

在双层制公司中,管理理事会层面的利益冲突将导致决策权转移到监督理事会。

---

① 有疑问的是,为什么在单层结构的 NV 中,一名董事就足够了,而在双层制的 NV 中,管理理事会必须至少由三名成员组成。

② 这一要求与《荷兰民法典》第 2:144 条类似。

相应的,如果监督理事会的成员存在利益冲突,该成员应回避涉及利益冲突的决议或交易的审议决策。如果监督理事会全体成员都涉及利益冲突,则该决议或交易应交由股东会决定。在股东会决议作出前,该交易不得实施。

另一个值得注意的新规则是,如果公司没有正确适用利益冲突程序,那么,任何利益相关方都可以请求法院宣告已作出之决议无效。以前,这种确认无效之诉只能由公司自己提出,但这种事情几乎从来没有发生过。

七、解散和清算

BCCA 第二编集中规定了适用于自愿解散、法定事由解散以及司法解散的程序。这些程序事项与原公司法的规定大致相同。新法澄清了一些以前存在的问题。

关于公司清算,有三个值得关注的变化。

第一个重要变化涉及清算人任命的司法确认和法院对分配计划的批准。由于这两项司法介入措施经常造成程序拖延,BCCA 将其适用范围改为仅限于清算中出现资不抵债的情形。这一修订是合理的,因为只有在公司资产不足以偿还债务时,债权人才有可能在清算中处于不利地位。

第二个重大变化是,解散与清算合一程序(the process of dissolution and liquidation in one deed)①也可以适用于那些尚未偿付全部第三人债务且未托管必要资金的公司。适用该程序的前提条件是,未得到清偿的债权人(包括股东债权人,如有)确认同意适用该程序。注册审计师或外部会计师须在其清算终结报告的结论中引述债权人的书面同意。

第三个变化是引入了一种关于"遗忘责任(forgotten liability)"的特殊股东责任。如果股东已从公司清算中分得一定财产,则他们应在该财产金额范围内对公司债务承担责任。在普通清算程序中,如托管资金不足支付公司债务,且股东实际知道(主观恶意)或应当知道(客观恶意)该债务存在,这种责任才应当适用。在解散与清算合一程序中,则无须满足上述股东恶意要件。因为,解散与清算合一程序给公司债权人提供的担保较少。BV 和 NV 股东的责任限于股东在清算程序中收到的净资产金额。对于清算后出现的资产(所谓的"遗忘资产")也有一种类似制度。发生这种情

---

① 关于解散与清算合一程序,参见 BCCA 第 2∶80 条。——译者注。

况时,未得到清偿的债权人有权要求重新启动清算程序。为避免所有股东都卷入诉讼,BCCA 规定,在债权人重启清算时,若有必要可恢复公司法人资格,令公司成为遗忘资产的合法所有者。

八、法律的生效及本文的简短结论

BCCA 于 2019 年 5 月 1 日起对新成立的公司生效实施。对于 2019 年 5 月 1 日前设立的公司,BCCA 自 2020 年 1 月 1 日起适用。公司章程中与 BCCA 强制性规范相冲突的条款无效。公司必须在 2024 年 1 月 1 日前对公司章程进行调整。在此之前,公司如对章程进行修改,则任何修订都需要符合 BCCA 的规定。BCCA 关于争议解决的新规自 2019 年 5 月 1 日起立即生效。

被废除的公司形式有五年的过渡期进行转换。只要未完成转换,它们就继续适用旧公司法。但是,BCCA 中与被废除公司类型最相似的公司类型的强制性规定必须适用。过渡期结束后,公司在法律上都将被视为已转换为 BCCA 规定的法律形式,公司必须在过渡期后的六个月内使其公司章程符合 BCCA 的要求。为此,公司管理机构必须采取必要的行动。

总的来说,BCCA 对比利时公司和社团法作出了重大的、具有重要意义的改革。毕竟,比利时的不少法律都显著落后于邻国。新公司法看起来很现代,法律生效后的初步数据表明,公司成立数量有所增加,而且 BV 的灵活性也立即受到设立人的青睐。① 不过,改革也带来巨大成本。成千上万的公司必须转换为新的公司形式,而且几乎所有的公司都需要修改公司章程。此外,由于内阁提前辞职,立法程序不得不提速,这就降低了 BCCA 部分内容的立法质量。因此,议会目前正在讨论修订 BCCA 许多条款的新法律。②

---

① 参见相关概述: C. Van der Elst, "De invloed van het nieuwe wetboek van vennootschappen en verenigingen op het vermogen, de aandelenstructuur en de aandelenoverdracht van BV's: een empirisch onderzoek", TRV/RPS 2020, in press.

② 参见 Bill transposing Directive (EU) 2017/828 and regarding rules for companies and associations, Parl. St. Kamer 2019－20, nr. 553/1, p.475.